国家社科基金项目（项目编号07BJY111）

当 代 齐 鲁 文 库 · 山东社会科学院文库

THE LIBRARY OF
CONTEMPORARY SHANDONG

SELECTED WORKS OF SHANDONG
ACADEMY OF SOCIAL SCIENCES

山东社会科学院◎编纂

小农经济整合路径与制度创新研究

许锦英 等◎著

中国社会科学出版社

图书在版编目(CIP)数据

小农经济整合路径与制度创新研究 / 许锦英等著 . —北京：中国社会科学出版社，2016.12
ISBN 978 - 7 - 5161 - 9728 - 8

Ⅰ . ①小… Ⅱ . ①许… Ⅲ . ①小农经济—研究—中国
Ⅳ . ①F32

中国版本图书馆 CIP 数据核字 (2016) 第 322269 号

出 版 人	赵剑英
责任编辑	冯春凤
责任校对	张爱华
责任印制	张雪娇

出　　版	中国社会科学出版社
社　　址	北京鼓楼西大街甲 158 号
邮　　编	100720
网　　址	http：// www.csspw.cn
发 行 部	010 - 84083685
门 市 部	010 - 84029450
经　　销	新华书店及其他书店

印刷装订	环球东方（北京）印务有限公司
版　　次	2016 年 12 月第 1 版
印　　次	2016 年 12 月第 1 次印刷

开　　本	710×1000　1/16
印　　张	18.5
插　　页	2
字　　数	302 千字
定　　价	69.00 元

凡购买中国社会科学出版社图书，如有质量问题请与本社营销中心联系调换
电话：010 - 84083683

《山东社会科学院文库》
出版说明

　　党的十八大以来，以习近平同志为核心的党中央，从推动科学民主依法决策、推进国家治理体系和治理能力现代化、增强国家软实力的战略高度，对中国智库发展进行顶层设计，为中国特色新型智库建设提供了重要指导和基本遵循。2014年11月，中办、国办印发《关于加强中国特色新型智库建设的意见》，标志着我国新型智库建设进入了加快发展的新阶段。2015年2月，在中共山东省委、山东省人民政府的正确领导和大力支持下，山东社会科学院认真学习借鉴中国社会科学院改革的经验，大胆探索实施"社会科学创新工程"，在科研体制机制、人事管理、科研经费管理等方面大胆改革创新，相继实施了一系列重大创新措施，为建设山东特色新型智库勇探新路，并取得了明显成效，成为全国社科院系统率先全面实施哲学社会科学创新工程的地方社科院。2016年5月，习近平总书记在哲学社会科学工作座谈会上发表重要讲话。讲话深刻阐明哲学社会科学的历史地位和时代价值，突出强调坚持马克思主义在我国哲学社会科学领域的指导地位，对加快构建中国特色哲学社会科学作出重大部署，是新形势下繁荣发展我国哲学社会科学事业的纲领性文献。山东社会科学院以深入学习贯彻习近平总书记在哲学社会科学工作座谈会上的重要讲话精神为契机，继续大力推进哲学社会科学创新工程，努力建设马克思主义研究宣传的"思想理论高地"，省委、省政府的重要"思想库"和"智囊团"，山东省哲学社会科学的高端学术殿堂，山东省情综合数据库和研究评价中心，服务经济文化强省建设的创新型团队，为繁荣发展哲学社会科学、建设山东特色新型智库，努力做出更大的贡献。

　　《山东社会科学院文库》（以下简称《文库》）是山东社会科学院"创

新工程"重大项目，是山东社会科学院着力打造的《当代齐鲁文库》的重要组成部分。该《文库》收录的是我院建院以来荣获山东省优秀社会科学成果一等奖及以上的科研成果。第二批出版的《文库》收录了丁少敏、王志东、卢新德、乔力、刘大可、曲永义、孙祚民、庄维民、许锦英、宋士昌、张卫国、李少群、张华、秦庆武、韩民青、程湘清、路遇等全国知名专家的研究专著 18 部，获奖文集 1 部。这些成果涉猎科学社会主义、文学、历史、哲学、经济学、人口学等领域，以马克思主义世界观、方法论为指导，深入研究哲学社会科学领域的基础理论问题，积极探索建设中国特色社会主义的重大理论和现实问题，为推动哲学社会科学繁荣发展发挥了重要作用。这些成果皆为作者经过长期的学术积累而打造的精品力作，充分体现了哲学社会科学研究的使命担当，展现了潜心治学、勇于创新的优良学风。这种使命担当、严谨的科研态度和科研作风值得我们认真学习和发扬，这是我院深入推进创新工程和新型智库建设的不竭动力。

实践没有止境，理论创新也没有止境。我们要突破前人，后人也必然会突破我们。《文库》收录的成果，也将因时代的变化、实践的发展、理论的创新，不断得到修正、丰富、完善，但它们对当时经济社会发展的推动作用，将同这些文字一起被人们铭记。《山东社会科学院文库》出版的原则是尊重原著的历史价值，内容不作大幅修订，因而，大家在《文库》中所看到的是那个时代专家们潜心探索研究的原汁原味的成果。

《山东社会科学院文库》是一个动态的开放的系统，在出版第一批、第二批的基础上，我们还会陆续推出第三批、第四批等后续成果……《文库》的出版在编委会的直接领导下进行，得到了作者及其亲属们的大力支持，也得到了院相关研究单位同志们的大力支持。同时，中国社会科学出版社的领导高度重视，给予大力支持帮助，尤其是责任编辑冯春凤主任为此付出了艰辛努力，在此一并表示最诚挚的谢意。

本书出版的组织、联络等事宜，由山东社会科学院科研组织处负责。因水平所限，出版工作难免会有不足乃至失误之处，恳请读者及有关专家学者批评指正。

《山东社会科学院文库》编委会
2016 年 11 月 16 日

课题组成员

课题主持人： 许锦英　山东社科院农村经济发展研究所　研究员
课题组成员： 李汝莘　山东农业大学机电工程学院教授　博导
　　　　　　　　张德科　山东农机技术鉴定站副站长　研究员
　　　　　　　　樊祥成　山东社科院农村经济发展研究所　助研
　　　　　　　　贾建友　河北大学中国乡村建设研究中心　研究员
　　　　　　　　王新志　山东社科院农村经济发展研究所　助研
　　　　　　　　徐光平　山东社科院农村经济发展研究所　助研
　　　　　　　　许英梅　山东社科院农村经济发展研究所　助研
　　　　　　　　卢　进　山东社科院农村经济发展研究所　经济师

目　录

综合研究报告

小农经济整合路径与制度创新研究报告

本课题研究是根据《2007 年国家社科基金项目指南》中"建设现代农业问题研究"方向设计的。意在证明一种可以在小规模家庭经营的基础上，兼顾公平与效率、兼容小农经济与现代农业大生产的新路径与新制度。

一 立题背景及研究意义

农业尤其是粮食生产的产业属性①，与我国小规模农户经济的分散、超小、不易合作，以及由基本国情导致其必然长期存在②等基本特征，决定了我国现代农业建设不可能照搬任何发达国家的经验，必须走出一条既符合国情又符合现代农业发展规律、既坚持公平又兼顾效率的又好又快的发展路径。在当前粮食安全与国家安全高度相关的发展时期，尤其如此。而路径的选择或形成，在很大程度上是一系列制度创新的过程和发挥作用的结果。因此，路径与制度创新是一个问题的两个方面，密不可分。这是本研究立题的出发点。

---

① 季节性、分散性、生产周期长，产品需求市场与价格的刚性约束导致其比较效益低下，集体行动逻辑导致该领域生产监督成本高昂，自然、市场、道德风险并存导致大规模合作难度较大等特性。

② 主要指人多地少的资源禀赋，由此派生的更多体现社会保障性功能的土地制度，二元经济社会结构的制度环境影响，工业化城市化发展速度、水平等因素，导致农业劳动力转移和土地流转速度缓慢，即使 90% 的农民都成功转移，我国依然是户均不足 4 公顷耕地规模的小农经济结构的国家，等等。

（一）假设条件与立题背景

首先，本研究基于这样几种假设：

1. 小农经济是我国当代与市场紧密相连且具有限理性的超小规模农户经济

小农经济是个历史的动态的概念，其内涵与特征在不同的历史时期是有所区别的。我们这里的小农经济是指我国当代小规模农户经济，或者说是小规模农业家庭生产经营方式。虽然它的基本特征与传统的、相对封闭落后的自给自足的小农经济已经有了太多的不同，虽然它们是市场经济条件下、双层经营体制下的农民家庭承包经营的小农户①，虽然其生产资料的现代化、其生产产品的商品化程度已经发生了较大改变，但是，其超小规模的以家庭为单位的生产经营方式，其作为劳动—消费统一体及对有限资源配置的理性，其与现代工业、现代农业大生产以及现代市场经济体制存在不相适应的矛盾等特性，尽管与不同国家、不同地区、不同历史时期的小农经济在程度和形式上存在不少差异，但本质属性仍然没有发生根本的改变。因此，为了学术上的延续和研究上的简便，我们仍然称我国当代小规模农户经济为小农经济。但在具体研究中会主动把握好其中的差异。

2. 目前及相当长的时期，我国多数小农依然是粮农，其分工专业化的行为选择主要围绕粮食生产过程展开

首先，这是国家粮食安全战略的必然要求；其次，粮食生产的小农经济整合难，已经呈现为除了以色列之外的世界性规律②，在粮食生产领域整合如果有解，则对整个农业乃至国民经济的发展，都具有根本性突破性的意义，我们的研究基础和欲破解的难题尽在于此；其三，生产粮食的小农与传统意义的小农更加贴近，这会使我们的研究更加简便并具有连续性；因此，本研究的调查分析对象主要是粮食产区的粮农及其生产经营活动，经济分析以粮食生产过程及其分工演进为主要线索。

---

① 在我国绝大多数粮食产区，集体经营层次及其法定意义上为农户进行生产、社会服务等功能基本不存在，生产活动主要还是以分散的小规模的农户家庭经营为主。

② 其他农业生产领域组织整合相对比较容易，国际国内已经出现大量成功案例；粮食生产领域小农整合难，主要原因在于其比较效益低，生产周期长，监督成本高等，因此，被认为除以色列外生产合作无成功案例。

3. 小农经济的整合，可以在不改变家庭承包经营体制和现有土地产权制度的前提下实施

我们这里所说的整合，既不是土地规模化的集中，也不是土地产权的变更，更不是强制性的集体化经营。而是在小农分工、专业化的基础上，获取市场经济条件下资源的优化配置，技术、区域、组织、产业经济效益的可持续增长。

4. 本研究以生产方式层面上的小农经济整合为核心目标

本研究仅从生产方式层面上研究小农经济的整合，即"用什么生产和怎样生产"的范畴，并以此展开路径与制度创新的相关研究，不涉猎其他层面。

本研究的立题背景主要针对我国小农经济的不可逆转和粮食生产领域不宜合作两大互为因果的难题展开的。

处于经济社会转型时期的当代中国，是一个以小农经济为微观基础的农业大国，有2.7亿多农户，户均农地规模不足0.45公顷，而且，这种超小规模农户经济在资源和制度的刚性约束下，将在相当长的历史时期中表现为不可逆转。之所以如此，主要有三方面原因：

一是资源约束。我国人多地少的资源禀赋特点，和农村人口增长与耕地面积下降并存的趋势，在短时期内难以发生逆转，这将使目前户均不足0.45公顷耕地的超小规模，在理论上和大部分地区的实际上，都可能趋于更小而不是更大。除非城市化进程中农民的有效转移速度超过农村人口增长和耕地减少的速度，使农村人口呈现绝对减少、农村人地关系呈现稳中有升的状态。然而，我们不难预见，即使我国90%的农民都成功转移到城镇或非农产业，不论城市化与农民转移的过程有多长，只要人多地少的资源禀赋和国家农村基本制度不发生根本的改变，我国依然会是户均不足4.5公顷耕地规模的小农经济结构的国家。专家预测，如果采取保守的城市化政策，则到2045年，我国种粮户约为1.07亿户，平均耕作面积为0.8公顷；如果采取积极的城市化政策，则2045年，我国种粮户约为0.27亿户，平均耕作面积约3.2公顷。[①] 而盖尔·约翰逊2000年预测，

---

① 党国英：《统筹城乡发展的目标、路径与政策选择》，2008年12月6日，海口改革与发展研究院研讨会。

我国户均耕地到 2025 年才能达到 2 公顷，2030 年达到 2.37 公顷。[①]

二是制度约束。从国家基本政策与制度上看，一方面，为了社会的公平和稳定，把土地作为农民赖以生存的基本社会保障的基本制度——"不得不小农经济"[②] 的家庭承包经营体制，也将长期不变，这是党羽十七届三中全会决定进一步明确规定的基本国策。尽管我们当前已经处在城乡统筹、注重公平的政策环境下，但 9 亿农民的转移与基本社会保障问题，不能一蹴而就；另一方面，以农村集体所有为基础，均田制为核心的家庭承包制度框架下的土地使用制度本身的缺陷——产权不明确、不稳定，导致政府、集体、社会利益集团随时以各种方式"圈地"侵权，加上农民进城机会成本高昂和土地价格的不断上扬等经济、社会甚至文化等因素，还有，近年来国家以粮田为基准的各项农业补贴政策的相继出台，并不断加大力度，均导致农民不敢也不肯轻易放弃地权。因此，在没有能够有效抑制上述问题与现象的制度形成之前，土地承包经营权在大部分地区依然分散的基本趋势也会在较长的一个时期内难以逆转。

三是农业与小农经济的特性、粮食生产"集体行动的逻辑"以及土地与制度双重约束派生的结果。尽管多年来全国上下都在积极研究探索土地流转、规模经营、合作经营等各种路径和模式，但都无法全面推行。据山东省政府部门 2008 年底的一项调查显示，全省土地流转面积仅 2.7%，最快的县也不过 12%。本项目在冀、鲁、豫三省抽样调查样本分析结果也显示：样本农户承包地面积最少的仅有 0.7 亩，最多的达到 32 亩，户均承包地面积为 5.22 亩，承包 10 亩以上的仅占样本总数的 5.7%。在所有样本农户中，通过各种土地流转方式获得额外的土地经营权的农户，占样本总体的 24.5%，转入土地最多的达到 900 亩，最少仅有 0.5 亩，平均为 18 亩，如果将转入 900 亩土地的样本剔除，那么剩余样本的平均转入土地规模仅为 10.6 亩。其中，转入土地在 5 亩及 5 亩以下的占 71.9%，5—10 亩（含 10 亩，下同）的占 15.6%，10—20 亩的占 7.3%，20 亩以上的占 5.2%。流转面积不超过 2 亩的占到 1/3，不超过 3 亩的占到一半以上。在发生土地流转的样本中，以村集体反租倒包的形式取得土地经营

---

① 向国成、韩绍凤：《小农经济效率改进论》，中国经济出版社 2007 年版，第 32 页。

② 温铁军：《解构现代化》，广东人民出版社 2004 年版，第 2 页。

权的比例占51%，以转包或转让的形式取得土地经营权的比例占41.7%，以股份合作的形式取得土地经营权的比例占1%①。目前除了原本就地广人稀的东北地区和正在试验过程中的重庆、成都外，成功的合作组织个案大都只限于水果、蔬菜、花卉等比较效益高的经济作物，大部分地区尤其是大宗粮棉油产区，除少数政府培植的种植大户和个别强势村委集中经营耕地外，基本上还是以小农家庭经营为主——在程度不同的外部市场、技术与服务环境下，在不同程度兼业的情况下，保持着低水平的均衡状态。这除了我国土地稀缺和相关制度导致的耕地具备生产、保障和社会稳定三重功能的特殊性难题外，还有农业尤其是粮食等大宗产品生产过程监督管理成本过高，导致集体行动"搭便车"的道德风险难以避免，因此只适合于在严格界定了私人产权和以天然的利益一致、监督成本可以亲情或血缘关系替代的家庭中进行的共性问题。

因此，我国现代农业建设的经济基础，在相当长的时期和相当多的地区内只能是小农经济结构。然而，14亿人口的发展中大国，无论是从承担国际义务还是保障国家安全的角度出发，都必须依靠自身的发展，解决用18亿亩耕地养活14亿甚至更多人口的粮食安全和9亿农民收益不断增长等问题。这是一个悖论，也是中国发展的一个巨大难题。就是说，我国的资源禀赋和基本国策决定了我们的现代农业，尤其是粮食生产，既不可能走多数发达国家在工业化城市化的进程中，土地集中形成现代化大农场的路子，也不可能走日本等国家以高补贴、高成本、高进口替代维持高成本低产出的小农经济的路子，更不可能走强制集体化的老路。只能在资源和制度的双重约束下，寻求小农经济结构基础上，兼顾公平和效益不断增长的现代农业生产方式——一种符合中国国情的创新意义上的小农经济整合路径与制度。

本研究就是要证明这个创新路径的客观存在及其可行性、合规律性以及创新制度的必要性。

（二）国内外研究状况述评

整合小农经济的路径与制度研究，是小农经济国家在建设现代农业进

---

① 详见专题调研报告之二。

程中共同面临的重要理论与实践问题。

20 世纪以来，世界整合小农经济的路径从形式上看大致有三条：一是靠圈地、赎买、转让、出租等掠夺手段和市场制度，将耕地集中到少数农（牧）场主手中，形成现代化大农（牧）场，比如英国、美国、德国等；二是靠国家权力强制改变土地产权制度，形成土地、财产公有制的集体农庄、人民公社等现代农业组织，比如苏联、改革前的中国，还有以色列的吉布提兹姆（大农场）和莫萨维姆（小农场）；三是靠农民协会、合作社等组织制度，通过不同环节、不同程度的服务，减少小农的外部交易成本，将众多小农经济组合成一个紧密程度不同的经济联合体，比如日本、法国、韩国、中国台湾地区等。前两种路径不同、制度也不同，一种是土地与资本大规模集中的私有制农场，一种是土地集中、劳力联合的公有制公社与集体农庄，但都是以消灭小农经济，实现大规模农业生产为目标的；第三种路径与制度是不同形式的小农经济＋合作组织。这些实践不仅取决于各国当时、当地的具体情况与制度，在理论上，除了主流经济学的规模经济理论外，主要依据也可以追溯到以下三大流派的影响。

一是马克思主义小农学派，侧重于阶级和生产关系分析，小农首先被看作社会的一个阶级和与社会化大生产相互矛盾的落后生产方式。该学派也可以称为马克思小农学派、剥削小农学派。二是以苏联恰亚诺夫为代表的非市场动力小农学派，强调小农实用性、谋生存性的一面，认为小农的家庭农场的生产主要是为了满足其家庭的消费需要，不是为了追求最大利润。该学派也称为恰亚诺夫小农学派、实用主义小农学派、生存小农学派和生产组织学派。三是以美国西奥多·舒尔茨为代表市场动力小农学派，强调小农的"经济人"的理性，把小农的家庭式农场当作资本主义企业，小农当作资本主义企业家，认为小农的家庭式农场的生产主要是为了追求最大利润。该学派也称为舒尔茨小农学派、形式主义小农学派、理性（生产）小农学派或利润小农学派。也有人主张还有第四个学派——以黄宗智为代表的综合分析小农学派。[1] 认为"中国的小农同时具有农民学中三大流派所分别提出的特点：资本主义古典学派强调的谋利农场主，马克

---

[1] 陈勇勤：《中国小农经济"过密化"假设存在的问题》，《南京社会科学》2006 年第 7 期。

思主义阶级分析中的被剥削者，以及'实体主义'中的谋生存而非谋利的家庭生产单位"，主张"要了解中国的小农，需进行综合的分析研究，其关键是应把小农的三个方面视为不可分的统一体。该学派也可以称为黄宗智小农学派、理性（消费）小农学派、合一小农学派或商品小农学派。但是，综合分析小农学派主要强调人口压力，观察研究对像和重点是近代数百年华北小农及其未能自发产生资本主义的原因，这些与本研究方向不甚相关，因此，这里不再赘述。

1. 马克思主义小农学派

马克思、恩格斯考察的小农，主要是欧美等西方国家存在于资本主义快速发展的历史背景下，封建的、保守的、落后的、传统的自然经济条件下的小农，因此，对小农的研究是站在批判的角度上展开的。马克思在《资本论》中指出小农"这种生产方式是以土地及其生产资料分散为前提的，它既排斥生产资料的积聚，也排斥协作，排斥同一生产过程内部的分工，排斥社会对自然的统治和支配，排斥社会生产力的自由发展"。认为小农的主要特征是：（1）小块土地的所有者、经营者；（2）使用的是落后工具和传统技术，与机器、先进的农业技术无缘；（3）生产是自给性的，主要靠与自然交换，而不是靠人与人之间的社会联系；（4）生活水平是低下的。所以，马克思恩格斯认为小农生产方式是一种过时的生产方式，注定要灭亡的。马克思在《资本论》第3卷中指出"小块土地所有制按其性质来说就排斥社会劳动生产力的发展、劳动的社会形式、资本的社会积累、大规模的畜牧和科学的不断扩大的应用"，"高利贷和税收制度必然会到处促使这种所有制度没落"，"……对这种生产方式来说，好年成也是一种不幸"。恩格斯认为"资本主义的发展必然导致小农土地所有制的消灭"，在《法德农民问题》一文中指出："……资本主义的大生产将把他们那无力的过时的小生产压碎，正如火车把独轮车压碎一样毫无问题的。"① 这些论断，在西方发达国家早已成为不争的事实。当然，马恩也阐明了资本主义大农业形成过程伴随农民被剥夺、驱逐，贫困破产的血腥历史，论证了土地私有化资本化与社会化大生产的矛盾，其前景将要在经历工农业关系的结合—分离和对立—融合或一体化这样三个阶段后，消灭

---

① 齐栋梁：《小农经济理论综述》，down. cenet. org. cn/upfile/235/2006421232516171. doc。

城乡对立和工农差别已经日益成为工业生产和农业生产的实际要求，并预言在未来的共产主义社会"把农业同工业结合起来，促使城乡之间的差别逐步消灭"。①

关于对小农经济改造的路径，马克思指出："以自由的联合的劳动去代替劳动受奴役的经济条件，只能随时间的推进而逐步完成（这是经济改造）；他们不仅需要改变分配，而且需要一种新的生产组织……"② 合理的农业意味着农业发展的方向是农业的社会化经营和依靠社会去经营，只有"把土地交给联合起来的农业劳动者"，才能避免滥用耕地并有效地利用现代科学知识和耕作技术。③ 关于未来社会经济组织形式，马克思特别是恩格斯主张采取合作社的形式。

但马克思在晚年的自省中，把"东方社会"看作是以"亚细亚"生产方式为基础的社会——从强势集权的原始社会直接进入封建社会，并不能自发地产生资本主义生产方式的文明社会。我国著名经济史学家吴大琨（1902—2007）曾按照马克思的看法，总结出亚细亚生产方式的五大特征：（1）社会的主要生产者是公社中的农民，这种农民的身份是自由的，多数是自耕农。（2）公社中农业与手工业密切结合，因此这种公社自身包含着再生产和扩大再生产的一切条件。（3）高踞于全国公社上的是管理水利的政府，这个政府可以看作中央集权专制主义的一个典型代表。（4）土地是国有的或公有的，到后期，土地才可以私有，而且可以自由买卖。这样就引起土地兼并，使一些自耕农丧失土地。这种情况经过量变，会质变为社会动荡的一个重要因素。（5）奴隶劳动主要用于贵族家庭，而不是用在农业和手工业的生产上。④ 恩格斯也曾提出过这样的观点：古代国家形成有两条道路，一是奴隶制形成的道路，也就是古希腊、古罗马的道路；另一个是东方专制制度形态的亚细亚的道路。⑤ 我国小农经济具有顽强的生命力及复杂的发展历程——既没有被资本主义大生产消灭殆尽，也没有被社会主义集体经济改造成功，在很大程度上应该与这

---

① 马克思、恩格斯：《马克思恩格斯全集》第 4 卷，人民出版社 1965 年版，第 490 页。

② 马克思、恩格斯：《马克思恩格斯全集》第 3 卷，人民出版社 1965 年版，第 98 页。

③ 王宪明：《中国小农经济改造的制度选择研究》，中国经济出版社 2008 年版，第 15、16 页。

④ 陈勇勤：《小农经济》，河南人民出版社 2008 年版，第 2 页。

⑤ 温铁军：《"三农"问题与制度变迁》，中国经济出版社 2009 年版，第 11 页。

种亚细亚生产方式的特殊性有关。

列宁在俄国革命的实践中，通过对俄国现实的考察，提出小农经济必然灭亡，但是具有长期性的特点。他认为"在自然经济状态下靠双手劳动谋生的宗法农民，是注定要灭亡的"。但要彻底改造小农"需要整整一个历史时代"。斯大林则彻底否定了列宁的"新经济政策"，以强制性集体农庄的组织形式和高额"贡税"① 的政策，最大限度地把资金从农业抽调到工业中来，谋求以最快的速度优先发展工业。这与托洛茨基派普列奥布拉任斯基的原始积累理论（该理论认为西方的原始积累靠掠夺殖民地，社会主义的原始积累不得不依赖于对农民的剥削）如出一辙。斯大林强制改造小农的理论与其特殊身份所付诸的行动，虽然使苏联很快跃居为世界强国，但却直接导致了当时国家农业生产力的破坏和农民生活水平下降，1928—1938 年间，农民平均收入降低 20%。与列宁新经济政策时期相比，农村经济凋敝，"所有的财富就像钻进大地一样，都消失了"②，好在完成了工业化原始积累的苏联，没有忘记反哺农业，并在实现农业机械化的 20 世纪 60 年代，对集体农庄的农民实行了与产业工人相同的工资制及社会保障制度③，尽管农庄与西方国家私有农场相比是低效率的，但也许是有相对公平的社会保障，农民还有足够的自留地自保造成的超稳定性；也许是农业分工、专业化、社会化程度足够高，造成路径依赖或个体功能减弱；也许是土地资源足够丰富，资本资源相对不足或者说市场经济体制缺失等缘故造成的体制变更困难……等等。总之，解体以后的俄罗斯，一没有突出的"三农"问题，二没有迅速瓦解集体农庄，三在鼓励私有的制度环境下，土地私有化的速度没有像人们想象的那样迅猛。世界银行的调查表明，1992 年有 85% 的受访农户表示不想从国营或集体农庄中分离出来，进行私营或个体生产，1994 年，这个比例达到 92%。④

---

① 侯建新：《小农经济流派述评》，《世界历史》1999 年第 1 期。

② 同上。

③ 金雁、秦晖：《十年沧桑东欧诸国的经济社会转轨与思想变迁》，上海三联书店 2004 年版，第 13 页。

④ 林双林、李建民：《中国与俄罗斯经济改革比较》，中国社会科学出版社 2007 年版，第 148 页。

2. 非市场动力小农学派

在俄国十月革命前形成的小农"组织与生产学派"[①] 代表人物恰亚诺夫 (A. B. чаянов, 1888—1939),是那些"既反对资本主义,又反对苏联式社会主义、而立志要寻找一条从农民社会传统到现代化之间的'第三条道路'的人们中的佼佼者"。其丰厚的学术成果,早在 20 世纪 20 年代,就已经在国际上产生相当影响,还引发了一场农民问题论战。[②] 恰亚诺夫在其代表作《农民经济组织》中,跳出了以"阶级"、"经济人"的逻辑预设为前提的经典理论和经济学古典传统,以长达 30 年的观察统计数据为依据,从农民本来的心理状态出发去分析其经济行为,他以"劳动—消费均衡"为其微观理论核心,认为农民家庭是农民农场经济活动的基础,而家庭经济以劳动的供给与消费的满足为决定因素,他指出:"家庭结构首先决定了家庭经济活动规模的上限和下限","上限是由家庭劳动力的最大可利用数量决定,下限则由维持家庭生存的最低物质水准决定。家庭农场既是生产单位又是消费单位,同时集物质生产和人口生产于一体,因而人口的生物学规律通过制约消费,最终决定生产——家庭农场的经济活动量"。认为"家庭生物学"规律不是农户经济唯一的决定因素,他认为农民分化是"经济因素"与"人口因素"共同作用所致。经济因素包括市场、价格和土地,但重要性要逊于人口因素。在农民农场中,这三要素的"组织"方式迥异于资本主义农场,因而两者的运行机制与规律也完全不同。作为国民经济基础元素的农民农场正是以这种独特性质影响整个国民经济结构,并由此可以正确评价其发展前景——不是"大生产"消灭家庭农场,而是通过合作—服务的"纵向一体化"把无数小农联系起来,并使之成为社会化经济的有机细胞。恰氏还认为,在从传统农业向未来社会经济制度的过渡中,农民家庭农场具有长期存在的合理

[①] 也被称"苏联自给小农学派代表"(温铁军:《"三农"问题与制度变迁》,中国经济出版社 2009 年版,第 22 页);"当代农民学三大流派之一的'实体主义'(经济学中制度学派与农民研究中新民粹主义——后现代主义传统的综合物)的头号代表"(秦晖:《"恰亚诺夫主义":成就与质疑——评 A. B. 恰亚诺夫〈农民经济组织〉》,2005 年 11 月 6 日,社会学人类学中国网)。

[②] 秦晖:《"恰亚诺夫主义":成就与质疑——评 A. B. 恰亚诺夫〈农民经济组织〉》2005年 11 月 6 日,社会学人类学中国网。

性；农业由纵向一体化走向横向一体化，即土地大规模的集中，需要一个较长时期的发展过程。农业发展应走以农民家庭农场为主体的合作制道路。

半个多世纪过去了，人们通过对亚洲、拉丁美洲、非洲及东欧一些农业国家包括对苏联经济的研究，重新发现了恰亚诺夫理论的价值——小农经济在世界范围内仍然具有很强的生命力，其理论在东方乃至西方各国都得到了普遍印证，同时在很大程度上拯救了发展经济学的发展危机。但是，假定农民家庭农场与国家政治经济制度与市场经济完全隔绝，则是恰亚诺夫理论所面临的最大困境。其农民家庭农场"劳动—消费均衡理论"，由于没有考虑土地资源紧缺、市场制度以及社会制度对这种小农均衡颠覆性的影响，所以，不仅无法解释后来世界各国在现代化进程中，尤其是发展中国家在二元经济社会制度环境及市场经济条件下，小农家庭的选择行为、选择依据以及选择环境的改变，特别是粮食生产领域小农合作乏善可陈之世界性难题，而且，即便在那个时代，影响农户经济变化的因素也并非主要局限于"人口因素"与经济因素。不久后，斯大林强制推行的集体农庄制，令这种农民家庭农场在苏联不复存在的过程，以及中国的人民公社化过程，都证明了这一点。正如马克思所说，政治特权、人身依附等超经济力量势必占有重要地位。[①] 萨哈林也指出："政治控制和政治组织总是强迫家庭农场生产出超过满足其家庭所必需的产品数量……税收与地租必须要支付，加上征集过程中的欺诈，不平等的交换率，使得消费者与生产者的比率远远高出单纯家庭内部两者的比率。"[②]

3. 市场动力小农学派

以美国著名经济学家西奥多·威廉·舒尔茨（Theodore W. Schultz，1902—1998）为代表，强调小农经济在市场经济中的理性，S. 波普金在此基础上进一步提出"理性小农"说，认为小农的家庭式农场的生产主要是为了追求最大利润。这是由于 20 世纪 50 年代后期，曾经占统治地位的以工业为中心的发展战略暴露出许多问题。一些发展中国家虽然实现了

---

① 《马克思恩格斯全集》第 46 卷上，人民出版社 1979 年版，第 104 页。

② 杜福伯格编：《恰亚诺夫：农民和经济人类学》（E. P. Dufuberge ed.，Chayanov：Peasantry and Economic Anthropology），纽约 1984 年版，第 197 页。

较高的工业增长率，但经济并没有真正得到发展，人民生活没有得到足够改善，甚至连吃饭问题也没解决。因此，有识之士对这种结构主义的发展战略提出疑问，转而强调农业和重新审视小农问题。舒尔茨被认为是这一领域的先行者之一。他早在 20 世纪 30 年代就从事农业经济问题研究，50 年代末期后又致力于人力资本理论研究，60 年代后，他把农业经济与人力资本理论的研究结合起来，特别关注发展中国家的农业问题，从而对小农经济研究做出了开创性的贡献。在发展经济学中，一般认为舒尔茨是与结构主义相对立的新古典主义经济学家，是发展经济学第二阶段的代表人物之一。他的专著《改造传统农业》（1964）的发表，标志着小农经济发展研究进入摒弃规模经济的新阶段。

舒尔茨认为，以现代小农为基础的农业可以成为经济发展的主要源泉。他说："对于农业能否成为经济增长的一台强大发动机，已不再有任何怀疑了。"[①] 欧洲、以色列、墨西哥和日本正是通过农业而使经济得到比较快的发展。但是，他强调只有现代化的农业才能对经济增长作出重大贡献，而使用传统要素的农业无法做到这一点。所以，问题的关键是如何把传统农业改造为现代化的农业。当然，这并不意味着认同这样一种观点：传统农业中的小农愚昧、落后，经济行为缺乏理性，对市场刺激不能做出正常反应，所以生产要素配置的效率必然低下。恰恰相反，舒尔茨认为，农民作为"经济人"，在"没有引入其他要素，包括引入利用这些其他要素的知识来改变增加生产的机会"的情况下，毫不逊色于精明强干的企业家和有能力的农场主。[②] 他还进一步指出，如果农民存在对经济刺激的反常行为，"可以在别人在农业中以及在没有给农民提供经济刺激的国民经济计划中所看到的情况里找到"。"造成欠发达国家农业成绩不佳的真正罪犯是缺少对农民有报酬的经济机会。"[③] 改变传统农业的重要问题在于提供小农可以合理运用的"现代生产要素"，包括可以小型化的拖拉机，可以驾驭现代生产要素的现代农民，而与规模无关的农民的家庭农场形式完全可以保留下来。因此，对于如何才能引进现代生产要素，舒尔

---

① ［美］西奥多·W. 舒尔茨：《改造传统农业》，商务印书馆 1987 年版，第 26 页。

② 同上书，第 39 页。

③ ［美］西奥多·W. 舒尔茨：《经济增长与农业》，北京经济学院出版社 1991 年版，第 5 页。

茨着重提出了三点：建立适当的制度；从供给和需求两个方面为引进现代生产要素创造条件；对农民进行人力资本投资。

关于建立适当的制度，舒尔茨从小农是"经济人"的逻辑和世界农业发展的经验出发，主张以"市场方式"建立一套适于改造传统农业的激励机制。最重要的激励是让农民能够自己做主去支配和经营，如果政府企图代替，那么非但不能有效地配置稀缺资源，而且会阻碍农民的企业家才能的发挥。事实上，鉴于农业生产的特殊性，没有人可以代替农民根据当时具体情况做出适当的决定，没有一个国家能够通过权力集中的方式成功地实现现代化。"在改造传统农业中至关重要的投资类型并不取决于大农场的建立……规模的变化并不是这种现代化过程中产生的经济增长的源泉。"[1] 因此他主张建立所有权与经营权合一的、能适应市场变化的家庭农场来改造传统农业，而避免以行政的方式建立大规模的集体和国家农场。他特别主张实行"居住所有制"形式（即土地所有者住在自己的土地上亲自进行经营），而改变低效率的"不在所有制"（即土地的所有者不住在自己的土地上，也不亲自进行经营）等。这与我国的村社小农经济及其稳定性有异曲同工之妙。

关于为引进现代生产要素创造条件，舒尔茨强调："市场方式并不是简单地意味着把所有的投资都交给市场。……最重要的是向生产农民使用时有利可图的新农业要素的供给的投资。提高这种要素需求者的能力也需要投资。而且，这两种投资都要求有相当的政府支出和对服务于农业部门的特定政府活动的组织。"[2]

关于人力资本投资，舒尔茨主张"把人力资本作为农业经济增长的主要源泉。""贫穷经济"迅速增长的关键在于使农民"获得并有效地使用现代生产要素"。向农民人力资本投资的主要形式包括：（1）成人教育，（2）在职培训，（3）基础文化教育，（4）健康保健设施和服务。[3]

舒尔茨改造理论的本质是通过政府的投入和制度供给，解决小农经济的外部性和提高小农整合现代农业资源的能力。他向传统的轻视农业

---

① ［美］西奥多·W. 舒尔茨：《经济增长与农业》，北京经济学院出版社1991年版，第84页。

② ［美］西奥多·W. 舒尔茨：《改造传统农业》，商务印书馆1987年版，第79页。

③ 同上书，第132—133、149—150页。

的理论和主流经济学规模经济理论的挑战，确立了农业尤其是经过改造的现代小农在经济发展中的重要地位，这在理论上是一个影响深远的重大突破，对发展中国家尤其是我国这种小农经济的农业大国的发展战略具有极其重要的指导意义。但他忽略了超小农经济规模对现代农业生产要素承载能力的局限[①]、小农理性整体结果的非理性[②]以及分工专业化、合作化等小农自我组织制度的必要，则不能不说是一大缺憾。即使是现代的理性的小农，没有必要的分工、专业化、合作化，仅靠对人力资本的投资和通过生产与家庭小农场相适应的小型农业机械和政府相关投入政策制度，解决大机器与小农场的矛盾，在超小农经济规模基础上也会因技术性能和技术经济等因素的制约而阻碍现代农业的持续发展。这在日本是一个教训，在我国 20 世纪 80—90 年代的经验教训也是明显而深刻的。[③]

总之，上述各大流派的学术成果之丰厚，理论与现实意义之深远是举世公认的，其为正确认识和解决我国小农经济及其发展问题提供了有益的依据，尤其是小农经济存在于现代经济中的合理性及其发展前景与发展方式的理论，正在发生巨大贡献。但是，也必须看到其历史与理论本身的局限，仍然无法解决我国超小规模小农经济基础上现代农业发展方式的一些理论与实践问题，尤其是迄今为止，世界农业主要是粮食生产性合作组织乏善可陈的现实，使小农经济的整合路径及其制度研究，除扩大土地经营规模及相关制度外，尚无成功的范例和直接、系统的理论成果。

国内关于小农经济整合路径与制度的相关研究主要分为三个时期，一是 20 世纪 20—30 年代以费孝通、梁漱溟、晏阳初、陶行知等人对乡村经济的考察和倡导并身体力行的乡村运动与合作化运动的探索；二是新中国成立初期，以毛泽东主席为代表的中国共产党人对小农经济改造的理论与实践；三是农村改革开放以来，整合小农经济的理论与制度的大量研究和

---

① 这种局限既来自小农经济本身，也来自资本技术对生产规模要求的局限。日本的户均 20 公顷可以实现拖拉机的小型化，但我国户均 0.5 公顷的超小规模则使这种"可分性"成为技术与经济上的不可行。

② 许锦英：《农机服务产业化——我国农业转型的帕累托最优制度安排》，山东人民出版社 2003 年版，第 88—91 页。

③ 同上书，序言，第 70、90 页。

探讨。

　　20 世纪初期学者们对小农经济的研究与探索着重于农民与农村组织的经济社会文化改造，且因种种历史原因没有形成系统的理论与成功的实践，与本研究的重点相关度不大。新中国成立初期以中国共产党人对小农经济改造的理论与实践，基本上是马克思主义小农理论的中国化，而且因为众所周知的政治、经济、社会以及特殊国情等原因，我国集体化的人民公社，外在计划经济及依靠农业积累优先发展重工业的制度环境下，内在产权模糊，无法解决好集体行动"搭便车"的组织治理结构下的崎岖发展，终被充满活力的家庭联产承包责任制及小农户生产经营方式所替代。因研究视角不同，此处对前两个阶段的研究成果不多赘述。仅着眼于改革开放以来的相关研究。

　　在经历过强制性整合的失误和改革之初的农民家庭经营带来的高速增长之后，随着市场经济体制的逐步确立，小农经济与市场化、社会化大生产矛盾的日益凸现，人们又重新面临现代农业发展与小农经济资源分散、低水平重复投资与总体配置低效率等矛盾和问题。以什么样的制度整合小农经济，又一次成为人们关注的热点难点问题。

　　相关研究和探索，自 20 世纪 80 年代中期以来，实现家庭承包责任制后第一次出现粮食产量下滑以来从未间断。开始主要从增加农业生产经营单位土地规模的经济学一般规律与各国发展常规出发，提出并实践了多种土地集中规模经营的整合制度与模式，诸如集体农场、家庭农场、农业车间，两田制、股份合作制，等等[①]。90 年代以来，由于资源与制度的双重约束，使得农民转移和土地集中的难度增大，正如温铁军所指出的那样：被赋予农村土地三重功能的农业制度，"会使得农业经济学理论遭遇莫名其妙的尴尬。比如在大多数传统农区，农业用地的市场化、契约化、规范化流转的比例长期以来很小；比如尽管农村劳动力流动转移 2007 年已经 1.5 亿，土地规模经济仍然难以形成"[②]。有学者指出：即使农业劳动力转移至中等发达国家的水平，我国也只能在小农经营规模的基础上，寻找提高农业竞争力水平的有效途径（杜鹰等，2002），于是，专家学者们又从

---

① 　具体分析见第二部分的"主要路径与制度的述评"。

② 　温铁军：《"三农问题"与制度变迁》，中国经济出版社 2009 年版，第 28—29 页。

山东农业产业整合的实践中，提出了农业产业化①（1993），从双层经营体制的角度，提出新型合作化（魏道南、张晓山等，1998）、从现代企业制度的角度，提出农业企业化（胡鞍钢，2002）等整合路径与制度。其中，由于推进市场化制度与小农经济体制日益突出的矛盾，由于上下不同出发点的共同"恐合"意向，使得以"带领农民闯市场"为主要目标的农业产业化的产业整合理论和以"公司＋农户"为主要结构的多种经营制度，迅速进入了各级政府的政策扶持体系。但由于这类以加工企业为龙头的外部企业主导模式，对农民利益公平和对企业交易效率的双重缺失，以及在遭遇市场风险时，非利益共同体与小农户的分散导致双方谈判地位的悬殊差距，导致企业对农户的反复抛弃以求自保等行为，促使众多学者对此类模式又进行了理性审视（靳相木，1998），甚至还有人认为这种方式不仅没有形成对小农的改造，相反使其得到强化（杨思远，2007），因而许多学者认为有必要把合作化引入产业化的组织制度框架，可以减少农民与企业双方的交易成本，提高小农户与企业的谈判地位，增进这种整合方式的公平与效率（秦庆武，1999）。此外，由于恰亚诺夫理论的再度升温和舒尔茨理论在中国的升温，国内一些学者通过对理论与国情的反思，又从小农经济的合理性角度出发，认为小农不是落后的生产方式，中国农业应该朝着现代小农的方向转变（王贵宸，1999；宋圭武，1999），何顺果则以《小农制：一种普遍而长命的生产方式——兼论"生产方式≠社会形态"》为题，指出小农生产方式的普遍存在，但由于其自身的"规模狭小"很难"在社会形态中占支配作用"②。仲亚东更是强调了制度环境对小农经济属性的影响，认为"小农经济本身不存在优劣之分。在社会环境有利时，其积极性可以得到充分地发挥，表现出良好的社会效果"；反之则相反③。这些观点充分地清醒地认识到小农在我国长期存在的必然

---

① 山东 1987 年以诸城"商品经济大合唱，对外贸易一体化"开始，实施龙头带动战略，1993 年 7 月 18 日《农民日报》发表王渭田的署名文章《产业化是发展市场农业的重大战略》，1995 年 1 月 15 日《人民日报》发表了《农村发展社会主义市场经济的成功探索——关于山东省农村实施产业化经营的调查报告》，署名王建功、肖万匀、段应碧、王渭田、王明钢。

② 何顺果：《小农制：一种普遍而长命的生产方式——兼论"生产方式≠社会形态"》，《世界历史》2000 年第 6 期。

③ 仲亚东：《小农经济问题研究的学术史回顾与反思》，《清华大学学报》（哲学社会科学版）2008 年第 6 期（第 23 卷）。

性，但忽略或无奈于小农经济的局限性和由此带来的"三农"问题的必然性。近年来，在新兴古典经济学的影响下，关于主张通过农业分工、专业化增进农业效率的研究成果也逐渐多了起来，如《小农经济效率分工改进论》（向国成、韩绍凤，2007）、《专业化分工与农业产业化组织演进》（徐金海，2008）等①，主张通过分工提高小农效益，通过组织和组织内部人员的分工，实现规模效益，通过市场诱致性和政府强制性的路径，实行"龙头企业＋合作社＋农户"的产业组织方式，等等。这是学者们的一种理论自觉，但遗憾的是在本质上依然没有跳出集中土地、实行规模经营的"大农经营"及"龙头企业带动"的路径依赖，缺少关键的农业产中分工意识。还有，在新一轮工业化、城市化的"圈地"运动中，为保护农民的土地产权、防止集体寻租、强势利益集团渗透和土地生产率下降，温铁军等又提出了1＋1个小农等于还是小于2个小农的疑虑，主张宁可水平低、速度慢也要稳定地权，通过扩大农业的外部规模来维持小农村社经济（2000）。因此，包括温铁军在内的更多的专家学者甚至官员在各地以各种方式推进中国的农民合作经济组织。2006年国家颁布实施了《中华人民共和国农民专业合作社法》，标志着我国也进入了市场经济条件下，以合作制度整合小农经济的发展阶段。足以说明以上研究成果的价值和成效是显著的。但是，经过全国人大相关的考察，粮食生产合作依然是一个问题（王超英，2008）。也就是说，既兼顾"公平"与"效率"目标，可操作性又强的路径和制度创新研究与探索（尤其是粮食及大宗农产品的生产合作），仍有待进一步深化。

（三）研究的意义与方法

纵观各国相关的理论研究与实践经验，小农经济整合路径与制度，无论是主观选择还是历史演进的结果，不同路径与制度的结果有很大差异。不仅苏联的路子没能解决中国的农业问题，日本农业的高投入低效益，荷兰农业的结构单一以及两者对农产品进口的高度依赖，都是我国不能承受之重；同时，无法摆脱的超小农业规模，是我国农业转型与所有发达国家

---

① 概括观点的文献均在参考文献中列出。

都缺少可比性的根本原因。因此，既保持家庭经营的"纳什均衡"[①] 优势，又获得农业生产的规模经济及收益最大化的小农经济整合路径与配套制度的创新，依然是尚未解决的理论与实践问题。因此，如何实现资源与制度双重约束下的小农经济整合路径与制度创新，是我国现代农业建设的关键。本研究如能从理论与实践两方面给出合乎逻辑的经济学解释与证明，对经济学相关理论的贡献和我国乃至同类资源禀赋及经济结构的发展中国家现代农业建设的意义是重要的。

本研究拟以我国典型地区和典型发达国家农机与农业分工、专业化的实践为例（路径与制度的重大区别主要在农业产中的分工程度），运用新制度经济学、新兴古典经济学和新增长理论及方法，研究证明我国小农经济整合及农业尤其是粮食生产效益的可持续增长及现代农业的发展，不仅可以通过消灭小农经济、扩大土地等生产要素规模的方式实现，更可以通过分工、专业化、市场化、产业化、区域化、组织化等路径，优化并整合小农经济的方式实现，并依此证明且给出既能长期稳定地权（但不排斥土地按市场机制合理流转），又能按市场机制优化配置生产要素的小农经济整合的新路径——专业化服务＋家庭经营体制＋合作制及其配套制度。具体采取实地调查、农户样本抽样调查、国内外相关成果资料的梳理分析与数理统计分析等研究方法，通过尽可能客观的比较和定性、定量的分析研究，给出符合现实的理论诠释和符合规律的理论与实证结论。

二　我国现代小农经济整合路径与制度的评价

（一）历程概述[②]

受东西方发达国家思想理论与现代化路径、制度影响，我国现时期小农整合历程，主要分三个时期：一是 20 世纪 20—40 年代的合作化，二是新中国成立后 50—60 年代的合作化与公社化，三是改革开放后多种模式

---

① 经济学术语，指在没有外力的强制约束时，当事人是否会自觉遵守事先所有当事人共同达成的协议，即协议能否自动实施，如果可以，这个协议便构成一个纳什均衡。参见张维迎《博弈论与信息经济学》，上海三联书店 1996 年版，第 14 页。

② 由于与本研究相关程度等原因，这里不涉及东南沿海地区民间宗族公社式的整合路径与制度。

的规模化与合作化。整合路径与制度的大致脉络：新中国成立前 20 年，主要是社区整合为主导路径的社会合作制度；新中国成立初 30 年，主要是以所有制整合为主导路径形成的土地整合和社区整合；改革后 30 多年，是在家庭经营体制下的多种整合路径与制度，主要有以土地集中为主导路径的多种制度形式的规模经营，以产业整合为主导路径的多种制度形式的产业化经营，以农业产中分工专业化形成的资本技术整合为主导路径的多种制度形式的区域整合和组织（产业组织、合作组织）整合，等等。

1. 20 世纪 20—40 年代的合作化

20 世纪 20 年代前后，无论是受马克思主义影响还是受西方民主思想影响的中国优秀知识分子，都是合作组织思想的宣传者和推行者。民主革命的先驱孙中山先生认为，合作社是一个对社会发展"极有效力的组织"，把发展合作社看作实现民主主义的一个辅助手段。[1] 这些对后来民间的、国共政府推进的农民合作组织都产生了极大影响。首先是民间的推进。1923 年 6 月，华洋义赈会在河北香河发动农民创办了农村信用合作社，开展农赈业务，被视为中国第一个农民合作社，而后向江淮一带发展，到 1927 年，仅河北一省就发展到 561 个，到抗战前的 1937 年，在全国 6 个省 191 个县建立合作社 12560 个，互助社 3566 个[2]；梁漱溟在山东邹平创办了以运销为主的合作社，最多时发展到 300 多个；晏阳初在河北定县创办了以信用合作为主，兼营运销、购买等业务的合作社，最多时也发展到 100 多个。国民政府自成立起，在农村积极推进合作组织，到 1934 年全国除西藏、新疆、内蒙古及东北三省外，各省都组建了合作社，数量近万个，到 1936 年就达到 37318 个，合作的内容也从单一的信用合作向生产、消费、利用等多领域展开。抗战时期，作为政治手段进一步强化，与保甲制为基础的新县制结合，推行乡镇保合作社及联社，从 1942 年起，每年以新增 2 万个的速度递增。[3]

同时，这个时期在共产党领导下的苏区，也为解决生产发展问题开展

---

① 梅德平：《中国农村微观经济组织变迁研究》，中国社会科学出版社 2004 年版，第 27 页。

② 杜吟棠：《合作社：农业中的现代企业制度》，江西人民出版社 2002 年版，第 281 页。

③ 梅德平：《中国农村微观经济组织变迁研究》，中国社会科学出版社 2004 年版，第 30—31 页。

劳动互助社和犁牛合作社，发源地是 1931 年的闽西根据地上杭县才溪乡的劳动合作社，是在各村组建的帮助红军家属和缺劳力的群众耕田插秧的"耕田队"的基础上，全乡合作的产物。犁牛合作社则是动员一切无牛人家自动地合股买牛共同使用。在共产党的组织和推动下，苏区合作组织得到迅速发展，据史料记载，1934 年，中央苏区所在地瑞金、兴国、长汀、西江 4 县的犁牛合作社 5939 个，股金约合 20482 元，耕牛约 1180 多头，劳动互助社员 57040 个，其中，兴国一县劳动互助社达 1206 个，社员 22118 个。[①] 1943 年在陕甘宁边区互助组织的数量至少比过去增加了 4—5 倍，在晋察冀边区，根据 26 个县的统计，1944 年组织起来的互助合作组织 38500 多个，成员达 23 万多人，约占根据地总人口的 8%，占劳力总数的 28%。[②]

2. 新中国成立后的合作化与公社化

1953 年，我国除部分少数民族地区外，基本完成了土地改革，不仅消灭了封建地主，也消灭了以宗族公社为主要形式的民间传统小共同体，形成了最彻底的"耕者有其田"的小农私有制度。与此同时，在互助合作的传统和新生国家的推动下，为调剂劳力、耕畜不足的生产互助组和不改变生产资料所有权的生产互助性合作社得到迅速发展。1951 年中共中央就明确要求各地要加强对互助合作运动的领导，加强互助组的发展与巩固工作，并颁布了《关于农业互助合作的决议（草案）》，在 1953 年正式通过的"决议"中，已明确概括了互助合作组织的形式：第一种是简单的劳动互助，这种形式具有临时性和季节性的特点；第二种是常年的互助组，这是一种较高级的形式；第三种是以土地入股为特点的农业生产合作社。[③] 1950 年全国互助组织 280.16 万个，参加互助组的农户达 1151 万多户；1951 年互助组达到了 423.65 万余个，有 1916 余万农户加入；到 1953 年，互助组发展到 745 万多个，加入的农户达 4563.69 万户，占总

---

① 史敬棠等：《中国农业合作化史料》（上），生活·读书·新知三联书店 1959 年版，第 143 页；许毅：《中央革命根据地财政经济史长编》上，人民出版社 1982 年版，第 411 页。

② 史敬棠等：《中国农业合作化史料》（上），生活·读书·新知三联书店 1959 年版，第 216、310 页。

③ 《农业集体化重要文件汇编》（上），第 29、95 页。转引自梅德平：《中国农村微观经济组织变迁研究》，中国社会科学出版社 2004 年版，第 76 页。

农户的 39.23%，其中，常年合作组数达 181.65 万个，加入农户占互助组农户总数的 29.21%。1953 年 12 月，全国第三次互助合作会议又通过了《关于发展农业生产合作社的决议》，对小农整合的重心由互助组转向了初级社。到 1956 年 4 月，全国合作社总数就达到 100.8 万个，入社农户达 10668 万户，占全国农户总数的 90%。而后仅用了一年多的时间，就又快速完成了由生产互助性的较小规模的初级社向土地耕畜等生产资料入股、共同劳动和扩大合作社规模的高级社的转变。据统计资料，1956 年 1 月底，全国高级社发展到 13.8 万个，入社农户由 1955 年底的 4% 猛增到 30.7%；到年底，高级社就达到了 54 万个，入社农户达到 87.8%。仅用 7 年时间，完成了对我国小农经济的产权整合。

1958 年，高级社又快步进入了生产资料集体所有，农民共同劳动，政社合一，以乡镇为单位的公社制，几个月的时间，74 万多个高级社变成 2.6 万个人民公社。但这种违反经济规律和人类行为逻辑的"一大二公"的组织与制度，只维持了二十年，就被重塑的家庭承包经营体制所替代。

3. 改革开放后多种规模化经营模式的探索

1978 年以来，重新获得土地自主经营权的农民，在"交够国家的，留足集体的，剩下全是自己的"制度诱导和国家包括价格补贴在内的一系列优惠政策的扶持下，发挥了家庭经营的全部优势，取得了超高速发展。但是，当这种超小规模的 2 亿多农户的积极性很快在土地资源及制度、粮食价格的钢性约束下呈现出的报酬递减规律的作用下消失殆尽，1985 年出现了农业改革开放以来第一次粮食大滑坡。自此，整合小农经济的各种路径与制度探索一直没有间断过。主要有：(1)回归集体体制的村办集体农场，农业车间，集体农机服务队；(2)回归高级社的土地股份制合作社；(3)扩大农户土地经营规模的家庭农场，农业种植大户等；(4)优化双层经营体制的"两田制"、"返租倒包"等；(5)缓解市场风险，降低交易成本的龙头企业带动式；(6)外来资本参与下的土地股份合作制；(7)农民专业合作社；等等。

（二）　主要路径与制度述评

20 世纪 20—40 年代的合作化，是中国现代农业合作制度的启蒙阶段，有生产发展的自身需求，同时也带有浓厚的个人理想主义和政治色彩。这种先天不足的农民合作社的萌芽，在重大的社会历史变革中，在战火弥漫的硝烟中，不可避免地夭折了。但其在民间乃至对两大政党执政理念的影响，应当说是深远的。因为战争结束，土地改革后，两党都面临着小农经济及其如何整合的问题。

有资料显示：据当时对我国大陆 23 个省（自治区）15432 户农民的调查，土改结束后，贫雇农每户平均只有耕畜 0.47 头，犁 0.41 部，水车 0.07 部；中农每户平均耕畜 0.91 头，犁 0.74 部，水车 0.13 部[①]。因此，无论从加快发展生产的角度还是巩固新生政权的角度出发，决策者都是会寻求合作化的路径与制度的。客观地说，虽然为配合统购统销制度的出台，为增加工业化积累，合作化制度在推进速度上是急了一些，但高级社之前，都还算是尊重了农民的土地及财产权利，并且，合作社对推动当时的农业生产和兴修水利工程，确实起到了良好的促进作用。而从高级社急速推进到人民公社，则完全照搬了苏联集体农庄的模式，剥夺了农民的土地产权，取消了最稳定的农业家庭生产经营方式，并且与户籍制度一起，使农民完全丧失了自主退出的权利。这种模糊产权，既存在内部"搭便车"的道德风险，又取消了进出自愿选择权利的组织制度，再加上国家依靠农业积累优先发展重工业的发展战略和计划经济的外部制度环境，使其虽然在形式上具备了社会化大生产的生产规模，但资源配置效率及收益都没有得到相应的提高。资料显示：1957—1978 年，我国粮食总产量由 1950.5 亿公斤增加到 3047.5 亿公斤，增长了 56.2%，年均增长不足 2.7%。[②]

1978 年农村改革推行的家庭联产承包责任制，重新把家庭经营的自主权部分地还给了农民，而且不断以基本国策和法律制度的形式，确保农业家庭经营体制长期不变。这种制度的目标，一方面，是为了保持家庭经营"纳什均衡"的合理内核，从而以最低的监督管理成本，发展农业生产，确保粮食及其他农产品的有效供给；另一方面，则越来越多地体现为

---

① 转引自《经济研究》1965 年第 7 期，第 13 页，参见梅德平《中国农村微观经济组织变迁研究》，中国社会科学出版社 2004 年版，第 61 页。

② 《中国农村 40 年》，中原农民出版社 1989 年版，第 132 页。

对农民生存的基本保障。这两个目标可以说基本达到了。但是，如何解决资源与制度双重约束下农业效率增长的长效机制问题，即如何在土地资源不断减少，人地关系日趋紧张，农村以家庭经营为主体的双层经营体制长期不变的制度框架下，解决好以小农经济体制为基础的农业生产效率与农民收入可持续增长的问题，则是我国 1985 年以来，一直没有停止过的寻求和探索。

出于本研究的需要与相关性，我们着重分析和评价这 20 多年来，我国小农经济整合路径与制度的利弊得失。

1. 集体农业的整合路径与制度

20 世纪 80 年代初，人们刚刚经历过农村经济体制改革和政策带来的粮食增产农民增收的短暂喜悦，就被接踵而来的粮食减产尤其是 1985—1988 年粮食生产超常性波动所困扰。1985 年粮食比上年减产 564 亿斤，减产幅度达 6.9%，且连续 4 年在 -6.9%—3.3% 之间徘徊。这次"粮食生产滑坡"的主要原因在于：一方面，改革和价格政策给农民带来的巨大的生产投入积极性，很快被超小规模导致的效益递减规律所削减；另一方面，改革赋予农民的经营自主权，使农村二、三产业的发展速度出人意料，农村劳动力紧张和粮食生产比较效益低的问题在发达地区变得十分突出。因此，在 1985 年粮食统购统销制度改为国家定购制度后，粮食播种面积和总产便出现了大幅度下降。

粮食的滑坡，"重新唤起了一些政策制定者和设计者对集体农业的向往"①，在对均田制式的家庭承包责任制和以价格补贴引导粮食生产增长政策进行反思的基础上，一些东部沿海经济发达地区，北京市郊区等，开始在农村集体经济和农村二、三产业比较发达的地方，进行了以集中土地，集体经营为主要内容的土地规模经营试点。出现了一批"集体农场"——土地由集体统一经营，主要集中在北京郊区，还有江南和胶东一带；"家庭农场"（也称"种田大户"）——土地由某种植大户按现代农场方式经营；"绿色车间"（也称"农业车间"）——土地由村办企业作为一个农业车间集中经营，经营者在农忙时是农机手或农业工人，农闲时就是农业车间的工人，从事农业机械的维修保养和其他工作，主要集中

---

① 阮文彪：《中国农业家庭经营制度》，中国经济出版社 2005 年版，第 136 页。

在广东、海南、胶东一带；"集体农机服务队"（也有称"区域种植，统种分管"）——土地家庭承包不变，责任田或全部农田统一耕作，主要耕作环节由集体农机服务队进行免费或低价服务的福利性服务等形式，主要集中在山东、江苏等地。

1987 年后，为了保障粮食供给，国家以农村改革试验区的形式在北京、江苏、浙江、山东、广东等地方进行了多种模式的规模经营试点，发展速度明显加快。据农业部统计，1994 年全国农村实现规模经营耕地达 605.63 万公顷，占农村总耕地面积的 6.5%。北京顺义靠行政推动力，基本实现规模经营，其中，集体农场占耕地面积的 62.8%，劳均规模达 146 亩；规模承包，集体服务占 28.8%，劳均规模达 36.7 亩。江苏三县（无锡、常熟、吴县）劳均 1 公顷耕地面积的规模经营单位达 2816 个，占责任田面积的 22.4%，其中，无锡占责任田 54%，占粮田 18%。

应当说，在当时农户经济尚未发育成长时，这些模式在一定程度上显示了集体经济在生产要素配置方面的规模优势，比如，增加了对农业的投入，提高了劳动生产率，有的也提高了土地产出率，商品率，增加了务农者的收入。但是，在离开政府优惠政策支持和市场经济制度逐步确立的情况下，大多数集体集中经营模式都是脆弱的和短命的。原因很简单，一是粮食生产比较效益低，导致资本技术等生产要素在没有制度激励和约束的情况下，不易持续向粮食生产领域流动，虽然当时市场经济制度在理论和实践上并没有真正确立，但商品经济与农村集体和个体的经营自主权已经在相当大的范围内得以实施；二是在内部经营机制方面，集体行动"搭便车"与监督成本过高的特征，决定了集体农业要想得到可持续发展，需要太多依赖农村集体经济的发展水平（劳动力紧缺所构成的劳动替代动力机制和非农产业"反哺农业"的能力），而且要太多依赖集体经济决策者个人的素质和价值偏好。当然，也有硕果仅存的地方，多是由于政府干预、村集体和农民多年惯性形成的"路径依赖"，但大多已经在原有的基础上，对经营组织进行了市场化规范和企业制度改造，如公司制、股份合作制、集体资产个体承包制度，等等。直接或间接地成就了一些按市场规则运行的农业产业组织。比如北京顺义，江苏华西村，还有山东龙口、荣成、兖州等个别地方。

维持时间比较长的"区域种植，统种分管"，集体农机服务队承担主要耕作服务的模式，在当时普及面最广，绩效也不差，山东桓台作为全国北方第一个单产达到 2000 斤的"吨粮县"当时就主要采用的这种方式。受到中央领导人的高度肯定。一些专家学者曾通过对国外农业社会化服务进行研究，提出过以家庭经营体制＋农业社会化服务体系作为我国农业发展的思路。1991 年 10 月，国务院还专门发布了《关于加强农业社会化服务体系建设的通知》，作为国家的基本方针政策，在"七五"至"八五"期间，国家和地方各级政府部门也曾经在政策和资金上给予了明显的倾斜和大力支持，农业部 1993 年有统计，实行"统种分管"模式的土地面积9100 多万亩，是当时集体承包规模经营的 7 倍。[①] 但遗憾的是除个别地方外，集体农业服务组织并没有取得预期的效果。从山东的情况和特点看，一是在发展速度和比重上呈缓慢波动趋势，据统计，"七五"以来，山东集体所有的拖拉机占全省拖拉机总量的比重始终没有超过 1986 年的22.33%，1991 年甚至下降到 8.96%，1995 年才恢复到 14.75%。二是在经营方式上缺乏活力，80% 以上的村集体农机经营组织属不计成本、不计效益的行政性、福利性服务组织，抽掉集体补贴就难以维系，除了为本村农民服务外，市场需求利益诱导，都很难启动这部分装备精良的机械走出本村，走向市场，最典型的实例是山东龙口市的一个村，集体拥有 6 台1065 大型自走式联合收割机，只负责免费为本村农民收割 2000 多亩小麦，尔后保养入库，从不跨出村子一步。三是在投入机制上缺少利益驱动，集体农机是否投入、投入多少，基本上完全取决于村集体领导人的主观意志和基本素质水平，在 1993 年国家取消农用柴油补贴之后，集体领导人的主观意志就更成为唯一的主导因素了。四是机群配置村村都搞"小而全"的重复配置，这既无必要也不可能，据笔者 1996 年一项专业研究结果，如果按村村配置的发展模式，山东省基本实现农业机械化大约需要追加投资 213 亿元人民币，而按需要科学配置，仅需追加 48 亿元（这里还没有考虑时间、速度和制度创新所带来的交易成本节约等因素）。[②] 从近期调查的情况看，在"九五"期间，90% 以上的集体农机服

---

① 张红宇：《中国农村土地土地变迁》，中国农业出版社 2005 年版，第 96 页。

② 本项目主持人 1993 年完成的山东软科学研究计划项目：《山东农业机械化发展现状与对策研究》。

务队就已经不存在了，集体机械分别以承包、租赁、拍卖等形式有条件地转给个体农机户（即优先为本村农民服务或上缴部分利润等），少数以股份的形式与农机户组成农机服务合作社。据统计年报，2001 年山东省集体农机比例已不足 5%（其中包括已经承包和进行股份合作制改造部分），全国已不足 3%。

2. 家庭农场和种粮大户

首创于 20 世纪 80 年代末期，集中于江苏、广东、海南、山东等地，以土地向种田能手集中，依靠政府和农村集体补贴或提供廉价农机服务为特点的规模经营模式。这种模式是当时试验最不成功的模式，因为它除了能解决土地撂荒情况下的粮食生产问题和大大提高劳动生产率水平以外，别无所长。在政府和集体取消对其补贴和服务时，那些依靠补贴生存的家庭农场和种粮大户，大多都难以维系。导致其短命的原因主要在于公平和效率的双重缺失。虽然在当时和试点地方的人们包括农民，对土地的权益及其社会保障功能认知程度远不如今天，但对人人有权享有的土地权益以行政的方式集中到少数人手中，且以各级财政和乡村集体工副业的剩余，用"以工补农"的方式补贴这些大户，来换取粮食生产的"规模经营效益"，保障粮食供给的方式，不仅侵犯了农民的权益[①]，同时，规模经营水平和效益也远不如当时的集体和一般农户家庭经营。据山东农业大学1995 年对山东北部 77 个行政村 358 个农户的调查结果表明，种植大户的单产比一般农户低，前者平均单产为 424.8 公斤/亩，后者平均为 436.3公斤/亩；江苏省锡山市农业部门 1994 年调查结果显示，集体农场、种植大户和一般农户的晚稻平均单产分别为 530.9 公斤/亩、530.4 公斤/亩和530.5 公斤/亩，而生产成本（不包括劳动成本）分别为 212.75 元/亩、170.16 元/亩和 140.0 元/亩，劳动成本分别为 202.79 元/亩、209.17 元/亩和 137.55 元/亩。[②] 当然，单产水平高于一般农户的个案也并非不存在，如浙江鄞县种粮大户常年亩产 850 公斤左右，比一般农户高 50—100

---

① 这种正当的权益诉求虽然并不普遍和强烈，但在当时甚至于在今天仍被有些人视为中国农民"不患寡而患不均"的"红眼病"。

② 罗伊：《普罗斯特曼等：中国农业的规模经营：政策适当吗？》，参见阮文彪《中国农业家庭经营制度》，中国经济出版社 2005 年版，第 139 页。

公斤，但这是相对于一般农户粗放经营的结果。① 还有的是以增加投入、降低单位成本效益为代价的。

很显然，当时的制度环境还不是市场经济，市场还不可能提供优于集体的优质廉价服务，那些"种田能手"也还不具有独立投资经营管理现代农场的能力，但即使其再不精于算计，也不难想象，如果没有政府补贴和集体优惠服务②，仅从投入产出效益出发，土地经营规模越大，减少投入，广种薄收就越是合算。这不仅侵害了广大农民的利益，同时，与国家有限资源的高效率利用的价值取向也是相矛盾的。这些是以国家农村改革试验区广东省南海市为代表的补贴式"种粮大户"模式，在 1993 年后均告失败的主要原因。

随着市场经济的逐步确立，特别是在 21 世纪初加入 WTO 的挑战和近年来全国及全球性粮食供给短缺的压力下，国家和政府重新鼓励和培育起一批种粮大户，虽然集体优惠服务已经被市场化、产业化服务所代替，但即使没有其他农民对土地产权的正当诉求，其优先追求利润最大化而非单位水土资源产量最大化的价值取向，和离开政府补贴扶持就难以维系的问题，依然是这种模式的两大基本缺陷。笔者 2005 年主持的一项抽样调查的结果显示：山东种粮大户 2004 年亩产量对承包地面积的弹性是负的，即承包地每增加 1%，亩产量就下降 0.915%；粮食播种面积的比重每增加 1%，粮食亩产量就会减少 1.5%。③

这与我们 2007 年实地调查的情况也极其吻合，我们每到一地问及粮食单产水平，种粮大户和小农户哪个高时，6 个县有 5 个县的农民和农业部门都十分肯定地回答：当然是小农户高，只有一个县的回答是似是而非的。

3. "两田制"的路径与制度

20 世纪 80 年代中期到 90 年代初，随着市场经济体制改革思路的确立，随着农村以家庭经营为基础统分结合的双层经营体制的不断巩固和发展，"以家庭联产承包为主的责任制"被 1993 年召开的八届人大一次会

---

① 张红宇：《中国农村的土地制度变迁》，中国农业出版社 2005 年版，第 95 页。

② 补贴与优惠对种植大户来说，既是一种利益也是一种对责任的制约。

③ 本项目主持人 2008 年完成的山东软科学研究项目《山东粮食产区规模经营路径创新与对策研究》。

议写进了《宪法》，作为国家长期不变的基本国策，并在当年颁布的《中华人民共和国农业法》中明确规定："国家稳定农村以家庭联产承包为主的责任制，完善统分结合的双层经营体制，发展社会化服务体系，壮大集体经济，引导农民走共同富裕的道路。"争论在明确的政策和法律制度面前已经毫无意义，于是适应双层经营体制的"两田制"便在这种制度环境下被快速推行了。

"两田制"就是把承包地分为"口粮田"和"责任田"，"口粮田"以家庭经营不变，依然按人均承包，主要提供社会保障功能——承担农户的基本口粮和农业税；"责任田"则以集体的名义按人、按劳或重新建立不同的承包形式，如"统一调地"、"招标承包"等规模经营模式，主要承担生产功能和农业税、早期国家定购任务和以承包费的形式负担村提留、乡统筹等各项责任。这种制度创新较早出现在山东农业大县平度，其本意是想改变小农户边际效益递减，大型农机作业难，规模不经济，集体统一服务能力不足，以及政府、集体与小农户交易成本过高等以均田制为核心的家庭经营体制本身的制度性缺陷问题。发展到鼎盛时期的 1997 年 4 月，全国实行"两田制"的土地面积为 4.66 亿亩，占承包地总面积的 40.7%。[①] 张红宇认为这部分"两田制"主要有以下几种制度形式：一是两类田都按人均承包——一种公平而极易操作的制度安排，人口变动时"动账不动地"，即人口增加时，就在账上增加相应份额的口粮田，减少相应份额的责任田；人口减少时，就减少相应份额的口粮田增加相应份额的责任田。这种形式的责任田占责任田总面积的 50%。其功能主要在于明确土地使用权的权责，减少制度实施过程中政府、集体与农民的交易成本。虽没有改变分散经营的均田制，却也保证了土地在家庭范围内的长期稳定。二是口粮田人均承包，责任田按劳或按人劳比例承包。这种形式的责任田占责任田总面积的 30%，较第一种形式稍微强调了要素配置的合理化，但仍不是规模经营意义上的"两田制"。三是口粮田人均承包，责任田招标承包。这种形式的责任田占责任田总面积的 20%，占承包经营土地总面积的 5.4%。[②] 这第三种形式才是我们要评价的具有整合意义的

① 张红宇：《中国农村土地土地变迁》，中国农业出版社 2005 年版，第 86 页。

② 同上。

制度形式。

从理论上讲，在不违背公平原则和农户意愿的前提下，将责任田实行一定程度的合理配置，获取有限土地资源的规模经济效益，倒不失为兼顾公平和效率的好方式，同时，这一制度安排还兼顾了国家、集体、农户三者利益，既保证了国家集体"经济地"参与农业剩余的分割，又降低农村干群之间为完成农产品定购任务与其他税费收取任务而形成的摩擦成本，以及政府与农民对话的成本。也正是这种基层政府和集体能够主导且对其具有明显动力机制的制度功能，使得"两田制"很快被全国各地效法。

客观地讲，"两田制"的制度绩效至少在早期是明显的。平度自1987—1991年在全县80%的土地范围内，按"两田制"重构了农村土地管理、积累、服务、组织等一整套适当的农地与农村经济管理制度，全县260万亩土地（占全县总耕地的13.2%），涉及1700个行政村和120万农业人口的土地调整，按机械、水利、植保等配套要求，把耕地连方成片，最大的一块连片地，涉及8个村，无一人异议。1987—1991年，取得了农业总产值增长129%，农村经济总收入增长90.6%，其中，农业收入增长68.5%，粮食总产量增长17.8%，农民人均收入由732元增至1044元，村、户资产分别增长69.6%和153%的明显效果。[①]

但是，这种依然在资源与制度双重制约下超小规模基础上的有限制度创新，和创新制度本身缺少对公共权力制约的局限，使"两田制"在全国范围实施的过程中，太多的是在违反公平和自愿两个基本前提的情况下进行的，这实际上形成了政府、集体对农民自主经营权利的过度干预。同时，在重新建立承包关系的过程中，兼顾公平和效率的目标，也因为太多取决于基层政府和集体决策者以及二次承包经营者个人素质、能力和价值偏好，而成为不确定因素。据调查，许多地方以发展规模经营，壮大集体经济为名，强行收回农民的承包地，使"两田制"成为变相增加农民负担和强制推行规模经营的一种手段；有些地方基层干部甚至以规模经营为名，任意减少"口粮田"，随意提高"责任田"的承包费；有的甚至将承包地全部收回，进行高价标包，还有"权力包"，给少数

---

① 张红宇：《中国农村土地变迁》，中国农业出版社2005年版，第89页。

干部"以权谋私"和个别资金较多的农户做农地的"标包生意"开了方便之门，等等，引起农民的强烈不满。因此，这种方式在1997年便被中央政府紧急叫停。①

4. "股田制"的路径与制度

"股田制"即农地股份合作制，是在家庭经营承包制的基础上，将农民承包的土地折价或实物折股，量化到农民个体，在农村社区内或部分农户之间组成农村土地股份合作组织，并按当地经济发展水平尤其是管理者和农民对合作制和股份制认同的程度，采取介于两种制度之间的产权及经营管理制度。当时曾被一些看好的专家学者们称为制度创新模式，也有专家学者谓之"非驴非马"，不能成为一种规范的企业组织形式。② 因为这种制度是劳动者劳动联合与资本联合的统一体。

这种模式始于20世纪80年代末的广东珠江三角洲地区，尔后在山东、江苏、浙江等省有所扩展。制度创新的因由：一是在经济发达地区，劳动力大量就地转移到二、三产业，但农民并不愿意放弃土地使用权，导致土地撂荒和粗放经营；二是在工业化和城市化过程中，土地征用收益的分配，在集体产权模糊的情况下，导致了社区集体与农民之间利益分配在无产权制度约束的情况下，决策权基本不属于农民，即利益分配是否公平，过多地依赖政府和集体领导者的政策水平及个人素质。为优化有限土地资源的配置效率，解决利益分配过程中的矛盾，需要有一种新的制度安排来弥补均田式家庭经营及集体服务双层经营制度在发展过程中的缺陷。

从发源地广东海南市的情况看，主要有三种形式：一是社区全部土地和财产股份化，将土地所有权、承包经营权和使用权分离，统一规划为基本农田、工业开发、商贸住宅三大区域，社区内农业人口16岁以上的分配1个土地股，16岁以下的0.5个土地股，社区合作组织保证按国家当年粮食收购价的80%，每人每月配给25公斤稻谷，每年每股400元以上分红③；二是仅土地股份化；三是土地集中统一交由股份合作组织统一规

---

① 《中共中央办公厅、国务院办公厅关于进一步稳定和完善农村土地承包关系的通知》中办发〔1997〕16号文件要求"认真整顿'两田制'"，明确指出："中央不提倡实行'两田制'，没有实行'两田制'的地方不要再搞，已经实行的必须按中央的土地承包政策认真进行整顿。"

② 董辅礽：《股份合作制不能成为一种规范的企业制度》，《管理世界》1994年第2期。

③ 这是在20世纪90年代，当地90%的劳动力转移到二、三产业的情况下产生的。

划和经营，一般社员则退出农地经营，专门从事社区内二、三产业。到
1995 年，海南全市已建立这种股份合作组织 1574 个，占全市合作社组织
总数的 96%，其中以管理区为单位建立的股份合作组织 177 个，占管理
区总数的 73%，对 54 万亩土地和部分固定资产进行评价折股，总金额达
130 亿元，配置给 76.6 万名社员，社员平均持有 3 个股份，约 1.5 万元股
值。[①]

　　从理论和制度设计层面上看，股份合作制确实是集股份制与合作制之
优势，又兼顾我国国情的创新制度安排。它既具备了合作制劳动者联合的
产权关系，又具有股份制资本联合的产权关系；所有成员既是资本所有
者，又是劳动者；既可按劳取酬，又可按股分红，转移到二、三产业不愿
意放弃土地使用权的农民，即使不参加农业经营，也可以通过股权分红参
与土地收益分配；既可坚持"一人一票"又可程度不同地兼顾"一股一
票"[②]；既可解决集体经济产权不明晰和由此产生的对农民合法权益的随
意侵害，减少集体财产流失、领导干部腐败机会和经营管理决策制度不民
主不规范等现象，并实现了集体参与土地收益分配的制度规范，又能够在
整个社区甚至更大的范围内，在不剥夺农民土地受益权的重要前提下，强
化了社区整合并优化配置土地、资本、劳动、技术、人才等各种生产要
素，形成规模优势和规模经济。但在全国推广应用的速度并不乐观，少数
以农地入股的多是以外来资本注入为主导的非农业和果蔬等经济作物生产
经营组织。山东 90 年代以来出现了部分股份合作社，但大多局限于专业
技术、畜牧养殖和农产品营销领域，以农地入股组成的农业尤其是粮食生
产股份合作社，几乎没有。我们认为原因主要有三方面：

　　一是广东海南模式的土地股份合作组织，其制度的创新性和规范性，
对基层政府和农村社区干部经营管理和文化素质要求比较高，对农民的现
代市场经济理念和对创新制度的认同程度的要求也相对较高，同时，制度
创新的动因对经济发展水平和农民就地转移程度的要求更高。这应当是该
模式只在广东、福建等东南沿海商品经济抑或是市场经济比较发达地区得

---

①　张红宇：《中国农村土地土地变迁》，中国农业出版社 2005 年版，第 113 页。

②　在当时，社区合作组织在社区内是按人设股或者说是在均田制基础上设置的股份，"一
人一票"基本等于"一股一票"，但后期从山东及其他地方的情况看，为了发展，对资本股权有
不同程度的让渡。

以实施的主要原因。二是制度本身还存在缺陷，股份合作制的创新绩效是十分明显的，但也不可避免地存在缺陷，主要是农民对土地拥有的股权，因若干制度约束而不完整。作为社区股份合作组织成员，农民对土地使用权已经转化为单纯的受益权，有人称之为"准土地股权"①，不能转让、继承、买卖，也不能退出（实际上进入在这里也不可以是完全自由的），而且，这种不完整的土地股权还会随着人们离开社区而自动取消。能使这种不完整地权制度得以维系，还是要依赖社区经济发展水平和社区组织的权威和凝聚力。同时，也是最重要的一点，土地集中集体经营的道德风险和低效率的弊端依然存在。三是外部制度环境发生了较大改变。最主要的是 1992 年以来市场经济体制的逐步确立，人们的注意力更多地集中到土地产权制度的改革，甚至提出地权私有化的主张；改革与发展的重心由农村向城市的转移；中央与地方"分灶吃饭"的财税制度与干部任用政绩考核制度的实施；以及工业化与城市化的大力推进等改革与发展过程中的诸多因素，诱发了新一轮的"二元经济"发展结构。而以小农户为主体的粮食生产在没有政府支持的情况下，仍然出现了"阶段性、结构性、地区性、暂时性"的过剩，加上加入 WTO 前后，靠进口粮食解决我国土地资源短缺及其相应问题的尝试，使粮食生产问题一度被认为不是问题，农业结构性调整和农产品难卖问题突出，曾使政府和农民把整合小农经济，增加农民收入的希望过多寄托于农产品加工企业的发展，"三农"问题在经济社会更大层面上的矛盾加剧等，使农业规模经营模式的探索试验被搁置了起来。

近几年，随着中央政府一系列关于"三农"优惠政策和"统筹城乡，科学发展"以及新农村建设等战略措施的连续出台，农业又进入了快速发展的轨道。作为国家统筹城乡综合配套改革试验区的成都、重庆，又推出新一轮的土地、宅基地确权入股的土地产权制度改革创新，其中，包括允许农民在土地承包期限内，在保证不改变土地用途的前提下，以土地承包经营权入股设立农民专业合作社；在条件成熟的地区开展农村土地承包经营权出资入股设立有限责任公司和独资、合伙等企业的试点工作，积极

---

① 黄少安：《从家庭承包制的土地经营权到股份合作制的"准土地投权"》，《经济研究》1995 年第 7 期。

推进土地集约、规模经营，提高农民组织化程度，加快发展现代农业。在承包期内和不改变土地用途和产量的前提下，选择的权利主体是农民；土地作为稀缺资源的生产要素，可增长其生产性功能；土地使用权物权化，可继承、转让、抵押等，强化了农民的土地权益，这无疑是一种制度的进步。但土地对农民的社会保障功能便随时有丢失的风险，同时，企业作为盈利集团，土地用途随时可能在利益机制的诱导下发生改变。而且，从严格意义上讲，改革的本质和意义属于土地制度改革的范畴，其在保证不改变土地面积、用途和粮食产量的前提下，以土地承包经营权入股设立农民专业合作社，如果没有恰当的分工专业化的内外部合理的运行机制，土地集中经营，同样会面临我们前面所谈到的规模大土地产出效率低、"搭便车"的集体行动逻辑等问题。

5. "龙头企业 + 农户"的产业整合

即以加工企业为龙头，以小农户为基础，通过把农业生产过程的产前、产中（不包括粮食）、产后诸环节联成一个不同程度的产业链，由不同主体通过产业链之间的功能联系，在地域上集中配置生产要素，以至产生集聚效应和聚合规模。这种主要由加工营销产业带动形成的小农整合也被叫做农业经营产业化，是我国农业商品经济发展过程中，小农户与大市场之间矛盾的产物。1987 年山东省在总结诸城县商品经济"大合唱"的经验后，所在的潍坊市在一些县推行了以龙头企业带动农户为特色的贸工农一体化、产加销一条龙经营的发展新路子，并与 1992 年首次使用了"农业产业化"的提法，提出："确立主导产业，实行区域布局，依靠龙头带支，发展规模经营"的农业发展新战略。1993 年山东省政府把实施农业产业化经营战略作为发展社会主义市场经济的重要途径在全省各地推广。1995 年底，《人民日报》发表社论《论农业产业化》，并连续刊文介绍了潍坊市发展产业化的经验，此后，这种企业带动在地域和产业上整合小农经济的模式便在全国迅速推广，龙头企业也得到了国家和各级政府的大力扶持。

应该说，这种模式在解决小农户与大市场的对接上，发挥了重要的作用，运行较好的地方，在快速形成产品的区域化、优质化，生产及产量的规模化、标准化，产业的分工、专业化，营销的市场化、国际化等方面，都具有较大的促进作用，并在一定程度上，为农业劳动力培训、转移提供了一定渠道，直接和间接地对提高农业产业整体素质和效益产生作用。但

是，因为龙头企业首要目标是盈利，因为企业与农户利益主体的非同质
化，因为与千百万小农户交易成本过于高昂……所以，这种模式至少在我
国现阶段，只是农产品加工业的规模经营与规模经济，而不是或不完全是
农业生产的规模经营或规模经济。这种模式所能解决的问题，除了农产品
产后的加工增值、储运、销售的规模经营外①，对农业产中的规模效应多
限于间接的拉动，同类农产品生产在区域布局上的相对集中的专业化、规
模化，多数是市场和基层政府在推动。因此，产业化经营没有也不可能根
本解决小农经济整合的问题，不可能解决农业（尤其是粮食）生产中诸
要素的高效率优化配置问题。当出现"农产品生产边际效益≤0"的状
况，龙头企业所能做的，除了在企业自身生存发展可能的条件下，通过扩
大企业规模，吸纳部分农业剩余劳动力以外，既没有其他降低农产品生产
成本的能力，也没有降低农产品生产成本的利益诱导机制，还要承担与众
多小农户的交易费用。如果城镇与企业对劳动力的吸纳速度不足以改变农
产品边际生产率下降的问题（这在现实中至少相当长的时期内是必然
的），农民的收益就必然下降。实际上，即使劳动力转移速度足够快，如
果农业生产没有任何技术进步和制度变迁带来的效率增长，从而获取超额
利润的话，市场均衡价格的形成，都会使生产效率偏低或缺少产品优势
者，失去价格竞争优势。而此时的龙头企业如果按生存法则，就会在看不
见的手的作用下，在更大的市场范围内寻求新的原料生产基地和生产伙
伴，比如"三源奶粉"事件。这对企业来说是符合市场规律的行为选择，
但农户的利益就会受到损害；如果政府这只看得见的手出面进行干预，可
能出现两种结果：一是科学的干预，即利用市场机制加快农产品生产的技
术进步速度，降低农产品的生产成本，或以优惠的财税政策和资金扶持等
方式，补偿企业承担的额外费用，使农户和龙头企业都获得生机和发展，
但这会较大程度地增加政府的财政支出和管理成本；二是以行政手段要求
企业要么继续使用高价或低质的农产品作为原料，要么要求企业承担农户
技术进步的费用。而这种以加重企业负担、牺牲企业发展为代价的短期行
为，换来的结果，可能是一时的农民利益和社会稳定，但从长远看，其代

---

① 个别企业因产品的特殊需要也有过产前技术培训与品种供应，但都因交易成本过大而不
能持久，必须有的则要么外部化为合作社，要么内部化为基地。

价是农户和龙头企业的发展速度都将大大延缓。上述情况都是我们不愿意
看到的，但却被不断发生的事实反复验证。比如，强势政府的过度干预，
"拉郎配"等；企业的自保毁约，单方中止合同；强势企业与分散农户的
不公平交易；企业因交易成本过高而放弃农户，改为进口粮食、奶粉，租
用土地内化为企业基地；等等。

　　为优化该模式对小农经济的整合效应，各地也逐渐引进了合作组织制
度，建立了"公司＋合作社＋农户"的模式，大大降低了企业与大量分
散小农户的交易成本，提高了农民与企业的谈判地位。但是，这种产业化
带动模式与发达国家的农业加工销售企业成长于农业合作组织基础之上的
模式相比，发展路径不同，利益主体与利益分配格局是完全不同的。一方
面，其路径是"龙头"企业带动，农户参与，虽然是"风险共担，利益
共享"的经济共同体，但利益主导主体显然不是农民，即使合作社足够
规范①。另一方面，这种以企业为主导的使各个参与主体都能获得整个产
业链条的平均利益的产业化联合体，其核心是利益驱动，如果是微利甚至
无利，这种模式就不可能存在。因此，目前在我国粮食生产领域应用较
少，多应用于比较效益和附加值相对较高的经济作物和畜牧水产领域。

　　6. 农民专业合作社

　　合作制是发达国家农业现代化过程中被广泛应用，并证明是行之有效
的现代农业组织制度。我国在经历了长期艰难曲折的探索，特别是在小农
户与大市场矛盾冲撞中，在农业产业结构调整的过程中，在与农产品加工
龙头企业的利益纠葛中，农民、政府、企业、社会各界在合作化的问题上
逐渐形成了共识：农村家庭联产承包责任制的建立，确保了农民的农业生
产主体地位，市场经济的发展赋予了农民商品交易的主体地位。在小生产
与大市场之间的矛盾日益加深的背景下，农民有合作的需求，但又缺少合
作的资源和条件；减免利税和资助优惠政策利益诱导使企业、供销社、农
村生产运输大户等，有成为农民专业合作社"带头人"的驱动②；而各级

---

　　①　目前的现实情况是，少量的合作组织也是在刚刚发育成长中，且大多规模小，不规范，
短期内还难以形成与加工销售企业博弈的能力。同时，由于合作组织的免税优惠政策的诱导，一
些企业有把合作社组织内部化甚至直接"翻牌"的行为。这是一个需要关注的问题。

　　②　但能否真正规范地按合作社章程管理和为所有成员提供优质、全方位服务，则是真假合
作社的试金石。

政府在绩效和责任的驱动下，也在制度变迁中发挥了重要的推动作用。因此，经过共同努力，于 2006 年颁布实施了中华人民共和国第一部关于农民专业合作社法。该法规定：农民专业合作社是在农村家庭承包经营基础上，同类农产品的生产经营者或者同类农业生产经营服务的提供者、利用者，自愿联合、民主管理的互助性经济组织。据农业部公布，截至 2009 年 9 月底，我国农民专业合作社已达 21.16 万个，比 2008 年底增长 90.8%，其中，种植业合作社约占 15%①。

发展农民专业合作组织，是整合小农经济的重要路径。通过提高农民的组织化程度和自我管理、自我教育、自我发展的方式，解决小生产和大市场、小农户与大生产之间矛盾和问题的必要性与合理性，早已被国际合作经济运动 100 多年的历史和我国近年来许多地方的成功实践所印证。但从各地实践的情况看，目前我国农业合作组织主要存在两大问题：一是农民专业合作社的成员呈现高度的异质性②，决定了合作社内部治理结构和分配制度的异化性。由于少数核心成员（"带头人"、"大户"甚至是企业）与多数普通成员（小农户）并存的现实，使农民专业合作社在产权结构上普遍采用资本化方式，少数核心成员占有相对集中的多数资额；控制权主要由少数拥有一定资源和较多资额的核心成员掌握；在决策和利益分配机制上，资本的作用相对突出，甚至有企业借合作社之名，行偷漏税之实的倾向。二是专业合作社多限于养殖业和水果蔬菜花卉等高附加值和劳动密集型产品领域，粮食生产领域的合作并不多见。从世界合作组织发展历史看，除以色列以外，国际国内都缺少粮食生产领域实行合作制成功的典型范例③。其中的主要原因是粮食作为特殊产品，其需求与价格的刚性约束，其资本及土地资源密集型的产品属性，导致其比较效益低；其种植生产周期长，单位劳动难以及时量化，信息不对称导致监督管理成本过高，个人努力难以同收益直接对应的激励缺失，集体行动"搭便车"现

---

① http://www.788111.com，2009.12.17.

② 这里所说的异质性主要指持资量和成员经济实力的差异，与《农民专业合作组织法》规定的专业异质性不同。

③ 俄罗斯土地私有化制度改革，没有像人们预期的那样迅速推动苏联形成的集体农庄的解体，除了路径依赖和社会保障制度作用外，其制度合理化的证明还有待进一步地观察和论证。参见金雁、秦晖《十年沧桑——东欧诸国的经济社会转轨与思想变迁》。

象难以避免。因此，我国粮食等大宗农产品生产合作制必须转换一下常规"路径"，比如，在家庭经营体制不变的基础上，通过农机服务者与土地经营者分工专业化的路径，形成的农业生产合作组织，才有可能成为我国农业生产方式变革过程中合理可行的制度安排①。近年来，随着农业生产服务业的发育，随着粮食市场的紧张和粮食价格的微扬，各地产生了一些粮食生产合作社。如山东宁阳县有一个由政府部门主导，乡粮管所、农机、水利、畜牧等4个乡农业服务站，1个饲料加工企业和15个行政村的农民自愿加入的乡饮乡粮食饲料生产合作社，严格按照合作社管理章程管理运行，成员只缴纳身份股金，并没有改变土地产权结构，但在较大区域内整合了土地、技术、生产加工流通金融等服务资源，成功地解决了粮食种植品种杂、分布乱、布局不合理以及由此导致的粮食生产形不成优质批量和机械化标准化生产及规模效益。新华社2005年7月在《国内动态清样》以《山东宁阳新型合作社突破我国传统种粮困局》为题，报道了该合作社在发展优质粮生产中，抓"品种增效、规模增效、副产品增效、减支增效、加工增效、转化增值"六个环节提高种粮效益，增加农民收入的经验，得到了回良玉副总理"抓'六个增收环节'，提升种粮效益的思路和做法很好"的重要批示。浙江海盐县2007年，依托三家服务型农民专业合作社（植保、测土施肥、农机作业），联合在庆丰村建立了"海盐县农业全程社会化服务试验区"，集中连片流转600亩耕地（其中300亩是全程代理农民作业服务，另外300亩是农民土地托管），实行全程统一的标准化生产。同时，还与蔬菜合作社联合实现"一地二主"冬季多种一茬小麦的耕种模式，大大提高了土地的利用效率，增加了农民的土地经营收入和地租收入。此法一经推出，就有1212户的2580亩土地参与，合作社收获小麦77.1万斤，盈利23.8万元，农民增收节支每亩约80元。2008年上半年，海盐县又在三个乡镇成立了三家粮食生产合作社，入社农户1423户，粮田4828亩，股金43.79万元。

这种通过组织整合式和技术服务整合式的合作社模式，在微观层面上可以兼容所有既符合我国国情，又有利于促进粮食生产与农民增收的资源、条件与制度，既保留了家庭经营的合理内核，又整合了生产和制度资

---

① 具体分析详见第三部分。

源，形成明显的规模经济效益。这无论是从当前还是长远着眼，都应当是我国粮食生产规模经营的目标模式之一。目前，这种模式所欠缺的是有利于其发展的外部政策制度环境和有待进一步完善的内部管理经营机制。

7. "农机专业服务＋农户"

这是一种在市场经济条件下，靠利益诱导机制形成的农户与农机户自发的分工，在政府部门的引导和推动下，快速形成的农机专业化服务产业主体＋包括小农户在内的所有农业生产经营主体的技术性、区域性粮食生产规模经济模式。是一种农民自发的创新模式。

从一定程度上讲，前面提到的"区域种植，统种分管"——集体农机服务队统一进行不同程度的耕种服务，分户管理的模式也属于农机专业化服务的范畴。但两者不同之处至少有三：一是服务主体不同，一个是集体，一个是个体、联合体；二是服务机制不同，一个是集体福利性机制，一个是市场竞争机制；三是分工专业化的形成导向不同，一个是国家粮食供给需求下的行政主导，一个是收益最大化的市场利益诱导。显然，后者是对前者的创新性延续。

这种模式的好处在于：能够在不改变家庭经营体制的前提下，形成以机械化工程技术服务为核心载体的农业生产技术经济规模，既能解决小农生产规模经济与大生产的矛盾问题，又能实现传统农业生产方式向现代化生产方式的变革，走出一条符合中国国情的农业现代化路子，而且最重要的是这条路子能够跨越单纯依靠土地、装备等生产要素量的扩张获取规模效益的粗放经营阶段，直接进入靠市场优化配置要素，靠分工、专业化、产业化、社会化等组织、制度创新，获得生产要素的优化配置、技术进步、合理机制带来的内涵增长的经济效益，形成对发达国家的追赶超越之创新优势。主要表现为以下几个方面。

（1）兼容各种农业经营规模和经营模式。"农机服务产业＋农户"是家庭承包经营体制基础上的分工与创新，其创新路径是无须改变家庭经营体制，通过分工、专业化和产业化，就能够使以机械化工程技术为核心的现代农业生产技术，脱离农业超小规模的羁绊，得到高效率的应用，并在很大程度上兼容各项现代农业生物化学技术，改变农产品的比较优势（提高产量，降低成本，节约或替代水、土、人力资源和种子、化肥、农药等生产资料），从而也改变了农产品的市场竞争优势，从减少投入和提高产量两方面提高所有拥有土地使用权的农民来自农田的收入。因此，它既能为各种较大规模的农业经营主体提供农机作业服务，也能为超小规模的小农户提供同样的服务。

（2）能够增加农民的就业机会，保持城乡各业的可持续发展。因为没有改变土地产权和减少农民来自土地的收入，所以就不可能形成对城市就业的风险性压力。农机化工程技术其实并不是农村劳动力过剩的原因，在我国它充其量只是替代了部分农忙高峰季节的劳动力，所起到的作用只不过是使外出打工的农民不需要在农忙季节返乡而已。农闲时，农机服务产业组织及其带动的相关产业实际上在起着吸纳劳动力的作用，比如水利、农田、城建、交通工程，作物秸秆加工利用产业，农机汽车维修，农业生产资料的运输、供应，油料、配件供应，甚至农产品的烘干、保鲜、储运，还有服务中介，等等。当然，随着机械化服务水平的提高，它带来的也只是农民兼业的机会成本降低，城乡劳动密集型产业劳动力资源的充足，城乡各产业就业机会的增加。最后，在农业劳动力绝对下降时，及时提供必要的资本技术支撑，保持我国农业生产力可持续增长。

（3）构建了现代农业生产的微观经济体制。由于实行了土地经营与机械化经营的分工、专业化，还因为专业化对扩大市场范围的能力和要求等因素，从根本上改变了农业劳动者与生产资料的结合方式，因而使农机服务经营者因追求自身利益最大化而要求联合与合作，机械服务经营者的合作，因其监督管理成本比传统农业生产者的合作明显降低，而能够进入实际上的农业生产中，使农业生产（中）合作组织有解，或者说可以避免集体行动逻辑的陷阱[①]；同时，随着农业劳动力的逐步转移，农业的这种分工、专业化必然还会孕育出一批专门从事农地经营管理的农场主或土地经营权的代理人。两个方面在实际上解决了农业生产（产中）组织方式现代化的问题，构成了符合我国国情和市场经济条件的农业生产微观组织体制。2007年，我国农机作业服务组织达3654.57万个，其中，农机户达3629.50万个，占农户总数的15%以上；农机经营总收入达2801.73亿元，其中，农机户收入2550.76亿元，占农机经营总收入的91%；农

---

① 许锦英：《农机服务产业化——我国农业转型的帕累托最优制度安排》之"农业生产合作组织的解"，山东人民出版社2003年6月版，第141页。

机作业总收入达 2458.71 亿元,其中,农机户作业收入达 2333.31 亿元,占农机作业总收入的 94.9%①。这些专业化服务主体通过市场、合同、订单等多种契约形式,为农业经营者提供产中以至全过程服务。

(4) 能够快速转变传统农业的增长方式。农机专业化、产业化、社会化服务的实施,不仅将改变农户只能在小规模经济体内部靠生物、化学技术(当然还有机械的低效投入)和劳动的密集型投入,在边际效益递减的情况下,单纯追求土地产出率的增长方式,还能够跨越西方发达国家单纯依靠土地、装备等生产要素量的扩张获取规模效益的粗放经营阶段,直接进入靠市场分工专业化优化配置要素,靠分工、专业化、产业化、社会化等组织、制度创新,获得生产要素的优化配置、技术进步、合理机制带来的集约化经济效益的内涵增长方式。主持人 2005 年主持的抽样调查分析结果表明,山东农机专业大户单位农机耕作规模比种粮大户平均要高 5 倍,比一般农户平均水平高 65 倍以上。② 从课题组在山东、河南、河北三省抽样调查的农户样本分析结果,也可以看出,占样本 23% 有农机作业服务收入的农户,其自家小麦、玉米、花生的平均单产水平均高于没有农机作业服务收入的农户。其中小麦平均高 39.6 公斤/亩,玉米平均高 71.4 公斤/亩,花生高 5 公斤/亩(见专题报告之二的图 12)。

(5) 拉动市场需求,形成产业联动。农业机械化工程技术的充分应用,不仅可以打破我国农业目前低水平均衡的恶性循环,还可以从生产和生活两方面增加对工业产品和对资本市场的有效需求,从而使国民经济走向结构合理、协调发展的良性循环。据统计,2007 年我国农业机械原值达 2860.83 亿元,比 2000 年增加了 1205.13 亿元;平均年增长 172.2 亿元,当年新增 385.85 亿元,比 2000 年增加了 2.28 倍,其中,农户投入 346.49 亿元,比 2000 年增加了 2.20 倍。③

正因为上述理由,2004 年以来,中央连续 6 个一号文件,在强调建立农业增长长效机制时,重提大力发展农业机械化,并开始逐年增加对农业机械的购置补贴;2007 年的一号文件,在强调加强现代农业建设时,

----

① 《农业部统计年报》,中国农业机械化信息网。

② 山东软科学研究项目:《山东粮食产区规模经营路径创新与对策研究》,相关部分见附件 2。

③ 《农业部统计年报》,中国农业机械化信息网。

还首次明确提出："积极培育和发展农机大户和农机专业服务组织，推进农机服务市场化、产业化。"近两年，中央财政大幅度增加了农机购置补贴，2008 年 40 亿元，2009 年达 130 亿元。这标志着我国现代农业发展方式开始发生转变。尽管还不是根本性的主导性的转变。

同时，"农机服务产业 + 农户"作为现代农业生产经营模式的制度安排，在具有对不同形式与规模的农业经营主体具有强大兼容性的同时，还意味着对土地分散、地块零碎的无奈容忍和长期等待。也就是说，这种分工专业化的模式虽然能以最小的制度变迁成本，在小农经济基础上实现传统农业向现代农业生产方式的转变，但对农民组织化程度低和因此所带来的一系列问题无能为力或只能靠市场机制产生间接的影响，比如，因地块零散而影响生产效率，因不能在较大区域内"统种统收"①，难以形成优质产品标准化和批量化生产优势，影响农民收入和产业整体水平提升，等等。

综上所述，新中国成立初期特别是改革开放之后，我国小农整合模式基本上尊重了小农户的土地产权与经营权，不同程度地保持了小农户的生产经营主体地位，但严格地讲，除了上述第 7 种农民自己创新的分工专业化基础上的技术整合、劳动合作组织整合路径，和在不改变土地产权归属前提下的第 5、6 种的劳动合作组织整合与产业整合的制度方式外，其他都没有突破扩大土地经营规模的土地整合路径与制度。这种对土地经营规模路径的过度依赖，是制度更是理论的误导，这种误导对小农经济整合路径的正确选择，乃至未来农业发展方式的影响是非常不利的。

（三）依靠集中土地规模经营路径的误区及根源

1. 制度根源

新中国成立初期对小农经济的急速整合及其整合的路径与制度，既是社会主义对私有制小农经济改造的制度要求，也是新中国加快经济发展、巩固新生政权的政治要求，更是选择靠农业积累优先发展重工业的二元经济社会发展方式与建立高度集中的计划经济的体制要求。改革之后，历史的教训和家庭经营"纳什均衡"的合理制度优势的彰显，以及土地资源

----

① 指统一种植技术和标准。

紧缺，人地关系日益紧张的严峻现实，使坚持农业家庭承包经营体制长期不变，成为我国的基本国策，并不断以法律、规章等形式，保护农民家庭承包经营土地的权利。但是，土地产权制度本身的缺陷，比如，土地集体所有制主体模糊、缺位的问题；市场体制的不完善，比如土地使用权流转制度与流转市场、法律不健全等问题；加上市场化、城市化过程中，多元化的利益诱导，常常导致某些地方政府、集体组织和强势利益集团，以各种方式包括真假集中土地规模经营的方式，侵害农民的土地权益，比如，为政绩和完成规模经营指标，为增加集体收入来源，为迅速扩大企业资产规模等，强行或变相改变土地产权归属，推进土地集中的规模经营。这类情况直到 2004 年以来，国家把解决"三农"问题放在了"重中之重"的位置，并连续出台了 6 个一号文件，实施了一系列注重农民家庭经营主体的减免税收、粮食直补、农机良种生资补贴等普惠、优惠政策，制定了一系列保护农民权益的法律制度，才得到有效扼制。目前，基本路径都是在保持家庭经营合理内核的基础上，通过产业、产品、土地入股、合作制度，通过搭建土地的市场化流转平台等方式，寻求农业的规模经济效益。这是一种制度与社会进步，但如前所述，这些依然在很大程度上没有摆脱靠规模经济才能提高效益的理论与实践的局限。

2. 理论根源

上述一切制度行为的理论依据都直接与间接地建立在规模经济理论之上，或者说，主要是受主流经济学规模经济理论的影响，并且混淆了规模经营与规模经济的概念，误以为规模经营就是规模经济，有规模才能有效益，更有甚者，是长期认为只有大规模的生产经营主体才能承载现代农业大生产、大机械，只强调资源配置规模和规模效益，忽略了技术进步与分工、专业化及组织制度创新对效益增长的重要贡献，并由此导致对扩大土地经营规模的制度偏好。

显然，这是一个很大的理论误区，因此也是一个长期存在争议的领域。首先，规模经营（包括后期人们注重提出的适度规模经营）并不等于规模经济。规模经济是西方主流经济学的概念，指因生产规模变动而引起的生产单位（企业）的成本和收益的变动关系。它包括企业内部经济与内部不经济；外部经济和外部不经济。所谓内部经济是指产业或企业在生产规模扩大时，从自身内部所引起的成本的降低和效益的增加。其表现一般有四个方面：（1）企业规模扩大后，分工可以更为精细，从而使劳动生产率得以提高；（2）企业规模扩大后，可以购置大型先进的生产设备，并能够充分利用这些设备；（3）企业规模扩大后，可以减少单位产品的生产、购销费用；（4）企业规模扩大后，可以充分利用其副产品。反之，企业内部不经济则是指企业生产规模扩大时从自身内部因素所引起的成本上升和收益减少。其表现一般也有四个方面：（1）规模扩大后因管理不善引起的管理效益降低；（2）规模扩大导致监督费用和企业内部通信联系的费用增加；（3）规模扩大有可能增设购销机构，使得单位产品购销费用增加；（4）规模扩大有可能导致人与人之间的磨擦与不协作，决策和生产效率降低。所谓外部经济与外部不经济指的是来自企业外部的因素变化，影响企业成本和收益变化的状况。这种影响一般包括两方面的含义：一是企业外部整个部门甚至整个社会生产规模的扩大而引起的外部经济与不经济引起企业的成本和收益变化趋向经济或不经济；二是企业所得到的一切来自外部的有利影响和不利影响。① 这也是 20 世纪土地改革以来，一直没有间断过的关于大农场还是小农场效率更高的争论的要义。学者们不仅从理论上而且还力图用事实证明农场规模与效率之间的反向关系。比如贝利和克莱恩就曾对巴西、肯尼亚、墨西哥、印度等 20 多个发展中国家农业统计资料作了横向比较，对其中的 6 个国家（巴西、哥伦比亚、菲律宾、巴基斯坦、印度、马来西亚）还作了时间序列的分析，结果证明了小农场比大农场更有效率。但这遭到了印度学者加塔克和英格森特的批评，他们认为一概断言小农场更有效率有些勉强。固定资本的投入是新技术的必要组成部分。在利用固定资本方面，大农场成本较低，利润较高。此外，即使小农场更有效率的观点是正确的，它也要受两点限制：第一，它只适用于劳动剩余经济的发展初期，随着经济不断发展和农业劳动力向工业部门的逐渐转移，农业劳动将变为稀缺，机会成本增加，小农场的优越性就会因此而消失。第二，它只适用于技术停滞的传统农业，随着技术进步的发生，大农场凭借自己的优势地位可以从技术变革中获得比小农场更大的利益。② 舒尔茨在充分实证的

---

① 厉以宁主编：《市场经济大辞典》，新华出版社 1993 年版，第 277 页。

② 加塔克、英格森特：《农业与经济发展》，格默尔编：《发展经济学评述》，华夏出版社 1987 年版，第 141—142 页。

基础上，明确指出：“在改造传统农业中至关重要的投资类型并不取决于大农场的建立。由于这种改造，农场的规模会发生变化——它们或者变得更大，或者变得更小——但是，规模的变化并不是这种现代化过程中产生的经济增长的源泉……关键问题不是规模问题，而是要素的均衡性问题。”①

其次，最佳规模并不是唯一的。这也可以理解为规模并不是最佳规模的主导因素。施蒂格勒用生存技术考察了美国制造业的情况，发现最佳规模是一个范围相当大的领域，即多种不同规模都是最佳规模，而不是像教科书中描述的那样长期平均成本曲线只有唯一的最低点，即只有一种产出规模是经济的。他的解释是：第一，现实中厂商拥有的资源不是同质的，使用不同资源的厂商若规模相同，则效率会不同；若效率相同，则规模会是一个较大范围，所以长期平均成本是一条底部平坦的曲线。第二，现实中一家厂商的发展能力并不仅仅、甚至不是主要取决于传统的由既定技术条件决定的生产成本条件，而是取决于许多难以观察并精确计量的因素，如企业家的能力、政府管制制度（如进入壁垒）、市场环境变化，等等。②这与舒尔茨的结论有着异曲同工之妙。

最后，规模经济理论的致命缺陷是对分工专业化的省略。杨小凯、黄有光在批评新古典微观经济学的缺陷时曾指出：“纯消费者与企业之两分带给新古典微观经济学的第二大致命缺陷，是用规模经济概念替换专业化经济概念。按照斯密和杨③的观点，分工经济以专业化经济为基础。”④ 他们认为马歇尔框架的这种缺陷是由于当时的数学理论方法“不能将个人专业化水平内生化。在大多数新古典微观经济学模型中，产出范围没有明确地规定为企业的决策变量，因此，专业化水平的内生化不能在这些模型中直接讨论。所以规模经济概念与以专业化为基础的分工经济有明显的区别”。“规模经济概念与个人专业化水平或企业内部专业化水平无关。一

①　西奥多·W. 舒尔茨：《改造传统农业》，商务印书馆1999年版，第84页。

②　G. J. 施蒂格勒：《产业组织和政府管制》，上海人民出版社、上海三联书店1996年版，第6页。

③　阿林·杨（Allyn Young, 1928）——笔者注。

④　杨小凯、黄有光：《专业化与经济组织——一种新兴古典微观经济学框架》，经济科学出版社1999年版，第9页。

个企业可能很大，但同时其专业化水平可能很低。""就规模经济而言，与资源配置有关的产品数量和价格之间的相互影响是经济学的焦点。就以专业化为基础的分工经济而言，生产率与经济组织之间的关系是经济学的焦点。"① 这是杨小凯新兴古典微观经济学与主流经济学区别的最精准的概括。

上述几位经济学家都从不同角度强调了经济组织和个人专业化水平（包括企业家能力）对规模经济的关键性作用，而不是仅仅从资源配置数量的大小与是否经济的表象出发，因为，资源配置优化的程度实际上是经济组织生存技术或生产能力的函数。也就是说，资源配置是企业家在市场经济这只看不见的手和政府管制这只看得见的手的作用下，使经济组织生存与发展的结果。正如阿林·杨所说的那样：资本既不是资源配置的问题，也不是可用资源多少的问题，它只是中间产品生产中分工演进和生产迂回程度演进的问题，或者更准确地说，是经济组织的问题。②

显然，农业规模与效率决不是唯一对应的正相关关系，即农业生产效率并不是完全取决于土地经营规模，它还取决于农业分工专业化水平以及产权制度、技术进步的供给制度、农民企业家个人素质等多方面因素。在很多情况下，分工、专业化、组织化、市场化等制度的确立，还有不同方式的技术进步所带来的农业生产效率的持续增长，可能与土地经营规模根本无关。比如美国与中国的农业机械化技术服务产业的分工与发展，日本的农民协作与现代化，印度的绿色革命，荷兰的分工与市场体系等等。这些都不仅仅是一定资源禀赋条件的作用下，还是一定的国家政策与制度作用下的产物。尤其是我国在超小规模的基础上，通过分工、专业化实现了大型机械化技术的规模经济，和小农生产效益增长并行不悖的结果，更具有创造力和说服力。

所以，施蒂格勒创造的以生存技术法确定的最佳规模群，才是真正与分工、专业化、经济组织和效率密切相关的规模，具体到农业，它可能是大规模农场，也可能是小规模农场，也可能是中等规模农场。总之，规模

---

① 杨小凯、黄有光：《专业化与经济组织——一种新兴古典微观经济学框架》，经济科学出版社1999年版，第9—10页。

② 同上书，第10页。

并不等于规模经济，农业规模经济并不取决于农场规模的大小，它还在很大程度上取决于企业素质与企业外部经济制度环境的影响，即规模经济还是制度的产物。此外，规模经济并不是提高经济效益唯一的、主导的因素，在很大程度上，它只是经济社会发展和产业分工、专业化的一个结果。

3. 路径依赖

首先，不可能排除东西方发达国家发展路径的影响。虽然国家制度各有不同，集中土地的方式、手段和策略也存在很大差异，但是从表象上看，大都是通过土地集中的路径发展和形成现代化农业大生产的。比如苏联和欧美国家。其次，我们自己在发展方式上缺少科学、准确的把握，缺少对农民创新的发现，往往简单地依从思维、观念、经验的惯性导致的路径依赖。这种惯性和路径依赖，即使在基础理论已经形成——新兴古典经济学对主流经济学的批判和对古典经济学的继承与发展，农民的实践和创新也走在了应用理论的前面——以小农家庭经营为主体的分工专业化所带来的技术经济整合效率、服务产业整合效率、合作组织整合效率、产业带动整合效率、区域经济整合效率，等等，但我国及一些地方政府在小农经济整合的路径与政策制度选择上，仍对规模经营存在很大程度的路径依赖，即观念、行为、制度的惯性——仍致力于扶持龙头企业和种植大户而忽略小农户的分工、专业化；仍关注土地流转集中而忽略地块的调整和基础设施建设；仍在下达规模经营、土地流转的行政性指标，忽视小农户的主体地位；等等。其三，也是关键的一点，规模经济理论较之分工专业化理论，无论是理论本身、实施过程还是实施结果，都比较简单直观，容易理解、便于操作、效果明显。这也是学者们对分工专业化理论在经济学界一方面受到"公理"一样待遇，一方面又被主流经济学抽象掉的原因[①]之一。因此，客观上易传导、易接受、易显现，既是形成路径依赖的因由，某种程度上，也是政府及官员们对路径与制度选择偏好的价值导向。

我们之所以要对这种误导提出异议，关键在于前面所提到的，这个路

---

① 参见杨小凯、黄有光：《专业化与经济组织——一种新兴古典微观经济学框架》，经济科学出版社1999年版，第7—9页。盛洪：《分工与交易——一个一般理论及其对中国非专业化问题的应用分析》，上海三联书店、上海人民出版社1994年版，第3页。

径和制度在我国既不可行，也不公平，既非帕累托最优改进，制度变迁的推行成本也会很高。

三　整合路径与制度创新的合理性与合规律性

综上所述，我国小规模农户经济的不可避免与其存在的合理性，以及不必依靠集中土地扩大经营规模去获取规模效益的整合路径已然明确。那么，靠分工专业化是如何实现小农经济的整合及其效益的可持续增长呢？我们从理论与实证两方面对其合理性与合规律性给出必要的分析与证明。

（一）分工专业化基础上的效益增长

1. 分工专业化及新增长理论概要

分工即劳动分工，是各种社会劳动的划分和独立化。分工有按性别和年龄形成的自然分工；按社会不同部门之间和部门内部形成的社会分工，包括把社会生产分为农业、工业、服务业等大类的一般分工和这些大类分为种和亚种的特殊分工；企业内部在劳动过程中形成的不同工种间的个别分工等。[①] 马克思把分工划分为产业、企业内部的分工和社会分工。[②] 并指出："一个民族的生产力发展的水平，最明显地表现在该民族分工的发展程度上。"[③]

从微观层次上看，经济学家们对分工与专业化有不同解释。斯蒂格勒认为，分工或专业化过程，就是企业的职能不断地分离出去，由其他专业化的企业专门承担这些职能的过程。[④] 在这里，我们可以把专业化理解为分工的自然结果或者与分工是同一概念。美国经济学家艾林·杨认为：分工是使一组复杂的过程转化为相继完成的简单过程，且至少有些过程会导致机器的使用，而机器的使用及间接生产过程的采用又导致劳动分工的进

---

① 厉以宁主编：《市场经济大辞典》，新华出版社1993年版，第60页。
② 马克思：《资本论》第一卷，人民出版社1975年版，第389—398页。
③ 马克思、恩格斯：《费尔巴哈》，《马克思恩格斯选集》第1卷，人民出版社1972年版，第25页。
④ 转自盛洪：《分工与交易——一个一般理论及其对中国非专业化问题的应用分析》，上海三联书店1994年版，第32页。

一步发展。这意味着经济发展过程就是在初始生产要素和最终消费之间插入越来越多、越来越复杂的生产工具、半成品、知识的专业化部门，使分工越来越深化的过程。杨还进一步强调，通过观察单个企业或特定产业的规模是无法弄清楚收益递增的机制的……资本化过程不但是投入的增加及技术的进步，而且是生产组织方式的演进。[①] 杨小凯等认为，分工以专业化为基础，但又不同于专业化，如果所有个人都从事同一专业，那就没有分工。分工是一种组织结构，在这种结构里不同的个人从事不同的专业。因此，专业化和职业的多样化是分工的两个方面。[②] 盛洪认为，分工与专业化是指一种生产方式。即人们进行生产活动时的行为方式。他引用了张闻天对生产方式的定义："人们为了进行生产，依照生产技术（即生产资料，特别是生产工具）情况和需要形成的劳动分工和协作关系。"盛洪认为："专业化就是一个人或组织减少其生产活动中的不同职能操作的种类；或者说将生产活动集中于较少的不同职能的操作上。分工就是两个或两个以上的个人或组织将原来一个人或组织生产活动中所包含的不同职能的操作分开进行。专业化和分工越是发展，一个人或组织的生产活动越集中于更少的不同的职能操作上。"[③] 笔者认为，从经济行为的本质意义上讲，分工与专业化还是一个理性的经济人在一定的制度环境下追求个人收益最大化的行为过程。

在关于分工、专业化的经济文献中，没有不首先提到亚当·斯密的《国富论》（1776）。因为除了一部比它早近50年的《蜜蜂的寓言》（孟德维尔，1729），劳动分工一词在此之前很少有人使用过。[④] 这部经济学理论的奠基之作第一章就是"论劳动分工"，第一句话就是："劳动生产力最大的改进，以及劳动在任何地方运作或应用中所体现的技能、熟练和判断的大部分，似乎都是劳动分工的结果"。即使对《国富论》毁誉参半的熊彼特，在为此书写的"读者指南"中，也由衷地指出："有一点一直

---

①   参见谭崇台：《发展经济学》，山西经济出版社2001年版，第72页。

②   杨小凯、黄有光：《专业化与经济组织——一种新兴古典微观经济学框架》，经济科学出版社1999年版，第9页。

③   盛洪：《分工与交易——一个一般理论及其对中国非专业化问题的应用分析》，上海三联书店、上海人民出版社1994年版，第33页。

④   亚当·斯密：《国富论》，陕西人民出版社2001年版，第7页。

没有得到应有的注意，那就是无论在斯密以前还是在斯密以后，都没有人想到要如此重视分工。在斯密看来，分工是导致经济进步的唯一原因。仅仅用分工便可以说明，为什么尽管文明社会存在着叫人难以忍受的不平等，但文明社会中最卑贱、最被人瞧不起的成员，都要比最受人尊敬、最勤劳的野蛮人生活得好。技术进步、各种机器的发明，甚或投资，都是由分工引起的，实际上只不过是分工的附属品……"①

亚当·斯密用了一个被后人广为流传的经典实例——一个没有受过专门训练的人一天不能制造 20 枚针，或许一枚也造不出来，但 10 个分工协作的人，在机器装备不足的情况下，每天能制针 48000 枚——形象而准确地揭示了分工是生产力（率）进而财富增长的唯一源泉这个经济学的基本原理。它是那样得明显和不容置疑，以致"在经济学家那里，分工和专业化的功效是少有的、没有争议的问题之一"，说分工和专业化的增进就等于在说生产力的提高，这在大多数经济学家那里受到了"公理"般的待遇。② 斯密关于"劳动分工取决于市场范围"的著名论断被人们称之为斯密定理，其中蕴含着的收益递增的洞见，被艾林·杨誉为"全部经济学文献中最有阐述力并富有成果的概括"。③

然而，可能正因为如此，分工、专业化的发展被认为是一件自然发生的事情，毋须研究，正如人们认为机器的使用是一件自然发生的事，毋须研究其为什么发生和为什么不发生一样；也可能是因为分工、专业化是一个看似简单，实则很难定量分析的问题，难以用数学语言和方法表达，正如哈耶克所说："在社会科学中常常是，碰巧能测量的东西被当作是重要的。"④ 所以，在新古典经济学的理论框架中，以分工为基础的专业化经济被规模经济代替了。因为专业化水平的内生化不可避免地会涉及角点解，但是求角点解的库恩—塔克方法在 21 世纪初尚未发现。因此，在 20

---

① 约瑟夫·熊彼特：《经济分析史》，商务印书馆中译本，第 285 页，参见亚当·斯密：《国富论》，陕西人民出版社 2001 年版，第 5—6 页。

② 盛洪：《分工与交易——一个一般理论及其对中国非专业化问题的应用分析》，上海三联书店、上海人民出版社 1994 年版，第 1—2 页。

③ 艾林·杨：《收益递增与经济进步》，Economic Journal，December 1928。转引自谭崇台：《发展经济学》，山西经济出版社 2001 年版，第 71 页。

④ 转引自盛洪：《分工与交易——一个一般理论及其对中国非专业化问题的应用分析》，上海三联书店、上海人民出版社 1994 年版，第 3 页。

世纪初将古典经济学思想形式化的第一个技术难题便是避开角点解问题。马歇尔只得在分析框架上使出某种手法，以保证个人问题的解必定是内点解，从而使得以内点解为基础的"边际理论"能行得通。[①]　于是，在现代主流经济学中，我们几乎看不到对分工、专业化问题讨论的影子，从新古典经济学的经济增长模型中，仅能看到导致生产力增长的两种变量：一是在既定技术水平条件下的资源配置的优化，一是技术的进步。而技术进步是经济学理论无法解释的外生变量，分工、专业化的基础性、内生性的本质和作用被抽象掉了。

　　尽管艾林·杨在其经典文献《收益递增与经济进步》中，以斯密定理为主题，在协调古典经济学与新古典经济学方面，具体说在协调收益递增与竞争性均衡方面作了最为突出的尝试，提出了产业间的不断分工和专业化是收益递增实现过程的一个基本组成部分，强调不断的产业分化曾经是并仍将是与生产增长相联系的典型的变化类型；收益递增取决于劳动分工的演进，并且现代形式劳动分工的主要经济是资本化的或以迂回的生产方式使用劳动的经济；劳动分工取决于市场范围，市场范围又取决于劳动分工等重要经济思想，并进一步强调，不论人们追求的是经济利益或非经济利益，除了从新知识的获取中求得进步外，经济进步的可能性就孕育在上述条件之中。杨的这些经济思想本应突破新古典经济学收益递减的均衡状态的禁锢，开创一门能使经济学家探讨收益递增的经济学，然而，经济学界却对此抱以长达半个多世纪的沉默，并完全拜倒在正统的新古典经济学脚下。直至 20 世纪 80 年代初，罗默重新发掘了古典经济学家，尤其是艾林·杨关于收益递增的经典思想，并运用动态模式证明了"收益递增可能会导致无约束的增长，外部性可能会允许竞争性均衡存在"的观点，才引发了人们对古典经济学及杨的古典经济学思想——分工、专业化是收益递增之源泉思想的关注，并形成了以解决经济学中一个重要且令人困惑的主题——经济增长的根本原因为主要目标的经济学分支——新增长理论。[②]

---

　　①　杨小凯、黄有光，《专业化与经济组织——一种新兴古典微观经济学框架》，经济科学出版社 1999 年版，第 7—9 页。

　　②　谭崇台：《发展经济学》，山西经济出版社 2001 年版，第 69—73 页。

斯密关于劳动分工是财富增长的源泉的重要思想在现代主流经济学中失而复得是值得庆幸的，但更令人庆幸的是分工与专业化的实践在发生、发展，并在现代生产方式的变革中扮演着重要角色。在这里，按照本研究的假设和重点，我们主要以上述第7种模式——农民自发形成的农机与农业分工，并形成专业化的为小农户服务的产业组织的过程和机理为对象，进行深入的分析研究。

2. 分工专业化与效率的增长

分工、专业化之所以能使生产率得到巨大增长，其中的原因经济学家尤其是古典经济学家们作了很多的论述。

从经济组织内部生产工艺分工、专业化的层面上看，主要有以下原因：（1）分工、专业化使得劳动者将其生产活动集中于较少的操作上，能够较快提高其生产熟练程度。如斯密所说的"工人熟练程度的改进必然使他所能完成的工作数量增多"。（2）分工、专业化节约了劳动转换的时间损失，等于减少了单位产品所消耗的劳动时间，节约了生产的人力资源。斯密曾指出：节约这种时间所带来的好处，"比我们骤然看时所想象的要大得多。"（3）分工、专业化促使了机器的发明和改进，"便利和简化了劳动，使一个人能干许多人的活"。① （4）分工、专业化的发展，可以节约生产资料。比如减少劳动者所要准备的工具数量，节约或更有效地利用工作场所。（5）分工、专业化使人们的工作在既定的技术水平条件下变得较为简单。可以减少工作的学习和培训时间；可以减少在工作中应支付的智力资源；可减少工作中的失误；减少对高级技术、多面手工人的需求。

从组织或产业之间的分工、专业化（即使不同产品的生产组织专业化，和使同一产品的生产分工为从原料生产到中间产品、最终产品生产等许多中间环节生产组织的专业化）层面上看，主要原因有六个方面：（1）企业的专业化发展可以降低企业管理工作的复杂程度，实行更高程度的管理专业化，提高企业的管理效率。（2）技术进步。分工、专业化使人们的注意力集中在更窄的生产领域中，因而更容易出现技术创新；同时，由于劳动力者的操作越来越趋向简单和单调重复，为采用机器代替人工提供了最初技术上的可能；分工、专业化的目标——大批量、高效率的

① 亚当·斯密：《国富论》，陕西人民出版社2001年版，第11、12页。

生产为采用高效率的机器设备提供了需求；而劳动性质的分工、专业化使科学知识的进步速度加快，进而使各种技术进步都成为可能，并且速度越来越快。（3）分工、专业化可以更充分地实现迂回生产方式。[①] 分工导致了机器的使用，而机器的使用又导致了进一步的"现代形式的劳动分工"[②]，即生产资料的生产专业化。生产资料的生产尤其是能延长人的手臂，便利和简化劳动的生产工具——机器的生产专业化，必将在更大程度上提高全社会的生产率水平。（4）分工、专业化可以促进投资方式的出现和发展。迂回生产方式的出现和分工、专业化的不断演进，使资本的持有者和生产经营者也出现了分工，并由此形成了一系列的投资方式，投资方式的出现和投资量的积累，标志着经济发展出现某种质的飞跃。比如，罗斯托将投资率超过 10% 作为经济起飞的标志之一。[③]（5）分工、专业化可以促进生产服务和非生产服务方式——非物质生产的第三产业的出现和发展。服务产业的出现和发展主要从三大方面为进一步提高第一、二产业的生产效率提供了可能的前提条件：进一步简化了生产、经营、管理程序；进一步减少了低水平重复投资，优化了生产要素配置；吸收自然增长和一、二产业因分工、专业化的演进替代出的劳动力，使一、二产业的技术进步成为可能。同时，也由于自身的价值而成为支撑国民经济增长的三大产业之一。（6）分工、专业化的演进同时也是组织方式的演进。分工、专业化发展到企业和产业分工的层次时，分工与专业化的节约功能便在很大程度上表现为减少交易成本，包括企业内外的管理成本和市场交易成本。

此外，在地区分工、专业化层面上，分工、专业化还可以促进产业经营更合理的地理分布，进一步发挥区域经济比较优势。

3. 我国农机与农业分工、专业化的形成机制

应该说，我国农机服务的专业化在计划经济时期就已经存在了，但那是由政治而不是经济因素决定的。1980 年秋，安徽省霍丘县的 6 户农民，

---

① 即人类的生产活动将资源投入到生产资料的生产上，而不直接投入到消费资料的生产上。这种生产方式反而使消费资料的生产有更多的增长。

② 艾林·杨：《收益递增与经济进步》，Economic Journal，December 1928。转引自谭崇台：《发展经济学》，山西经济出版社 2001 年版，第 71 页。

③ 盛洪：《分工与交易——一个一般理论及其对中国非专业化问题的应用分析》，上海三联书店、上海人民出版社 1994 年版，第 41 页。

集资购买拖拉机和配套农具，自主经营创办拖拉机站的行为才可称为受利益驱动的经济行为，并冲破了拖拉机不允许个人经营的禁区，农民由此获得了自主购买、经营使用农业机械的权利，但是，因为机械化是经济发展水平和制度的产物，因为"分工取决于市场范围"，所以，在当时以农业特别是小农收入为主的经济水平和分散经营、超小规模以及城乡壁垒等因素的制约下，除东部少数农村工副业发展水平比较高的地方，大部分地区农民对农机田间作业服务没有需求。当然，也不能排除当时不适当的政策导向——为"耕者有其机"而极力推行拖拉机的"小型化"和为所有有机者提供计划供应的平价柴油等政策制度的作用，使得这种照搬国营拖拉机站的专业化经营方式未能得到持续发展，反而形成了农村资金严重短缺和"拖拉机代黄牛"的低水平重复投资并存的扭曲现象。据资料显示：1994 年与 1980 年相比，我国大中型拖拉机下降了 7.2%（实际下降的比统计数字还要多——笔者），而小型拖拉机增长了 336.5%[1]。1997 年，山东省还出现了农机装备量 10 倍于美国基本实现机械化时期的水平，甚至超过了世界上农业装备投入最高的日本基本机械化时期的装备水平，但机械化水平却远远不能适应与之相比的资本技术严重低效率的状况[2]，还有诸如一口机井十几台小水泵，小型拖拉机犁地造成土地板结，单产下降，等等。就是说，我们是穷人，但我们用了 10 倍于人的钱，或者与富人花了一样多的钱，却远没有得到与人相同的技术水平与资本收益。这种"小而全"的农业发展方式如果继续下去，其高昂的费用显然比日本还要高，这是我们国家和农民都不能承受之重。这也可以说是舒尔茨在《改造传统农业》中强调拖拉机的"假不可分性"时，对机械的技术性能和技术经济方面的局限性了解不充分之最经典的实证。

　　小农经济应用资本技术不经济问题的凸显，加上粮食生产出现滑坡，使国家及各级政府从资源配置规模经济理论出发，相继提出了农业规模经营和发展集体机械化服务的政策主张，并以各种方式对农村集体农机服务组织或农业规模经营组织包括农业大户提供资金和政策支持。但由于这种

---

　　① 《中国农机化发展 50 年（1949—1999）》，中国农机化信息网。

　　② 许锦英：《农机服务产业化——我国农业转型的帕累托最优制度安排》，山东人民出版社 2003 年版，序言及第 70 页。

分工、专业化依然不是市场经济主体的理性经济行为，集体服务个人受益的这种投资与受益主体事实上的分离，导致集体服务难以维系——通过福利性补贴服务，既形不成农机经营自身的良性发展机制，又使得大量生产性资金转为福利资金，而且村村各自为战，同样没有根本改变小而全的重复投资和小农经济的经营方式，因此也未能达到预期的发展目标。1993年以后，随着市场经济体制的逐步建立，国家政策应当是受比较优势和资源禀赋理论的影响，在农业补贴尤其是机械补贴方面又作了很大的调整——在放开农业机械价格管制之后，又几乎完全取消了柴油价格补贴。但出人意料的是农民对农机化的投资热情不仅没有减弱反而呈现上升趋势（如图 1 所示），全国农机总动力自 1993 年以来增加了 2.53 亿千瓦，增长了 83.4%，年均增长 9.3%，农机投资额增加了 1398.7 亿元，年均增加155.4 亿元，年增长幅度自 1993 年开始一直高于农民收入的增长幅度。

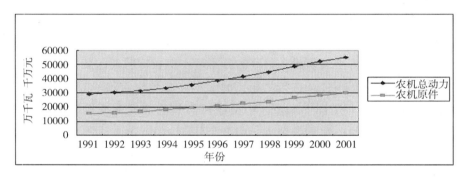

图 1　1991—2001 年全国农机拥有量示意图

数据来源：农业部农业机械化管理司《全国农业机械化统计年报》。

2001 年，全国农业机械原值达 3006.61 亿元，平均每农户 1183 元，占农村住户生产性固定资产原值的 25.3%。这是典型的"反常"现象。按常规或主流经济学家的说法，农民应当受政策和市场相对价格变化的诱导，去寻找那些节约相对稀缺的生产要素的农业技术——节约土地和资本的劳动密集型的生物化学技术，而不是节约劳动的资本技术密集型机械化工程技术，才会得到经济效益。因为，按照比较优势理论，不同的国家由于资源禀赋不同，其生产要素的比例是不同的，如果生产那些能够比较密集使用相对丰裕要素的商品时，这种商品就必然具备价格竞争优势。一般说来，劳动密集型产品在发展中国家具有比较优势，资本密集型产品在发

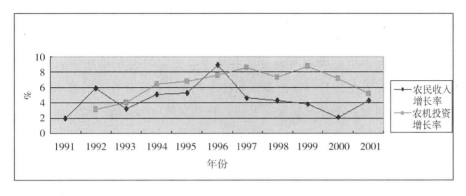

图2　农民收入与农机投资增长率示意图

资料来源：1. 农业部农业机械化管理司《全国农业机械化统计年报》。

　　　　　2. 唐忠：《中国农民收入》。

达国家具有比较优势；而一国农业生产技术进步的道路，是由该国的资源禀赋状况决定的，对一个土地资源丰富而劳动力稀缺的国家来说，选择机械化技术进步的道路是最有效率的；对一个土地资源稀缺而劳动力丰富的国家来说，选择生物化学技术进步的道路是最优的。① 但农民为什么会在既缺少政策扶持，又违反资源禀赋和比较优势理论所揭示的规律，同时还是在不适应机械化技术应用的超小规模的小农经济结构的情况下，不仅选择了被专家学者认为是没有比较优势可言的机械化技术，并取得了足以驱使他们不断地以高于平均收入递增率的递增速度增加投入的经济效益呢？这是一个非常令人感兴趣和具有研究价值的问题。

　　经过深入调查，我们发现：正是由于人地关系过于紧张的资源禀赋和超小规模经营体制长期不可变更的制度安排，加上市场制度的逐步确立，导致了农机经营与农业经营的分工、专业化，不分工就没有效益的不断增长；也正是由于分工、专业化导致了制度对土地经营规模约束的某种程度的变通——打破了小规模生产的低水平均衡，使资本技术要素脱离了小农户经济体制的约束，在市场范围内得到了合理的配置，并带来了农业生产经济效益的增长。

　　其一，资源禀赋的两种极端状况易导致农机与农业的分工。从生产要

---

　　① 速水佑次郎、弗农·拉坦：《农业发展的国际分析·修订扩充版》，中国社会科学出版社2000年版。

素优化配置和技术经济的角度出发，能够使农业生产经营主体，具有适合于现有的可能的资本技术装备要求的土地经营规模的国家，一般在农业现代化过程中较少出现农机与农业的分工专业化。因为规模适度的资源禀赋，使农业经营主体只存在配备资本技术的能力和优化配置的技术经济管理等方面的问题，不存在配置不可能达到要素优化配置的问题。而人地关系过紧和过松两种资源禀赋的极端状况，则因为要素优化配置的不可能而极易在农业现代化过程中出现农机与农业的分工。比如土地资源丰富而劳动力稀缺的美国，就是世界上农机与农业分工最早①，农机服务专业化与农业现代化同步发展且水平最高的国家；中国的土地资源相对于要依靠土地收入维持生活的人口来说，过于稀缺，经营单位的经营规模小到能与之配套的拖拉机在技术性能和技术经济上不能分割，这一点恐怕舒尔茨先生也没有料到。日本虽然土地资源紧缺，也是小农经济结构，但人均 10 公顷左右的规模，至少机械配置在技术上可能，尽管这种配置也是极不经济的。

其二，分工与专业化取决于制度安排。诺斯认为，只有完善的制度才是经济增长的原因，其他因素（如技术、人力资本投资、教育等）不过是增长本身而已。②

这可以解释美国与加拿大、日本与荷兰、中国与印度三类国家资源禀赋相近，但农业分工与专业化程度不同的原因（具体分析在下一部分展开，这里着重分析我国的制度环境对分工、专业化的影响）。由于土地规模过小和规模扩张的刚性制度约束，由于国家粮食价格补贴政策受财政支付能力和国际市场价格水平的约束，使得农户很快出现了边际收益下降的情况。也就是说，在土地规模的刚性约束和政府价格补贴空间有限，最后不得不取消粮价补贴制度的情况下，无论农民选择哪类技术都避免不了边际收益率下降的结果。在这种情况下，农民增收的出路只有两条：一是农业劳动力向收益率较高的经济领域转移；二是进一步提高农业的投入产出效率。前者的难度或机会成本大于后者，包括农民素质和一系列二元经济

---

① 是指相对于农业发展阶段的早晚，不是指绝对时间。

② ［美］道格拉斯·诺斯、罗伯特·托马斯：《西方世界的崛起》，华夏出版社 1998 年版，第 1 页。

社会结构与制度的约束。后者大致有两种途径：一是向农民提供农业增产增收新技术；二是提高农民对现有技术与装备的应用水平。显然该途径制度约束力和机会成本相对较小。于是，政府努力引导和推进的农业经济结构战略性调整，以及农业生物、工程技术的开发、推广和应用。与此同时，有 2800 多万农机户正悄然地在与农业分工、专业化中寻求并得到了现有农业技术装备的高回报率。2001 年全国农机户农机化经营收入达 1766 亿元，户均 6192 元，利润达 660 亿元，农机户所得 598 亿元，户均 2097 元，比上年增长 7.94%。① 通过分工、专业化服务，解除了要素优化配置不可能的难题。我国农民的这一自发的、可称之为伟大的创举，对农业发展经济学的贡献将是不容置疑的。

其三，分工取决于市场范围，市场范围也取决于分工。农机化服务的市场范围不仅取决于地域，更大程度上取决于农民对机械化作业服务的需求。机械化技术节本增效的本质功能也是刺激农机服务需求的主导因素，而经济学家们认定的替代劳动的功能在这里仅仅是以节约成本之一为前提的，即使用机器比使用劳动力便宜。如果不是这样，农机跨区作业的范围就不可能从东到西，从海南到内蒙跨越数省，同时，市场范围也取决于分工专业化，如果没有 2870 多万个有一定技术装备和服务能力的农机作业服务组织和农机户，也不可能把农机作业服务扩大到全国大部分小麦、水稻生产省份。

此外，机械化技术也是农业生物化学技术必不可少的技术载体，而分工专业化使机械化技术与生物化学技术的效益都达到最大化。比如精量播种机使节约良种 50%—120%，增加单产 10%—20% 的精量播种技术得以大面积推广；可降低 60% 的化肥深施技术、可节水 60% 以上的节水机械化技术、可节油节水保墒的免耕少耕保护地机械化技术等，都是减少投入、增加单产、改善生态环境的综合型技术。这也是农民作出"反常"选择的机理之一。

总之，农民转向报酬递增与土地经营规模无关的资本技术经营领域，包括非农产业，也包括农业机械运输、初加工和工程项目。分工、专业化使农机经营与土地经营分离，使农机化作业由自给自足分解为市场需求与

---

① 资料来源于农业部统计年报。

供给，这样一来，使得农业机械的应用脱离了家庭经营土地规模的羁绊，在市场范围内，为实现生产要素优化配置、满足机械化技术装备对土地规模的技术经济要求，提供了必要的前提条件，从而在分工、专业化的基础上，获得了小农经济体制下的现代农业生产资本技术的效益递增。

4. 农机分工专业化与财富的增长

一般情况下，农机与农业经营的分工专业化所带来的巨大经济效益是这样产生的。

我们假定亩产量不受机械装备水平和机手作业水平的影响，均为800公斤/亩·年，假定其他生产成本（如种、肥、水等）不变。一套能完成耕地、播种、收获、运输的小型机组最少需要投资15万元。假如一个农户能够配置齐全，只用于耕种自家土地，按我国户均0.4公顷即6亩耕地的规模，该农户每亩耕地年均机械折旧费用就高达2500元（农业机械一般按10年折旧，加上燃油、维修以及资本利息等每亩成本至少还要增加100元左右（这里还未计人工费用）。那么，每公斤粮食仅机械成本就高达3.25元，而每公斤粮食的价格只有1元左右。

如果走出农户，一位机手（不算辅助劳动），在一年的适宜季节里借助机械最多可耕种50亩土地，那么，每亩耕地年均机械折旧费用就可降低到300元，利息不变，燃油及维修总费用有所增加，但亩均只会是减少的，每亩机械费用最多再加100元，即400元，则每公斤粮食的机械成本不超过0.5元。这时对经营6亩土地的农户来说，他的机械费用变成了消费农机服务的支出，按现在市场价格约需80元/亩·年，平均每公斤粮食的机械成本0.1元左右，而他的劳力则被替代和变现；对经营机械的农机手来说，除去他自己的6亩地，每年多增加收入80×44 = 3520元左右。

如果再进一步扩大农机作业规模，摊薄成本，途径有两条：一是进一步分工。再增加三台拖拉机，4位机手，每位只负责一种耕作，实行专业化的流水作业，这样在适合的季节里，4位机手的作业规模至少会是600亩（假定规模不受市场范围和插花地的影响，这个水平是保守的），那么机械投资约增加10万元，每亩机械费用增加到500元左右，但对于农户来说，土地收支情况基本没有改变，对于机手来说，平均每人投资6.25万元，比15万减少了8.75万元，每人平均年收入为80/4×600 = 12000元左右。二是打季节的时间差。比如利用小麦从南向北熟，全国有2—3

个月的时间差，可跨海南、四川、湖北、河南、江苏、安徽、河北、天津、内蒙、吉林等近 10 多个省、自治区、直辖市，也就是扩大机械的年作业规模。这样，仅小麦收获一项，年作业面积会增加到 800—1200 亩，一台套背负式联合收割机 2 万—3 万元，加上拖拉机约 5 万，年作业 800 亩，则平均亩机械折旧费用仅 10 元（拖拉机还会从事秋季作业和其他运输、工程作业），燃油、维修、利息等费用应为 1600 元/800 亩 = 20 元，每亩机械费用约 30 元。从 1993—2001 年该机型收获一亩小麦的价格一般为 35 元/亩—50 元/亩，那么其收入为 2.8 万—4 万元，纯收入为 0.4 万—1.6 万元；一台自走式联合收割机价格为 6 万—12 万，取中为 9 万，年作业 1200 亩，平均亩折旧费 7.5 元，其他费用也大约为 20 元，则亩均机械费用约为 28 元，自走式作业价格略高于背负式，为 40 元/亩—60 元/亩，那么这台机器的年收入应为 4.8 万—7.2 万元，纯收入应为 1.4 万—3.8 万元。以上概算与当时的实际情况是基本相符的（详见专题报告之一）。

另外，课题组 2005 年在山东抽样调查的 72 个农机大户样本中，有 46 户从事跨区作业活动，占样本总数的 63.9%，其中最早的从 1997 年开始从事跨区作业，有超过 70% 的农机大户从事小麦收割作业，有将近 60% 的农机大户到河南进行农机作业，还有的作业范围涉及浙江、陕西、内蒙古等省份。在 45 户回答了作业收入信息的样本中，年作业收入最多的为 60000 元，最少的 10000 元，平均每户年作业收入为 19617.8 元。①

5. 农机分工专业化与农业经济效益的可持续增长

显然，农业生产资源的合理配置和效益的可持续增长，也可以通过小农经济的分工专业化获得，即通过分工的农机资本技术服务的专业化、市场化、产业化，形成小农户外部的、以资本技术为核心的规模经济及效益的增长，我们称之为技术规模或技术整合。这种整合，只要存在粮食生产，就会有千百万小农户对农机技术服务的需求，只要有市场需求，有经济效益，就会有服务主体的竞争，加上政府的支持和引导，农机服务主体就会有不断提升自己服务水平和能力的利益驱动。这种来自市场与政府的

---

① 本项目主持人主持完成的山东软科学项目《山东粮食产区规模经营创新路径及对策研究》。

激励机制，再加上公共技术推广与培训等公益性服务等，会确实提高农机服务主体的技术水平和服务能力，他们首先会通过提高单位投资的服务市场规模来提高自己的投资效益，为此，他们需要不断提高作业质量为自己争取更多的用户；尔后，他们还会逐渐学会把节约良种、肥料甚至节水技术带给农民，以提高自己的竞争优势，目前在小麦联合收割市场趋于饱和的情况下，已经出现农机专业户用自己的耕地做示范，向农民推广节本增效新技术的实例；再进一步，这些未来的业主们，还会进一步学会为减少交易费用，提高服务收益，把良种、肥料等生产资料纳入服务中来，更有甚者，把打工者、老年人的土地也承接过来，代耕代种，最大限度地解除兼业或转业小农户的后顾之忧。这种不断经营技术进步的机制，必然获得农业资源优化配置和在技术整合基础上的农业经济效益的可持续增长，农户的土地收入不断增长，农机服务业主的收入也会不断增长。这就是分工专业化给我国小农经济的农业带来的可持续增长的长效机制。从我们调查的情况看，这种机制已经开始在山东、浙江、河南等省出现。

（二）分工专业化基础上必然合作的机理

如上所述，分工专业化的发生和不断演进，就可以解决小农经济基础上农业生产效率及其持续增长的问题。那么，为什么分工后的农民又出现了联合与合作的行为与诉求？换言之，按照斯密定理，分工、专业化只受市场范围的限制，那么，仅有分工、专业化和市场就可以了，为什么还要有企业、有合作？如果要合作，如何解决集体行动搭便车的困境，尤其是粮食生产比较效益低、监督成本高、合作经营难等问题，从而形成兼顾公平和效率的小农经济发展模式？这是我们关注的问题。

1. 交易成本不等于零

交易是有成本的。这是新制度经济学的创始人罗纳德·科斯在他的论文《企业的性质》中，为解释企业的起源，"试图发现企业在一个专业化的交换经济中出现的根本原因"，提出的一个重要概念。同时也是新制度经济学得以确立的基本思想方法和理论方法。科斯教授用以解释企业存在的交易费用概念，将前人用以解释同样问题的各种因素，如风险因素、信息因素、垄断因素和政府管制因素囊括了起来，并且赋予其更宽泛的含义。如此，企业存在的原因便有了合理的解释，这就是因为市场交易费用的存在，才产生了企业这种可以大大节约市场交易费用的制度。即把市场交易内部化，用费用较低的企业内部交易替代费用较高的市场交易。在《企业的性质》中他是这样阐述的："建立企业有利可图的主要原因似乎是，利用价格机制是有成本的……这种成本有可能减少，但不可能消除。市场上发生的每一交易的谈判和签约的费用也必须考虑在内。再者，在某些市场中（如农产品交易）可以设计出一种技术使契约的成本最小化，但不可能消除这种成本。确实，当存在企业时，契约不会被取消，但却大大减少了。某一生产要素（或它的所有者）不必与企业内部同他合作的一些生产要素签订一系列的契约……一系列的契约被一个契约替代了。""市场的运行是有成本的，通过形成一个组织，并允许某个权威（一个'企业家'）来支配资源，就能节约某些市场运行成本，企业家不得不在低成本状态下行使他的职能，这是鉴于如下事实：他可以以低于他所替代市场交易的价格得到生产要素，因为他做不到这一点，通常也能够再回到公开市场。"

但由此带来的一个"相关问题是（远非奈特所提出的垄断问题），既然通过组织能消除一定的成本，而且事实上减少了生产成本，那么为什么市场交易仍然存在呢？为什么所有生产不由一个大企业去进行呢？""首先，当企业扩大时，企业内部组织追加交易的成本可能会上升……其次，当组织交易增加时，或许企业家不能成功地将生产要素用在它们价值最大的地方，也就是说，不能导致生产要素的最佳使用。再者，交易增加必须达到这一点，即资源浪费带来的亏损等于在公开市场上进行交易的成本，或者等于另一个企业家组织这笔交易的亏损。最后，一种或多种生产要素的供给价格可能会上升，因为小企业的'其他优势'大于大企业。""企业将倾向于扩张直到企业内部组织一笔额外交易的成本，等于通过在公开市场上完成同一笔交易的成本或在另一个企业中组织同样交易的成本为止。"也就是说，企业的规模取决于企业内部交易的边际费用等于市场交易的边际费用，或等于其他企业内部交易边际费用。至此，科斯发现了"一个有效率的经济体系，不仅需要市场，而且需要适度规模的组织内的计划领域，这种混合应该是……竞争的结果。"[①] 但交易费用理论的意义

---

① R. 科斯：《生产的制度结构》，获诺贝尔经济学奖时的演讲，天则研究所网。

决不仅仅限于对企业存在理由的解释。正如约 60 年后科斯在为此①而获得诺贝尔经济学奖的演说中说到的"如果认为'企业的性质'的发表对经济学的最重要的后果就是引起对企业在现代经济中的重要性的重视,那就错了……我认为在将来会被看作是这篇论文的重要贡献的东西,是将交易费用理论明确地引入了经济分析……交易费用的存在导致了企业的出现。但这种效应在经济中是普遍存在的……如果进行一项交换的成本大于这项交换可能带来的收益,这项交换就不会发生,从而专业化所能带来的更高的生产率也不会实现。在这方面,交易费用不仅影响契约安排,而且影响到产品和服务的生产。如果不将交易费用纳入理论,经济体系运行的许多方面无法解释"。②

在《企业的性质》问世约 28 年后,科斯教授在他另一篇鸿论《社会成本问题》中,又提出了一个著名论断,后来被斯蒂格勒形式化并誉为科斯定理:如果交易费用为零,则产权制度是无效的。即无论产权如何界定,都可以通过市场交易达到资源的最佳配置。但现实中不存在交易费用为零的情况,如同斯蒂格勒所说的正统经济学关于交易费用为零的假说就像物理学假设自然界不存在摩擦力一样,过于理想化,以此分析现实,自然无法自圆其说。因此,人们由此推出科斯定理的第二种表述:在交易费用为正的情况下,不同的产权界定会带来不同效率的资源配置。正如科斯指出的那样:"合法权利的初始界定会对经济制度运行的效率产生影响。权利的一种调整会比其他的调整产生更多的产值。但除非这是法律制度确认的权利安排,否则通过转移和合并权利达到同样后果的市场费用会如此之高,以至于最佳的权利配置以及由此带来的更高的产值也许永远也不会实现。"③ 进一步阐明了交易费用对组织、制度形成的影响,以及交易费用和权利配置对资源配置和收入分配的影响,并找到了新制度经济学触及经济学的核心问题——资源配置问题的方法。

而后,在制度经济学家们的共同努力下,交易费用概念扩展到包括度量、界定和保护产权(即提供交易条件)的费用,发现交易对象和交易

---

① 《企业的性质》还有另一篇鸿论《社会成本问题》。

② R. 科斯:《生产的制度结构》,天则研究所网。

③ R. 科斯:《社会成本问题》,《财产权利与制度变迁》,上海三联书店 1996 年版。

价格的费用，讨价还价的费用，监督违约行为并对其制裁的费用，维护交易秩序的费用，等等，如斯蒂格勒指出的："个人交换他们对于经济资产的所有权和确立他们排他性权利的费用……包括事前准备合同和事后监督和强制合同执行的成本。"[①] 使交易费用的概念获得了一般性的表述和公理般的认可。同时，使经济学完成了"从零交易费用的王国中走向正交易费用的王国"的革命性突破[②]，经济学获得了对现实经济更加强大的穿透力和解释力。

2. 新兴古典经济学的几个要点

20 世纪 80 年代以来，以杨小凯为代表的一批经济学家，用超边际分析的方法，重新将古典经济学中关于分工和专业化的精彩经济思想变成决策和均衡模型，掀起了一股用现代分析工具复活古典经济学的思潮。他们将分析框架建立在以个人自利决策交互作用的基础之上，在模型中引入交易费用，同时内生出企业制度、经济增长、递增报酬、厂商规模等现象，从而彻底克服了新古典经济理论在这些方面的缺陷。这样，一个新的理论通途被开辟出来，形成了新兴古典经济学。

诺贝尔奖得主阿罗称赞，杨小凯"使斯密的劳动分工论与科斯的交易费用理论浑然一体"。在某种程度上，新兴古典分析框架其实就是一种"斯密—科斯"框架。这个分析框架的内核，正是分工与专业化思想，从而将经济研究的重点重新转向专业化和经济组织的研究。同新古典经济学相比，新兴古典经济学分析框架有如下特征：第一，它扬弃了新古典经济学规模经济的概念，而用专业化经济来表征生产条件；第二，它没有纯消费者与企业的绝对分离，而新古典经济学框架是纯消费者和纯生产者的绝然两分；第三，在新兴古典经济学中，交易费用对经济组织的拓扑性质具有决定性的意义，而新古典经济学框架中交易费用则没用这种意义；第四、新兴古典经济学中的个人最优决策永远是角点解，而内点解绝不可能是最优解。相反，在新古典经济学中，最优解可能是内点解，而角点解只不过是一种例外。因此，新古典经济学不能解释的经济现象，在新兴古典经济学都得到很好的解释，可以解释递增报

---

① 斯蒂格勒：《资本市场的不完善性》，载《政治经济学杂志》1975 年第 3 期。

② R. 科斯：《生产的制度结构》，天则研究所网。

酬、经济增长的原因，可以解释企业的出现和企业内部组织的均衡意义，可以解释交易费用和制度对分工和生产力演进的意义，还可以解释货币出现、景气循环等宏观现象等。在新兴古典经济学的分析框架内，当代向新古典经济学挑战的新思想，包括交易费用经济学、产权经济学、新贸易理论、新内生增长理论、演化经济学、信息经济学、对策论等，到可以整合成一个新的主流学派。

由于新兴古典经济学框架中，有分工好处与分工产生的交易费用的两难冲突，故分工水平取决于交易效率的高低。当交易效率低时，分工的好处被分工造成的大量交易次数之费用抵销，所以在这种情况下，自给自足是这种两难冲突的有效折中；当交易效率高时，分工的好处就大于交易费用，分工就会是全部均衡；交易效率越高，折中这种两难冲突的空间就越大，分工水平也就越高。

3. 合作组织如何降低交易成本

我们仍然以与农业分工、专业化、市场化了的农机服务主体为例。在迅速扩大的农机服务市场交易中，农机专业户不仅获得了比单纯从事土地种植业经营丰厚得多的投资回报，同时，又引发了农民走向联合与合作的内在要求。1998 年前后，小麦跨区机收在全国主产区全面展开后，山东济宁、潍坊、烟台等地的部分农民为规避跨区机收风险、减少合约签订和交易费用，自发地联合起来，有的组成合作社，有的组成联合体，还有的就是兄弟、邻里之间的合伙组织。一些基层农机部门也审时度势，发挥部门组织与技术优势，充当起农机服务合作组织的"领头羊"。

[个案 1] 嘉祥县仲山乡农机站以其多年严密、规范、诚信和高效的服务，创出了农机服务合作社的信誉，虽然其为机主服务费标准比其他组织都高，但因其服务水平高、信誉好、风险小、效益高，自愿加入者逐年增多，甚至外县、外市、外省的农机业户都争相加入，但因组织服务能力所限，跨区作业机械只能限制在 150 台左右。合作社配 4 部维修车，4 个修理工，两辆服务车，换瓦、大修当场解决。站长即社长事前亲自到各省与需方中介签订当期足够作业量的合同，帮助农机户联系贷款，选购调试机械，培训机手和与之签订包括安全保险在内的各项合同。在跨区机收中，社长亲自驾车指挥协调，促进

合约的顺利实施；路程太远的省际转移时，为争取时间，提前联系好火车专运；出现意外纠纷时，社长亲自出面协调解决，以组织的名义，依靠各地政府部门，多次为机手讨回不合理的罚款、合理的赔款和应得的收入。组织内每台联合收割机每年麦季平均纯收入1.3万元，高的多达3万多元；秋季组织100多台大拖跨区作业，每台收入5000多元。该组织的优质服务，不仅大大降低了农机户的市场交易成本，增加了农机作业收入，而且还进一步刺激了机主对组织扩大服务范围的要求，比如，机主们已经提出统一存放和保养大型机械的要求，从而达成新的契约，合作社已经集资统一建起了标准库房，提升了组织的服务能力与水平，增强了组织的凝聚力，许多外地机主和组织主动加盟，目前，这个合作社已经在临朐、荣成等地设立了农机合作分社。

显然，农民，确切地说是经营农机作业服务的农民，正在市场机制这只"看不见的手"的作用下，趋向联合与合作，当然也有不断内生化的家族式企业。农民趋向合作组织和扩大家族企业的主要原因，在于合作经营的收益大于单个经营和小规模经营的收益。用交易费用理论方法解释，就是组织能够使市场的外部交易内部化，即通过组织使市场交易成本在组织内部得以消化和减少。具体表现在以下几方面：

（1）节约了与需求方（或中介）达成契约的各项交易费用。主要包括：①为获取契约所需信息的费用。这些关于小麦主要产区、成熟期的分布，产区的产量、经济发展水平，是否接受服务和接受服务的价格等方面的信息，对于评估交易数量和质量以及契约成本和收益是必要的。获取信息的主要渠道有：经验常识，信息网络，部门连通，实地考察。如果由组织负责，共享信息的个体越多，平均信息费用就越低。②与需方（或中介）为达成契约的谈判费用。与可以机收也需要机收的每一省每一地的需方中介——一般是农机部门，也有职业经纪人谈判，确定机收地区、面积、机收价格、机收付费方式、中介费价格、双方权利义务以及违约责任等等。定价既取决于供需双方的经济核算，也取决于供方的服务能力和双方的信誉状况，当然还取决于双方的谈判地位和谈判能力。③合约执行的监督和解决纠纷的各项费用。一般分散的农机户无力进行这种充分的事前信息获得和有利的谈判，以及事后保障的交易费用只能按大致的信息直接进入市场进行交易，成功交易的机会往往是不确定的，风险费用和当期（适宜作业的时间）的损失也是比较高的。比如，中途被拦截、扣押，收费困难或遭经纪人克扣收入，地点和档期衔接不紧密，等等。

（2）节约了资源配置过程的交易费用。主要包括：①为需要购置小麦联合收割机的农民争取贷款并为其提供信贷担保；②与厂商联系，统一购买机器，节省了农户对多种机型性能价格的考察——获得和处理信息费用，并以组织资源和购置规模为条件，获得了厂商的优惠价格和优质、系列的售后服务（如安装调试、培训、维修、质量保障等）；③培训新机手，并为所有参加跨区机收的机主检修、保养机器；④根据机器的性能安全状况和机手的技术状况，确定其是否有条件参加跨省区作业，不合格者劝其留当地作业，以减少个人和组织的损失，对合格者发放全国道路通行证；⑤发布信息——组织能够提供的所有服务承诺与管理章程、条件，与合格并自愿参加合作组织者签订各项契约（如安全保险合同、规定组织与成员双方权利、义务、收益分配等项事宜的合同等），组成与需方签订的合约要求的相应的规模和能力的组织。

（3）降低契约实施过程的风险和监督费用。主要包括：①签订合同的组织成员，可分享组织者事前与需方签好的契约，避免现场交易的不确定性风险和档期损失；②组织为其成员提供的行进、生产安全、便利，机械维护、故障抢修、燃料和零配件供应等方方面面的服务，最大限度地提高机械作业的效率和效益；③统一与需方或中介结算、解决各种纠纷，使跨区机收可能出现的和不可预见的损失降到最低。

组织的规模及规模扩大的速度和组织成员的紧密程度，与组织的经营管理水平成正比。就是说，组织将市场交易费用内部化的程度越高，个体与组织之间的契约就越容易形成，也越牢固。相反，那些今年合明年散的所谓组织，大多是因为组织者收取的组织费用高于其提供的服务效用（即降低市场交易的费用）。这种内部交易费用大于市场交易费用的组织，与其成员的契约是不公平交易的结果，因而不可能是持久和牢固的。农民必定要弃它而去，直接进入市场交易。

总之，降低交易费用，增加个体收益，是这类合作组织产生的经济学理由。

（三）粮食生产合作组织的解

1. 粮食生产合作的困境

既然合作比分别经营交易成本低、效益高，那么，按照经济人的假设，每个人都会为追求经济效益最大化而必然选择合作。但实际上还有许多具体复杂的特殊情况，比如粮食生产合作社极少，且存在诸多困难和问题。如前所述，农业部公布的资料也显示了种植业合作组织仅占合作组织的15%，这也大多是蔬菜、水果、花卉、苗木等经济作物，粮食生产不足1%。其中的原因，一是粮食生产自身比较效益低，组织难度大，组织者缺少积极性；二是生产技术难度、市场交易成本相对不高，尤其是有了专业化、市场化的技术服务、相对稳固的销售市场和国家不断完善的农业补贴政策及购销政策支持，对一般小农户而言，市场化与合作化，即外部性与内部化交易成本差别并不太大；三是粮食收益即使在粮食主产区的一般农户的家庭收益中的比重也越来越低，农民对粮食生产合作的要求并不强烈；四是粮食生产的特殊性，造成的生产绩效的计量和监督成本过高，合作生产"搭便车"的道德风险相对较高，加上自然灾害的难以预见性导致的自然风险相对较高，这两大风险，不仅使得我国，而且使得当今世界除以色列外，还没有出现农业生产合作组织的成功范例。发达国家的各类农业合作组织，基本上仅限于农业产前、产中的各种服务领域和产后加工、销售、储运等可计量、可预见的两大风险较小的领域，并不包括在土地上进行种植业生产的领域。无论是土地资源丰富、经营规模较大的北美洲国家，中等水平的欧洲国家，还是土地资源短缺、经营规模较小的亚洲各国；无论是发达国家，还是发展中国家，农业生产经营的基本经济主体都是家庭。唯一例外的是以色列的基布兹与莫沙夫，但它们成功的原因应当主要是由民族矛盾导致的军事（或准军事）管制制度，民众的向心力以及意识形态等方面的非经济因素，既没有典型意义，也不在我们的研究范畴。

我国沿海地区近年来不断涌现的农业新型合作组织，也多是销售、技术服务类合作组织，20世纪80年代末的沿海地区和近几年的成都、重庆等地，在尝试以土地经营权入股，搞股份制或叫股份合作制的土地规模经营合作生产组织，这比计划经济时期产权不明晰，合吃"大锅饭"的集体经济组织在制度方面的确进了一大步，可以在一定程度上降低道德、自然两大风险，但以上所说合作生产过程中的计量监察成本依然存在，搭便车与自然灾害的风险依然不可能消除。显然，这不是一个纳什均衡的制度安排，因此，它不可能是农业生产合作的最佳解。

至于阿尔斯顿认为拖拉机的使用可以降低农业生产的监督成本[①]，那也只能是一定程度的技术替代，因为这不同于公用电灯声控开关那种完全不需要人工操作的技术替代，机器还是要由人来操作。产业革命初期的历史事实已经证明，在没有其他相应的制度（比如产权制度等）的时候，机器的使用无法避免工人对机器的破坏。当然，这是极端的事例。问题还在于农业生产不可能像工业生产那样集中在车间厂房里进行，农业作业分散在广阔的地域，必然增加监控的难度；同时，也不可能每道工序都完全由机器操作，至少现在多数国家和地区还达不到农业生产工厂化这样的高水平。因此，计量监察成本依然可能偏高。

此外，著名农业经济专家速水佑次郎和弗农·拉坦也认为，甚至在农业机械化工程技术发展极为迅速的美国，家庭农场仍然占有很大份额，"以雇佣劳动力和管理为特征的大规模农业企业并未成为美国现代资本密集型农业的主要生产方式"的主要原因，是"农业生产的生物过程受制于无数的变量……劳动者在完成工作过程中是否仔细并具有判断力至关重要。而且，这类工作的质量极难监控。农业作业分散面很大也增加了监控的难度"。[②]

2. 农机服务合作组织对道德风险的有效规避

在迅猛发展的农业机械跨区服务的农民创新中，我们看到了新的契

---

① 阿尔斯顿和希格斯（1982）在美国找到证据证明，农业工资契约形式重要程度与农场经营的土地面积存在负相关关系，即土地面积越大，使用工资契约的机会就越少，因为土地面积扩大，监督的边际成本就会上升。但在 1930—1960 年期间，美国南部租佃制迅速被工资契约制度取代，阿尔斯顿认为这种变化的主要决定因素是农业机械化，拖拉机的使用在许多方面降低了监督成本，并使租佃制契约相对地失去了吸引力："因为不存在随意性，所以同一类机器的运作实绩是完全一样的。一旦采用拖拉机的机器力，生产的标准化就产生了。因为劳动成果的变化性很小，所以雇佣拖拉机就容易度量劳动力投入量。丈量被耕作的土地或度量拖拉机耗油量，地主可以轻而易举地监督拖拉机和投入劳动力之间的组合，而监督畜力和投入劳动力之间的组合就困难得多。"见 ［冰］埃格特森：《新制度经济学》，商务印书馆 1996 年版，第 202—203 页。

② 速水佑次郎、弗农·拉坦：《农业发展的国际比较》，中国社会科学出版社 2000 年版，第 390、392 页。

机。以［个案1］中的山东嘉祥县仲山乡农机服务合作社为例：

（1）组织内部产权制度决定监督成本为零。除社长和维修服务人员外，所有组织成员都是带机加入的机主兼机手，即成员既是机器的所有者，又是机器的操作者，且每个成员的收入与机器的作业量紧密相关，因此，不要说破坏机器的事情不可能发生，就是稍微粗放一些的使用机器的情况也断不会主动发生，成员会视机器如同生命。因此，在对机器的使用方面，监督无成本。近几年，也有机主雇用机手的情况，但机主与机手之间的契约是非常有效率且有第三方（使用农机服务的农户）监督的，一般是按工作量付工资，或按利润分成，雇主和使用农机服务的农户即最好的监督者。因此，对合作组织而言，机器使用方面的监督成本依然等于零。

（2）工作量的测度计量成本几乎为零。由于分工、专业化，使得组织可以全部采用机器作业，而且作业项目单一，因此，即使两个人合用一台机器（一般每台联合收割机都需要两位机手，轮班作业），每个成员的工作量也是很容易计量的。此外，使用农机服务的用户一般是要当场检验和按作业面积付费的，因此，在客观上是对成员工作量的免费监督者。当然，服务交易双方可能会因为作业量计量中的价值偏好——服务者希望多计，被服务者希望少计——出现计量上的纠纷，据调查，这种纠纷目前确实普遍存在着。解决这类问题的主要方法是中介组织或经纪人制度，从目前看，主要是依靠行业和社区组织资源作中介或约束经纪人的投机行为；从长远看，尽快建立起规范有效的中介市场管理法规和办法，则是根本防止这种纠纷的制度安排。当然，还可以求助于技术替代，比如有人提出仿照出租汽车计价器的方法，尽快设计制造出农机作业面积计量器。这确实是一个节约监督、交易成本的有效途径。相信该计量器将不久问世。

（3）对生产质量的监督无成本。这是由农机服务业的特性决定的。农机服务业最显著的特征，就是提供服务与使用服务者接受（或消费）服务是在同时发生的，因此，如果服务提供者服务水平质量达不到标准要求，使用者不满意就会当场拒绝按预选达成的协议价格付款，如要求减免付款额度（这里假设合作组织事前与买方或中介签订的合约和事中对合约的监督执行，可以保证恶意拒付酬金的风险为零）。这相当于在工厂或农场里设了免费质量检测员。

（4）组织者获取部分剩余。与古典企业不同的是组织者不具有全部剩余的处置权，组织者索取的剩余主要不是对成员监督的报酬，而是消减市场交易外部风险，缔结、监督各种契约（其中包括与成员的契约）的实施和为成员提供技术服务的报酬。中介（经纪人）也是因监督合约实施而获取部分剩余者，但这属于市场交易的范畴。组织内部因监督合约实施而获取部分剩余的是组织者，即事前获取和处理有效信息，与买方和中介组织以及经纪人谈判和签订合约，与信贷、保险、机器厂商谈判签订合约，为成员提供贷款担保、技术培训、机器调试、技术考核等项服务，与合格的成员签订参加合作组织跨区机收的契约，和事中事后监督各项合约、契约的实施，为成员提供机器维修等各项技术服务，等等，保证合作社成员在基本没有市场风险的情况下，与农户进行服务交易。因此，严格地说，组织者基本上只是成员的服务者。

（5）对组织者的监督可以"用脚投票"。尽管组织者不具有全部剩余和处置权，但仍是部分剩余的获得者，因此，组织者具有与古典企业家同样的索取剩余的激励，并因此而存在通过优质服务进一步扩大组织规模的利益诱导，但是，他们还有一点与古典企业家最大的不同，那就是他虽然不像其他成员一样在阳光下工作（表示透明，可以监督），但他工作的树阴下（表示不透明，无法监督）[①] 是一片静水湖，成员们借助水面，也能够部分地或比较清楚地看到他的工作。就是说，成员们虽然不清楚组织者的所有工作，但他们不仅能够通过契约和契约实施过程，比较清楚地感受到组织者提供的所有服务与其索取的剩余是否相应合理，同时，还具有解除与组织之间契约的权利。这实际上也构成了成员对组织者行为的监督与制约。即这种在分工、专业化基础上产生的组织方式，基本上解决了"谁来监督监督者"的问题。

3. 分工专业化基础上的合作是农业生产合作组织的解

从以上分析中，我们看到了可以有效规避由于计量监察困难造成的无法进行农业生产合作的道德风险的制度安排——在农机与农业分工、专业化的基础上形成农机服务合作组织，并在市场机制下，通过有效的契约组合（包括合作组织），使农业生产要素在不改变产权结构和家庭经营体制

---

①　张维迎：《企业的企业家——契约理论》，上海三联书店 1996 年版，第 102 页。

的前提下，得到高效率的优化配置，并获得分工、专业化、一体化的效率增长和规模经济效益的增长，从而使农业生产合作组织有解。简单地说，就是"农机服务产业组织＋农户"，其基本前提是市场和产权制度。

分工、专业化使机器的应用不再受土地经营规模的限制，农机专业户或组织是以农机服务的生产和供应者的身份，农户及其经营的土地是以机械服务市场消费者的身份，在市场交易中完成要素的组合；农机跨区作业促进市场范围的扩大，使所有的农业生产要素能够在市场经济体制下得以优化组合。就是说：（1）家庭经营与现代化生产要素的配置可以并行不悖，小规模的家庭经营已经在很大程度上不再是农业技术进步和规模经济的羁绊，小农基础上的现代农业大生产的生产方式，已经和可以在分工专业化的基础上，通过资本技术性的整合与地域性的整合路径形成；（2）机器——资本技术的应用与分工、专业化，是形成现代化农业生产方式、组织方式和管理方式的充分必要条件，一切农业生产要素都将以此为基础得到优化组合。比如，良种、配方施肥、无毒低毒植保技术的标准化应用，精少量播种、免耕少耕、保护地栽培、节水灌溉等技术的大规模应用，与机械化耕作相适应的地块调整和农田基本建设，优质农产品的区域性、大规模地批量生产，由此带来的农业生产效率与收益的提高，以及农民和农田的有序流转，等等。

市场范围的扩大不仅促进了分工、专业化的发展，同时还诱导了组织起来实行专业合作的必要条件和必然要求，这使农业生产的联合——农业生产合作组织的产生与发展，成为经济人追求利益最大化的理性选择，而非政府部门行政干预的结果。农民在土地规模的刚性约束和转营他业的外部环境和自身素质能力的约束下，选择已然投入了的农机资本收益最大化的偏好、机会相对多一些，有了回报还会引发新的更多的投资，更多的投资和更大的市场不仅会引发投资者更大的回报预期，同时对各种风险规避的要求也更加强烈，因此寻求合作、组织起来就成为他们的必然选择；另一方面，对于组织者来说，获取部分剩余的制度安排，也是其通过市场运作降低交易成本和提高服务水平降低生产成本，来吸引投资者，不断扩大组织规模的激励。据部门资料显示，2008年底，我国各类农机服务组织已达16.5万个，经工商部门正式登记注册的农机专业合作社7860个，比上年增长了77.2%，合作社成员达30万人，比上年增长31.5%，平均每个合作社成员 37.3 人（户），每个合作社服务农户的数量达 958.9 户。①

产权不变和契约组合，是合作组织成功规避搭便车等道德风险的根本所在。从严格意义上讲，［个案 1］和目前大多数农机服务合作组织还不能算是规范的合作制或者其他某种制度的企业，它没有产权交割，有公共财产（如合股修建的机库）但没有公共提留，更没有需要事后进行分配的剩余。但它的确是农民之间劳动和资本的合作，也是一组契约的集合。就是说，它至少是一种尚待健全和完善的农业生产合作组织或服务企业的雏形，这种农业生产合作组织在未来的发展过程中，如果环境适当，会进一步自我完善，或形成一种新型的合作社，或发展成为股份制的现代企业，也会出现一些有一定资本规模的个体私营企业。但有一点是可以肯定的，目前这种组织方式就可以成为我国农业生产合作组织的解。虽然这种暂时没有产权交割和公共财务的契约，可能要一定程度地牺牲资本规模的迅速扩大和由此而产生的规模效率，但其制度变迁近乎零的成本，在合作、公平、透明基础上产生的专业化组织效率和以资本技术为核心形成的技术规模效率也是不可低估的。其在优良的市场和政策制度环境中不断规范、创新和完善以及对农民合作意识培养的能量也是无可限量的。

据最新调查，2008 年以来，山东的农机服务合作社与粮食合作社发展迅猛，2009 年比 2008 年注册合作社数量增长近 10 倍。并且，已经有一批农机服务合作社与一个区域、一个乡镇、一个村或一些农户签订 1—30 年不等的土地耕作托管合同、一条龙农机作业服务合同等（见专题报告之一）。还迅速出现了一些没有农业机械完全靠市场化、合作化服务的粮食生产合作社。这些都是粮食生产合作组织的解。而［个案 2］则基本上可以成为我国粮食生产合作组织的目标模式。

［个案 2］乡饮乡粮食和饲料合作社，是宁阳也是全国改革开放以来的第一个粮食生产合作社。这个乡土地条件好，95% 的土地种植粮食，品质优良，但品种繁杂，形不成批量优势，好粮也卖不出好价钱。同时，产业结构单一，农民收入增长空间有限。乡党委为调整单

---

① 农业部农机化司长宗锦耀 2009 年 5 月 6 日在全国农机专业合作社建设经验交流会议的讲话。

一的粮食种植结构为粮、经、饲料三元种植结构，2001 年种植经济林 3 万亩，并计划发展林间牧草，种植苜蓿，还计划统一优质小麦品种。但面对人均 2 亩土地的小农户，靠党委政府落实生产计划难度太大。2004 年，在中央国务院各项惠农政策的支持特别是省畜牧部门的指导帮助下，成立了粮食和饲料生产合作社，合作社由省鑫元草业公司、万丰种业有限公司、县畜牧局、粮食局、乡粮所、信用社、农技站、农机站及 15 个行政村等 26 个单位成员和 83 个农户成员发起，社员 2643 人，其中，农户社员 2617 人，筹集股金 50290 元。

合作社在不改变原有产权尤其是农民土地产权结构的前提下，将外部交易内部化，从而整合了多个小农户和各相关企事业单位的资源，形成了相辅相成、互惠共赢的良性循环机制。

——合作社成立当年，就通过宣传发动、办培训班、组织社员参加现场咨询活动、开社员（代表）大会、与销售加工企业签约等方式，落实了 3 万亩优质小麦和 1.5 万亩牧草的种植面积。

——在农业部门和种子企业的帮助下，通过农业大学种子专家现场抽样测产，选定了亩产 850—950 斤以上的优质小麦品种 PH3259 为合作社统一种植品种，这样，有 2500 多万斤同一品种的优质小麦，合作社的市场谈判地位大大提升。

——因为合作形成的规模，还让社员享受到了批量直销带来的生资供应的优惠价格，种子市场价 1.5 元/斤，社员享受 1.2 元/斤；化肥直销社员凭社员证购买，每吨便宜 20 元，除草剂每瓶（1 公斤）便宜 5 元钱。

——农机站组织农机大户成立了农机协会，使农机户增收，无机户增产节支。社员只需打一个电话，就可以获得优质优价的农机作业服务。

——作为单位成员的乡粮管所按高于市场 5% 的价格收购社员的优质小麦商品粮，2005 年收购优质小麦 5000 吨，2006 年预计收购 15000 吨，社员可增加收入 120 万元。

——合作社单位社员鑫元草业公司把过去农民焚烧、乱扔的玉米秸秆，当作宝贝收购起来，加工成草捆、颗粒饲料，销往国内外市场，公司、社员还要再赚一把，2005 年，仅出口韩国的颗粒饲料就有 4 个集装箱、80 吨，每吨售价 96 美元。

——农闲时，合作社还组织农民发展养殖业、加工业。养殖业引来了济南天聚牧业科技有限公司，在乡饮兴建饲料生产线、鹅孵化生产线等项目，为农民免费培训养鹅技术，提供仔鹅，收购成鹅，饲养一只鹅 80 天，可获纯利 7—8 元，一家饲养 1000 只，年收入就可增加 7000—8000 元，当时就有 300 多农户报了名。笔者调查时，乡饮乡已经村村成立了养殖合作社，为方便管理服务，还成立了养殖合作社联合社。为发展加工业，合作社还与外商打起了交道，与韩国客商签订了工艺草鞋的加工出口订单，去年办了 4 期培训班，培训了 500 多名社员，编制出口韩国的草鞋 5 万双。一户农民农闲编了 100 多双草鞋，就有 1130 多元进账。

据社长刘端宏介绍：2005 年，合作社年营业额达 1237.2 万元，增加收入 8.14 万元，社员平均增加收入 883 元，合作社向社员返利 9.09 万元。

2005 年 7 月 22 日，新华社对乡饮乡粮食和饲料合作社将"品种增效、规模增效、副产品增效、减支增效、加工增效、转化升值"等六个增收环节集于一体的情况，以《山东宁阳新型合作社突破我国传统种粮困局》为题，在《国内动态清样》第 2172 期上做了报道，回良玉副总理当天做了批示：抓"六个增收环节"，提升种粮效益的思路和做法很好。望酌研。

4. 分工整合路径与制度创新——兼顾公平与效率的帕累托最优改进

综上所述，按我国农民自己创新的分工专业化基础上的合作化的现代农业生产方式，与集中土地规模经营的方式相比，与龙头企业反带式产业化经营相比，虽然路径不同，但创新路径是在制度变迁成本最小——不改变土地产权归属和家庭承包经营的前提下，在减少内外交易成本、兼顾了公平和效率的基础上，获得了与集中土地规模经营和企业直接带动的产业化经营同样甚至更高的资源配置效率，经济效益增长水平，和在市场经济条件下可持续增长的长效机制，还有，以资本技术、合作组织为支撑的与企业对等的谈判地位。我们把这个路径与制度创新用以下框图表示。

如图 3 所示：这种毋须改变土地产权及规模，在分工专业化基础上，通过市场交易形成的技术性、区域性、组织性、产业性整合，各种整合路径既可以是独立存在的不同整合模式，又可以作为不同发展阶段的梯次演进过程，即由技术性整合发展到区域性整合，如"农机服务（大户或合作社或协会）＋农户（或村乡社区）"；再进一步发展到组织整合，如"农机服务＋粮食合作社"，也可以是"农机服务合作组织＋农户"；再由组织与上、下游产业交易，实现内部化与外部化的产业整合，既可以是［个案2］式的内部化整合多种产业与组织资源的粮食生产合作社，也可以是"农户＋合作社＋企业"的外部化的产业整合；当然，还可以是相互渗透多种整合方式并存的综合性整合。

这些整合就已经形成了与集中土地规模经营同样甚至是更高的资源优化配置和经济效益增长——节约了各种生产要素的投入，增加了劳动和土地产出率，而且这种增加是不受农户土地经营规模限制的、在利益驱动机制和政策引导下不断递增的增长。同时，作为农业服务专业化和市场运作的结果，农民会在利益需求和工业化城市化进程中，有序有限①转移，土地会以不同方式有序流转或委托、转包到粮食生产专业户、农机服务专业户、专业合作组织、粮食生产合作社，等等。粮食生产的家庭经营将由专业的和兼业的小农户、大农户成长为小型家庭农场或者土地托管经营实体，形成"明确产权，模糊地界，多数人做地主，少数人种地"的合理格局。而上述整合方式在微观层面上可以兼容小农户、大农户以及各种符合我国国情，又有利于促进粮食生产与农民增收的农业生产经营主体，既保留了家庭经营的合理内核——保持了纳什均衡的制度优势，又整合了农业生产和制度资源要素，形成明显的粮食生产经济效益和按市场规律可持续增长的长效机制。

总之，只要土地家庭承包经营体制长期不变，具体的土地产权制度、流转制度、经营规模和经营方式无论怎样变化，这些整合及其兼顾公平与效率的机制效应都是有效的。这无论是从当前还是长远着眼，都应当是我国现代农业粮食生产经营的主要模式，也是我国小农经济整合路径与制度的帕累托最优改进或创新。

---

① 农民的市民化过程是一个艰难复杂的制度变迁过程，这个问题一天得不到完善的解决，土地流转就一定是有限转移，比如委托、代耕等。

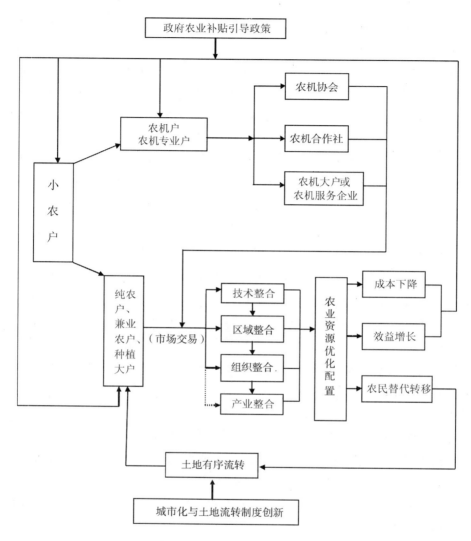

图3   我国小农经济整合路径框图

（四）实证——调查研究的情况与样本统计分析

为了解当前我国农户的生产经营行为和农业生产分工专业化现状，探索我国小农经济的发展趋势，课题组成员在山东、河南、河北三省采取实地调查、问卷调查等方式，与山东省农业机械化管理部门、山东农业大学、河南农业大学、河北农业大学等单位合作，对山东农机服务组织发展情况和山东、河南、河北三个省份农户的家庭经营情况及农民意愿等进行了调查。本次实地调查共到过山东 10 个地市、河南 2 个地市、河北 1 个地市的 30 多个县市的 70 多个村、镇。问卷调查共发放问卷 600 余份，在山东、河南、河北三省分别发放 240、140、220 份，收回有效问卷 404 份，得到了关于三省部分农户家庭情况、农业生产经营、生产环境、农民意愿等方面第一手信息资料，经过客观深入的研究和详细系统的数理统计分析研究，形成了三个专题调研报告：《山东农机作业服务组织发展情况的调研报告》、《冀鲁豫农户生产经营情况与政策意愿调查样本分析报告》、《河北省小农经济整合模式的调研报告》。结合主持人和大部分课题组成员 2006 年对山东 72 个农机专业大户样本和 94 个种粮大户（其中包括 5 个合作组织）经营情况的调查分析结果（见附 2），对本研究理论研究分析的支持是显著的。

1. 调查及问卷样本的统计分析结果

(1) 农业产中分工专业化的趋势已经十分明显。据统计 2008 年底，我国各类农机服务组织已达 16.5 万个。专题报告之一显示，2009 年初，山东省共有各类农机服务组织 5.114 万个，其中，农机协会 1894 个，农机服务合作社 4247 个，农机作业股份制公司 126 个，农机专业大户 44873 个。承担了省内 30% 以上的农机作业量和年收入 15 亿元以上的跨省区作业量。

从冀鲁豫三省抽样调查样本的统计情况看，从事农机服务并有收益的农户占样本总数的 23%（其中 91.4% 是山东的），至少有一种机械（包括拖拉机、水泵、犁等，见专题报告之二表 18），但没有机械服务收入的有机户占样本总数的 41%，无机户占 35.9%，这 77% 的农户在小麦玉米生产主要环节使用农机服务的比例已达 60% 和 20% 以上。如图 4（专题报告之二图 28）所示。在小麦生产中，除了对外提供农机作业服务的农户以外，剩余的 77% 的样本农户在上述任一环节使用农机作业的占 82.3%，其中在全部环节上都使用农机作业的农户占 13.5%，而在耕、种、收三个环节上都使用农机作业的农户占 63.3%。其中，无机户在上述任一环节使用农机作业的农户占无机户总数的 81.4%，其中在全部环节上都使用农机作业的农户占 9%，而在耕、种、收三个环节上都使用农机作业的无机户占 66.2%。在玉米生产中，除了对外提供农机作业服务的农户以外，77% 的样本农户在

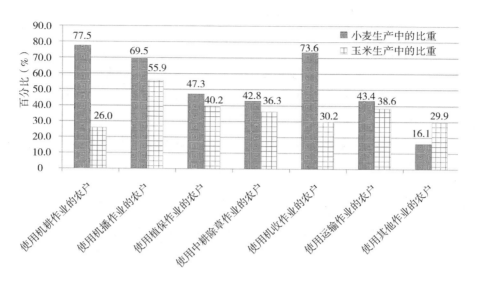

图4　小麦、玉米生产环节中农机作业的普及程度

任一生产环节中使用农机作业的占73%，其中在全部生产环节上都使用农机作业的农户占10.9%，而在耕、种、收三个环节上都使用农机作业的农户占20.6%。其中，无机户在上述任一环节使用农机作业的占73.8%，其中在全部生产环节上都使用农机作业的农户占6.9%，而在耕、种、收三个环节上都使用农机作业的农户占8.3%。这应当说明我们的调查问卷是比较客观和相对保守的。从部门统计资料获悉，2008年，仅小麦机械收获一项，河北省达95.11%，河南省达94.38%，山东省达96%。山东的玉米机收率已达34.8%，机播率70%以上。

从图5（专题报告之二图13）也可以看出，23%从事农机化服务的农户，单产水平随着农机服务收入水平的提高而增长，但当从事农机服务的收入占家庭收入比重达到较高水平时，就成长为农机服务专业户，主要收入来源已经不再依靠土地产出，这时他自家土地的功能就由生产功能转变为保障功能，在不同程度上会忽略自家土地的单产水平，虽然，其自身收入的增长（见表1、图7）和为更多农户带来土地收益的增长（见图8）远大于自家土地单产的下降，但从总体上讲这终究是一个问题。这个问题有希望在进一步的分工专业化、合作化中得到解决。这些专业户在今后进一步的分工专业化中，将由其自身、环境和政策条件的不同影响，而演变成为专门从事农机服务的企业，或者承包、代管更多土地的种植专业农户，并可能成为合作社成员。

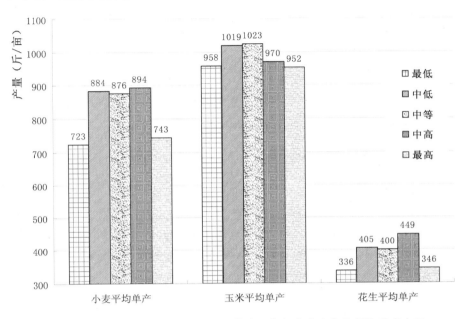

图5　根据农机作业服务收入比重五等分组各组农户农作物平均单产水平

山东72个农机大户样本统计情况就表现出类似的专业分工趋势（见图6，附件2的图5）。农机大户样本土地年收入少于1万元的专业大户占

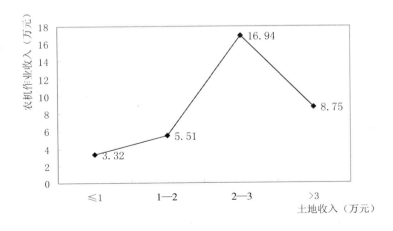

图6　农机大户样本土地收入与农机作业收入的关系

74.5%，25.5% 土地收入万元以上的农机大户既是农机服务业主，又是粮食种植大户，其中，土地年收入在 1 万—2 万元的占 8.5%，2 万—3 万元的占 12.8%，超过 3 万元的只有 2 户，土地收入分别达到 6 万元和 30 万元。这 2 户农机服务收入的下降伴随的是土地收入（不是单产）的增长——转向承包更多的土地，成为粮食种植专业大户了。[①] 另从附件 2 对农机大户样本的回归分析的模型 1 和模型 2 表明：农机大户来自土地的收入每增加 1000 元，他从事农机作业的收入就会分别减少 183 元和 274 元。这里蕴含着如此机制的存在：如果能够承包到更多的土地，农机户成为粮食大户的利益诱导是很明显的。但目前土地流转的诱导不足，农民更多的选择是通过各种形式委托农业或农机服务专业组织、大户代耕、代管理（见专题报告之一）。

在附件 2 的农业大户样本中，有 76.9% 的农户使用农机服务。在使用农机服务的农户中，有 75% 的农户认为使用农机服务更省钱，有 80% 的农户认为使用农机服务更省力，认为农机服务的作业质量更好的农户也有 80%。有 55% 的农户因为缺少劳动力而使用农机服务，有 85% 的农户因为赶时间而使用农机服务。

（2）农业分工专业化带来的经济效益增长显著。根据冀鲁豫三省调查结果，样本总体中 23% 的农户当年取得了农机作业收入，其中山东省样本占到 91.4%。有农机作业收入和没有农机作业收入的农户在收入规模和收入结构上存在显著差异（见表 1，专题报告之二表 17）。

表 1　有无农机作业服务收入的农户在收入规模和收入结构上的差异

	有农机作业服务收入的农户	没有农机作业服务收入的农户
家庭总收入（元）	57632.70	15370.80
农业收入（元）	15837.61	4703.40
农机作业服务收入（元）	34405.62	0
打工收入（元）	3444.83	7262.76

---

① 这里需要说明的一是样本中所谓种植大户，最大的也只不过是 250 亩即 16 公顷多一点的规模，仍然是比日本小农还要小的小农经济概念，但与日本小农不同的是，这 25.5% 的兼业农户兼的是农机作业服务业，是建立在农机技术装备市场化、专业化充分应用的基础之上的，如果没有这一点，仅仅限于土地规模增加，效益也会增长，但那将是不可持续的"小而全"。

续表

	有农机作业服务收入的农户	没有农机作业服务收入的农户
其他收入（元）	4558.54	4010.30
农田收入比重（%）	25.63	37.42
农机作业服务收入比重（%）	55.73	0
打工收入比重（%）	11.53	45.00
其他收入比重（%）	8.07	17.30
农机总值（万元）	15.79	0.39

在收入规模上，有农机作业收入的农户家庭总收入平均达到5.76万元，而没有农机作业收入的农户平均只有1.54万元，；前者农业收入平均为1.58万元，后者平均只有0.47万元；前者打工收入平均为0.34万元，而后者则平均达到0.73万元；其他收入方面，前者比后者平均多548元。在收入结构上，前者农业收入比重平均为25.6%，而后者则达到37.4%；前者打工收入比重平均只有11.5%，而后者则为45%；前者其他收入比重平均为8.1%，后者平均为17.3%。样本农户主要收入构成参见图7（专题报告之二图16）。

从图8（专题报告之二图12）可见，样本中有农机收入比无农机收

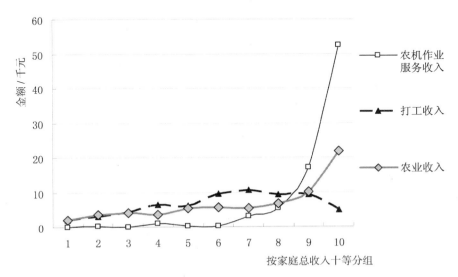

图7　按家庭总收入十等分组各组收入情况

入的农户，单产水平高，小麦平均高 39.6 公斤/亩，玉米平均高 71.4 公斤/亩，花生高 5 公斤/亩。

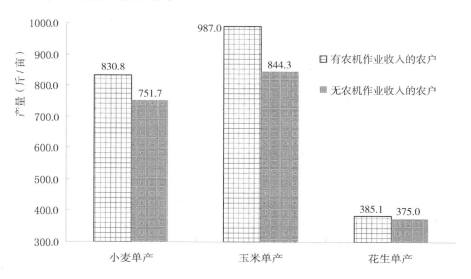

图 8 有无农机作业服务收入农户农作物平均单产水平

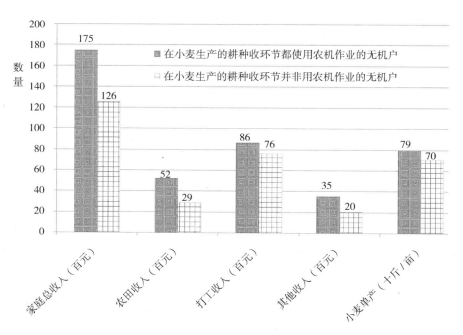

图 9 在小麦生产的耕种收环节是否使用农机作业与家庭收入、小麦单产的关系

从图 9（专题报告之二图 29）还可以看出，在无机户样本中，使用农机服务的农户土地收入、小麦单产和家庭其他收入等，均比不使用农机服务的农户要高。显然，单产水平和农田收入高，主要是专业化农机作业的节本增效功能的绩效；打工及其他收入高，是农机作业或者说资本技术对劳动力替代功能的绩效。

表 2   农机大户样本经营情况

	最小值	最大值	平均值	标准差	观测值个数
家庭人口（人）	2	12	4.31	1.74	67
土地经营规模（亩）	1	250	16.86	40.39	59
自有农用动力机械总台数	1	210	7.96	25.08	71
配套农机具台（套）数	0	554	13.75	65.28	71
农机原值（千元）	30	12600	433.18	1565.94	66
土地收入（千元）	0.5	300	15.3	40.43	47
农机收入（千元）	8	980	0.53	122.88	66
农机投资年收益率（%）	3.8	123.3	29.4	18.7	61
单位农机投资服务规模（亩/万元）	20.96	366.67	99.26	59.83	61

注：农机投资年收益率 = 年农机作业收入/农机原值；单位农机投资服务规模 = 年作业面积/农机原值。

从山东 72 个农机大户的基本经营情况（见表 2，附件 2 表 1）看，农机大户经营的土地平均不足 17 亩，农机资本额平均已达 43 万元以上，平均农机收入已经是土地收入的 4.3 倍，农机投资年平均收益率在 29.4%，农机原值与收入呈正相关关系。见图 10（附件 2 图 4）。

农机大户单位农机年平均作业规模为 545.66 亩/台，其中最大的为 1333.33 亩/台，最小的为 100 亩/台。具体分布情况是：年作业规模在 100—200 亩/台（包括 100 亩/台和 200 亩/台）的占 13.6%，200—300 亩/台的（包括 300 亩/台，下同）占 15.2%，300—400 亩/台的占 10.6%，400—500 亩/台的占 7.6%，500—600 亩/台的占 9.1%，600—700 亩/台的占 12.1%，700—800 亩/台的占 15.1%，800—900 亩/台的占 7.6%，900—1000 亩/台的占 3%，1000 亩/台以上的有 4 户，占 6.1%，均为纯农机大户。而农业大户单位农机年平均作业规模为 108.85 亩/台，

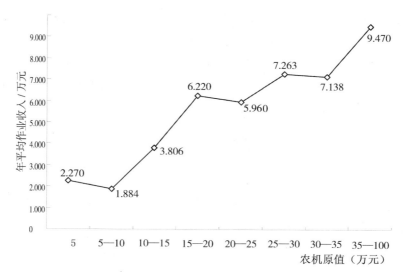

图 10   农机原值与农机作业收入之间的关系

约为农机大户的 1/5，其中最大的为 400 亩/台，最小的只有 3.82 亩/台。其中，种粮大户（标准的粮食生产规模经营主体，农机以自购自用为主），单位农机年平均作业面积为 119.76 亩，其中最大的为 840 亩/台，最小的为 10.7 亩/台，小于 100 亩/台的比例为 59.5%，100—200 亩/台（含 100 亩/台和 200 亩/台）的比例为 26.2%，200—300 亩/台（含 300 亩/台）的比例为 6%，300 亩/台以上的占 8.4%。一般小农户单位农机年平均作业面积为 7.92 亩/台，约为农机专业大户的 1/69，其中最大的为 36 亩/台，最小的仅为 0.4 亩/台，大于 10 亩/台的只有 25.2%。显然，农机专业大户的农机利用率比大、小规模的农户都更高。①

（3）分工专业化水平取决于市场范围。这一经典结论在我国的农业分工专业化过程中，又一次得到了很好的证明。如专题调研报告之一所述，小麦联合收割机跨省区作业，始于 1994 年，开始是山东政府部门为推广小麦联合收获机械，提高大型机组的年利用率而组织的，1996 年农业部全面组织，从示范推广、道路通畅、治安保障等方面，为市场

---

①   如果考虑到农村宗族内部或邻里之间存在很多互助行为，共用或借用农机具的情况也非常普遍，种粮大户或一般农户单位农机年作业规模有可能被农户低估，但也不排除大户在农忙季节使用市场农机服务的现象。两项相抵，结论依然成立。

开拓提供有利条件，服务市场涉及面很快达十多个省（市区），大型机械年利用时间由过去的一周左右增加到1—2个月，年作业量达到了800亩左右，好的机手可达1000—1300多亩，每台机器收入1万—6万元，纯收入0.8万—2.8万元。这种市场范围的扩大及其带来的收益剧增，极大地调动了农民参与的积极性，到2000年全国参加小麦跨区作业的联合收割机就达12.3万台，5年增加了近6倍，2004年国家实施农机购置补贴以来，农机服务业发展更加迅猛，2007年，联合收割机达62.94万台，跨区机收小麦达1.802亿亩，比2000年增加2.24倍。山东2005年小麦联合收割机达6.9万台，比1993年增加了近6.5万台，全省仅小麦跨区作业一项，每年为山东农民带来约12亿元以上的收入，2008年达30多亿元。[①]

在72个农机大户样本中，有46户从事小麦联合收割机跨区作业活动，占样本总数的63.9%，其中最早的从1997年开始从事跨区作业，有超过70%的农机大户从事小麦收割作业，有将近60%的农机大户到河南进行农机作业，还有的作业范围涉及浙江、陕西、内蒙古等省份。在45户回答了作业收入信息的样本中，年作业收入最多的为60000元，最少的1000元，平均每户年作业收入为19617.8元。

另据山东省农机管理部门2002年对部分参加跨区作业机手的调查统计资料：自走式联合收割机，平均单机作业面积1033.84亩，毛收入34490.56元，获纯利21629元，利润率为62.7%，平均每亩作业收入33.36元，获纯利20.92元。背负式联合收割机，平均单机作业面积785.06亩，毛收入20817.68，获纯利14542.94元，利润率为69.9%，平均每亩作业收入25.52元，获纯利18.52元。未参加跨区作业的自走式联合收割机平均单机完成作业面积600亩，总收入19500元，纯收入13697元，利润率为70.2%。未参加跨区作业的背负式联合收割机平均单机完成作业面积453亩，总收入16583元，纯收入11937元，利润率为72%。外出参加跨区作业的联合收割机与不外出作业的收割机相比，自走式作业量增加433.84亩，总收入增加14990.56元左右，纯收入增加7932元。背负式的作业量平均增加332.06亩，总收入增加4234.68元，纯收入增

---

① 山东省农机管理办公室公布的调查统计资料。

加 2605. 94 元。①

（4）农机服务合作经济组织使经济效益更加显著。从冀鲁豫三省的样本统计结果看，合作组织成员比非合作组织成员的小麦单产平均高6%，玉米单产平均高 1.98%，按照小麦单产和玉米单产的样本均值计算，平均高 45 斤和 17 斤。从 72 个农机大户按地区分布的单位农机投资收益率的情况看，前三位所在地市农机服务合作组织发展情况好于其他地市，见图 11 （附件 2 图 7），三地市农机大户的单位农机投资收益都超过了样本平均值的水平。从实地调查的情况（参见专题调研报告之一）可知这与实际情况相符，前三位所在地市的农机服务合作组织发展较早，水

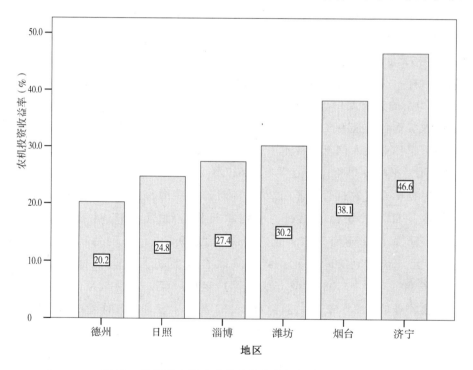

图 11   各地区农机大户样本单位农机投资收益情况

① 山东省农机管理办公室《2002 年小麦跨区机收调研报告》，但由于参加跨区作业的收割机在外地作业的中介服务费、食宿费、人员工资和道路运输费等各项费用较高，因而纯收入得不到与作业量成比例地增加，利润率明显低于只在本地作业的机械，自走式联合收割机的利润率低了 8.5 个百分点。

平较高，其中，位居第一位的济宁市是全省农机服务合作社发起最早，发展数量和水平都名列前茅的，［个案1］就是这个地市的典型。另外，从附件2对72个农机大户的两个回归分析模型（R2分别达到了0.782和0.605，见附件2表5）的分析结果都显示：是否加入农机合作组织对农机大户的农机作业收入影响重大，农机合作组织成员比非成员在农机作业中分别多收入20319元和14308元。

（5）减少交易成本，是农民合作的主要动因。在冀鲁豫三省的调查样本中，已经加入各种合作组织和愿意加入各类合作组织的情况统计如表3（专题调研报告之二表21）。

表3　　　　　　　　样本农户加入合作经济组织情况及其加入意愿

合作组织名称	加入该类合作组织的农户占样本总体的比重（%）	愿意加入该类合作组织的农户占样本总体的比重（%）
生产资料供应合作组织	9.2	37.6
农机作业合作组织	12.6	39.6
水利灌溉合作组织	7.2	29.5
植物保护合作组织	4.2	23.8
产品购销储运合作组织	1.7	22.3
农副产品加工合作组织	1.2	21.3
金融信贷合作组织	1.5	35.9

在愿意加入生产资料供应合作组织的农户中，节约生资投入和交易成本是愿意加入生产资料供应合作社的农户最重要的理由。有的认为加入合作组织"没有假货"或者"可以得到优质的种子"，有的则是为了更方便地购买生产资料。愿意加入农机作业合作组织的农户最重要的理由是"节省开支"（即外出跨区作业的各项物质和交易成本），有的农户还认为加入农机作业合作组织可以"减轻负担"，有的因为可以"集中作业或者包村作业"而愿意加入合作组织，还有的认为加入合作组织可以"省时"、"增收"——如［个案1］中提前签订合同，安排好作业区域和转移最佳路线等。多数愿意加入水利灌溉合作组织的农户认为此举可以节省开支，而不愿意加入水利灌溉合作组织的农户认为根本不需要成立这种组

织，自己单独或与其他农户合伙就可以完成。愿意加入植物保护合作组织的农户把可以"增加（农作物）产量"、可以"得到技术指导"等作为加入合作组织的理由，而不愿意加入此种合作组织的农户认为自己不需要加入。愿意加入产品购销储运合作组织的农户的理由也主要集中在"增收"、"节支"两个方面，愿意加入农副产品加工合作组织的农户有的认识到组建这样的合作组织可以使农产品"增值"，从而有利于增收。愿意加入金融信贷合作组织的农户，其理由基本都是为了能够方便地获得贷款，以便有资金用于生产或投资。

从样本农户加入合作组织的情况以及加入合作组织的意愿来看，被调查地区的各种专业合作组织类型都已经起步，但覆盖面还比较低，远远不能满足农民的合作意愿，合作组织还没有成为带动农业经济发展的主导力量；农民具有一定的合作热情，但是还远没有达到能够推动合作组织大发展的程度。另外，从样本农民对合作组织的认识来看，还有不少农民对合作组织的认识不清楚，不了解成立合作组织的意义，对加入合作组织积极性不高。但课题组成员在山东中西部、河南周口、驻马店地区调查时，向农民简单说明什么是合作社，合作社是怎样为农民提供服务时，100%的农民都回答：这么好的组织为啥不参加？

在72个农机大户样本中（不包括农机服务合作社和农机作业中心），农机作业合作组织成员占农机大户样本总数的48.6%，有1户生产资料供应合作组织成员，1户金融信贷合作组织成员。从已加入各类合作组织的样本农户意愿来看，有13%的农户愿意加入生资供应合作组织；尚未加入农机合作组织的样本农户中91.7%愿意加入农机服务合作组织；愿意加入水利灌溉合作组织、植物保护合作组织、产品购销合作组织、农副产品加工合作组织的农户分别只有7.1%、5.7%、8.6%、5.7%；有28.6%的农户愿意加入金融信贷合作组织。可以看出，农机大户对加入农机合作组织的意愿比较强烈，对金融信贷合作组织的兴趣也比较大，此外生资供应方面的合作也有一定的需求。在农机大户样本中，回答外出作业方式的农户中，近50%是由农机合作组织、农机部门等统一组织的，安全、方便是他们选择这种外出方式的最主要的原因。从农业大户的情况看，得到来自各方面产前产中产后服务较一般农户多，加入合作组织的约1/3。但就农业大户样本加入合作组织的意愿来说，几乎所有的样本农户都愿意加入生资供应合作组织，愿意加入的理由大多数是为了得到质优价廉的生产资料；有 77.8% 的农户愿意加入农机作业合作组织，加入的理由分为两种：一种是为了得到更好更方便的农机服务，另一种是为了更好更方便地对外提供农机服务；有意愿加入灌溉合作组织的农户与愿意加入农机作业合作组织的比例一样多，其中有 1/3 的农户表示能够得到及时灌溉并且节约用水是他们愿意加入灌溉合作组织的原因；有 88.9% 的农户愿意加入植物保护合作组织，其中有超过一半的农户认为成立这样的组织能够提高植物保护的效果，减少损失，增加产量；有 81.5% 的农户愿意加入产品购销合作组织，其中有将近一半的农户还是把着眼点放在产品销售方面，他们认为组织起来能够 "卖个好价钱"，有的则认识到这样能够增强抗风险的能力；有 74.1% 的农户愿意参加农副产品加工合作组织，其中超过六成的人认为发展农副产品加工能够提高农产品的附加值，增加收入，增强农产品的竞争力，有的认为这样有利于得到政府的扶持；几乎所有的农户都愿意参加金融信贷合作组织，从他们回答的理由中可以看出他们希望得到及时方便的信贷服务来缓解制约农业生产的资金短缺问题。综上所述，生资供应合作和金融信贷合作是样本农户认可程度最高的两类合作组织，这两个领域可能是农业大户在生产经营中遇到困难较多的地方；许多农户都认识到在植物保护中合作的重要性，对成立植保合作组织的认可程度也比较高。相对而言，农业大户对农机作业、水利灌溉和农产品加工方面的合作积极性稍低一些。

2. 包含分工专业化因素的生产函数的检验

如上所述，无论是亚当·斯密的分工专业化理论，艾林·杨的新增长理论，杨小凯的新兴古典微观经济学理论，还是现实经济运行规律以及本项目研究与创新的核心与基础，都主张和立足于生产函数应当包含分工专业化的因素，即

$$y = f(k,l,g)$$

其中 y 为生产收益，k 为资本，l 为劳动力，g 为分工专业化水平。但是，因为不容易测量，所以被忽略。"正如哈耶克所说：'在社会科学中常常是，碰巧能测量的东西被当做是重要的。' 分工专业化是一个看似简单，实际上很难分析（尤其是定量分析）的问题……因此大多数经济学

家聪明地回避了这一问题。[1] 这也是生产函数抽象掉分工专业化的原因之一。在这里，我们也只能根据我国农业与农机分工专业化的现状和调查样本的可用数据，尝试着对包含分工专业化变量的生产函数进行简单的定性推演和样本检验。进一步证明农业效益增长也可以是分工专业化水平的函数。

我们选择机械化服务水平最高的小麦生产来考证农机作业服务专业化对无机户非农收入的影响。特别是在小麦耕、种、收三个环节是否使用农机作业以及使用多少农机作业，是决定家庭非农就业劳动力是否需要中途返乡帮忙以及返乡时间长短的关键环节。因此，我们的研究视点主要集中于小麦耕种收三个环节机械化程度对于农户非农收入的影响。

令 y 为农户非农收入，g 为小麦耕种收环节分工程度（以单位面积耕种收机械作业成本表示），m 是其他影响农户非农收入的因素。则 y、g、m 有下面的函数关系：

$$y = f(g, m)$$

对 y 求全微分得

$$dy = \frac{\partial y}{\partial g}dg + \frac{\partial y}{\partial m}dm \qquad (1)$$

方程（1）两边同除以 y，整理得

$$\frac{dy}{y} = \frac{\partial y}{y}\frac{g}{\partial g}\frac{dg}{g} + \frac{\partial y}{y}\frac{m}{\partial m}\frac{dm}{m} \qquad (2)$$

其中，$\frac{\partial y}{y}\frac{g}{\partial g}$、$\frac{\partial y}{y}\frac{m}{\partial m}$ 是非农收入对小麦耕种收环节分工程度和其他影响因素的弹性，定义为 α_1、α_2。

对方程（2）两边求不定积分，得

$$\ln y = \alpha_1 \ln g + \alpha_2 \ln m \qquad (3)$$

可以预测，g 对 y 具有正向影响，也就是说 α_1 应该是正值。因为 m

---

① 盛洪：《分工与交易——一个一般理论及其对中国非专业化问题的应用分析》，上海三联书店、上海人民出版社1994年版，第3页。

是没有观测到的因素，我们把 m 对 y 的整体影响 $\alpha_2 \ln m$ 定义为 μ。利用调查数据，在方程（3）的基础上，建立一个一元弹性模型，以检验农业生产分工对非农收入的影响。

$$\ln y = c + \alpha_1 \ln g + \mu \qquad (4)$$

其中 c 为常数项。

运用 SPSS 软件对模型进行处理。经过检验，模型不存在误设问题，也没有异方差问题。因此，可以直接采用最小二乘法（OLS）进行回归，回归结果如下（专题报告之二表 25）：

表 4　　　　小麦耕种收环节分工程度对无机户非农收入的影响

自变量	因变量：非农收入（$\ln y$）	
	系数	T 值
常数项（c）	6.08	(4.25)***
小麦生产分工程度（$\ln g$）	0.70	(2.19)**
观测值个数	70	
R^2	0.066	
调整 R^2	0.052	
回归整体显著性的 F 统计量	4.803	

注：括号内为 T 统计量的绝对值。* 表示在 10% 的水平上显著，** 表示在 5% 的水平上显著，*** 表示在 1% 的水平上显著。

与预想的一样，小麦生产耕种收环节分工程度只能解释无机户非农收入（自然对数）变异程度的 6.6%，拟合程度比较低。我们没有观测到的其他因素决定了无机户非农收入（自然对数）差异性的其余 93.4%。然而，回归结果同时也揭示出小麦生产耕种收环节分工程度对无机户非农收入确实存在统计上显著地促进作用：小麦生产耕种收环节机械作业投入增加 1%，无机户非农收入就会相应增加 0.7%。因此，方程（4）的估计形式为

$$\ln y = 6.08 + 0.702 \ln g$$

图 12 给出了小麦耕种收环节分工程度与无机户非农收入的拟合曲线。从拟合曲线图也可以看出，拟合程度不高的主要原因：一是样本

中无机户样本数量较少，且如本报告一开始对样本取样的地区分布情况的介绍也可以看出，样本地区分散度比较高，如果有足够的样本数量，或者地区相对集中一些，拟合度必定会相对提高；二是样本的调查数据填写得不够完整，影响我们使用更准确的数据进行分析；三是目前我国农业的分工专业化水平还不够高，所以我们只能用小麦耕种收三个主要环节进行分析，这也在很大程度上影响检验拟合程度的。基于以上分析结果和如此三点原因，我们认为，这个检验结果是可以成立的。

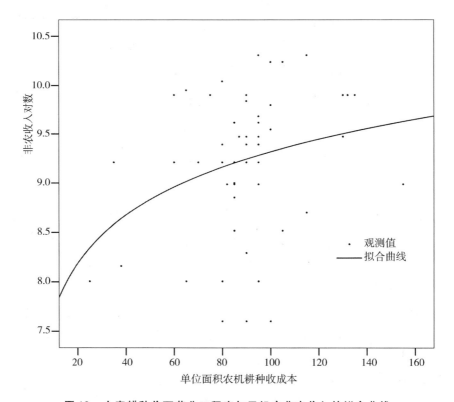

图 12　小麦耕种收环节分工程度与无机户非农收入的拟合曲线

如果将非农收入换成打工收入或者其他收入，上述结论仍然成立，只是在具体影响程度上存在一定差别。详细结果见表 5（专题报告之二表 26）。

表5　　　小麦耕种收环节分工程度对无机户打工收入、其他收入的影响

自变量	因变量：打工收入（ln y）		因变量：其他收入（ln y）	
	系数	T 值	系数	T 值
常数项（c）	6.06	(4.13)***	3.37	0.94
小麦生产分工程度（ln g）	0.71	(2.16)**	1.09	1.36
观测值个数	56		29	
R²	0.079		0.064	
调整 R²	0.062		0.03	
回归整体显著性的 F 统计量	4.654		1.857	

注：括号内为 T 统计量的绝对值。* 表示在 10% 的水平上显著，** 表示在 5% 的水平上显著，*** 表示在 1% 的水平上显著。

从回归结果看，小麦耕种收环节分工程度对打工收入变异程度的解释能力甚至超过了其对非农收入的解释力（前者的拟合优度达到 0.079，而后者只有 0.066），并且两个模型中小麦耕种收环节分工程度的回归系数基本相等；而对其他收入的解释能力更弱，在统计上的显著程度比较低（小麦耕种收环节分工程度回归系数 T 检验的 p 值为 0.186）。这也表明上述模型比较稳健。

利用小麦耕种收综合机械化程度作为表示分工程度，重复以上过程，得到如下回归结果（专题报告之二表 27）。

表6　　　小麦耕种收综合机械化程度对无机户非农收入的影响

自变量	因变量：非农收入（ln y）		因变量：打工收入（ln y）		因变量：其他收入（ln y）	
	系数	T 值	系数	T 值	系数	T 值
常数项（ln g）	7.84	(3.78)***	7.04	(3.63)***	4.46	0.74
小麦耕种收综合机械化程度（ln g）	0.30	0.67	0.48	1.12	0.83	0.63
观测值个数	70		56		29	
R²	0.006		0.023		0.014	
调整 R²	−0.008		0.005		−0.022	

	因变量：非农收入（ln y）	因变量：打工收入（ln y）	因变量：其他收入（ln y）
回归整体显著性的 F 统计量	0.445	1.260	0.395

注：括号内为 T 统计量的绝对值。＊表示在 10% 的水平上显著，＊＊表示在 5% 的水平上显著，＊＊＊表示在 1% 的水平上显著。

从回归结果上看，受其数据性质的影响，虽然小麦耕种收综合机械化程度对无机户非农收入及其构成都不存在统计上显著的影响，但是与前面的分析类似，其回归系数都是正值，这表明小麦耕种收的分工程度对无机户的非农收入（特别是打工收入）存在程度不同的促进作用的结论是可信的。我们检验的只是小麦生产耕种收环节上的分工程度，如果完全实现耕地承包权与经营权的分离，把耕地经营权交由农机作业服务组织，而耕地承包者保留相应的收益权，更加有利于其提高非农收入。相应地，由于农机作业服务市场容量的扩大，这种情形对于农机作业服务提供者来说也是有利可图的。所以，农机作业服务专业化引领的这种农业生产组织形式的变革可以实现帕累托改进。

3. 调查研究中发现的几个问题

（1）粮食大户规模不经济，单产水平与土地规模成反比。如上所述，山东的种粮大户样本中，农业大户土地经营规模分布情况为：100 亩以下的占 26.9%，100—200 亩的占 46.2%，200—300 亩的占 11.5%，300 亩以上的占 15.4%，最高的达 965 亩，最低的 60 亩，样本中农业大户的土地经营规模主要集中在 100—200 亩。在农机技术应用上，少数农业大户完全依赖于社会化农机组织提供服务，80.4% 的则拥有大量农业机械，其中有 22.2% 的农业大户至少拥有 1 台拖拉机和 1 台背负式小麦联合收割机，有 36% 的农业大户拥有至少 1 台小麦自走式收割机，而同时拥有小麦自走式收割机和背负式小麦联合收割机的农户占 22.2%。有的农业大户的农业机械在满足自己使用的同时，也参与跨区服务。但是，他们不仅在资本技术应用水平上不及农机服务专业户，平均单位农机作业规模仅为农机服务专业户的 1/5；土地产出率也普遍较低，从附件 2 粮食大户的样本统计回归分析的结果（其拟合优化程度 R^2 = 0.943，见附件 2 表 14）看，粮食种植大户的种植规模与土地单产水平是负相关的，即种植大户样本的承包地面积每增加 1%，亩产量就会减少 0.915%；播种面积每增加 1%，亩产量就会减少 1.5%。其规模不经济是显而易见的。2008 年主持人在对山东 5 个县进行规模经营调查中，问及"普通小农户与粮食大户哪个单产水平高"时，4 个县的农民和熟悉农业的部门官员都肯定地回答："当然是小农户单产高！"只有东部 1 个县的回答是含糊不清的。这实际上是符合经济规律的，当土地面积增加到一定规模时，粮食大户追求的就是最大投入产出效率而不是最大土地产出效率，这不符合我国农业发展的价值取向。

（2）分工专业化比规模经营以及未分工农户资源配置效率更高。据冀鲁豫三省调查样本统计分析结果：1. 无农机农户样本中使用农机服务的家庭总收入比不使用的样本平均高 490 元，小麦单产平均每亩高 45 公斤。2. 有农机作业收入的农户比无农机作业收入的农户小麦单产高 39.55 公斤，玉米单产高 71.35 公斤，花生单产高 5.05 公斤。3. 合作组织成员比非合作组织成员样本的小麦单产平均高 22.5 公斤，玉米单产平均高 8.5 斤。

据附件 2 的调查样本统计分析结果：1. 农机合作组织成员比非成员在农机作业中分别多收入 20319 元和 14308 元（两个回归分析模型 R^2 分别达到了 0.782 和 0.605）。2. 如上所述，粮食种植大户的种植规模与土地单产水平是负相关的，即种植大户样本的承包地面积每增加 1%，亩产量就会减少 0.915%；播种面积每增加 1%，亩产量就会减少 1.5%（其拟合优化程度 R^2 = 0.943）。3. 农机大户单位农机年平均作业规模为 545.66 亩/台，其中最大的为 1333.33 亩/台，最小的为 100 亩/台；而农业大户单位农机年平均作业规模为 108.85 亩/台，仅为农机大户的 1/5，其中最大的为 400 亩/台，最小的只有 3.82 亩/台；一般小农户单位农机年平均作业面积为 7.92 亩/台，约为农机专业大户的 1/69。即仅仅是在目前农民自发阶段，分工专业化的发展方式，就比规模经营的发展方式资本效率至少提高了 4 倍以上，比小农经济提高了至少 68 倍以上，土地和劳动生产效率也有不同程度的明显提高。

（3）合作组织的发展水平远不能满足农民的需求。如表 9 所示，冀鲁豫三省的各种农业合作组织发展水平远远不能满足农民发展生产、增加收入的需求。

表9　　　　样本农户加入合作经济组织情况及其加入意愿

合作组织名称	加入该类合作组织的农户占样本总体的比重（%）	愿意加入该类合作组织的农户占样本总体的比重（%）	制度供给与需求的差距（%）
生产资料供应合作组织	9.2	37.6	28.4
农机作业合作组织	12.6	39.6	27
水利灌溉合作组织	7.2	29.5	22.3
植物保护合作组织	4.2	23.8	19.6
产品购销储运合作组织	1.7	22.3	20.6
农副产品加工合作组织	1.2	21.3	20.1
金融信贷合作组织	1.5	35.9	34.4

尤其是金融合作组织的发展水平与农民意愿差距最大。这是制度影响的典型案例。当然，样本是2007—2008年的，2009年全国合作组织发展速度又有了较大提升，这种差距应当是在逐步减小，但是，课题组部分成员2009年6月在河南周口、驻马店地区调查时看到的情况仍不容乐观。一是合作组织覆盖面比三省平均水平低；二是农民对合作组织的需求也随着经济社会发展水平的提高和农民对新型合作组织认识的增加而不断增强。因此，动态地看，如果合作组织没有一个超常速的发展，这种差距可能会加大。

（4）合作组织尚不规范，经营管理人员素质有待提高。那些已经成立的合作组织包括已经注册了的合作社，大多在内部管理、分配制度等方面还不够规范，有些运行机制基本上是协会性质和半协会、半公司性质的，其自身和管理部门都面临着如何规范发展，使农机服务合作组织能够走得更加久远。人员素质无论是管理技术部门还是农民都存在素质不够的问题。基层管理部门既通技术又懂得市场经济规律的综合素质较高的人才不多，一些很优秀的服务组织带头人，对合作组织制度也缺少透彻的了解；对于农民，我们的教育和培训内容除青岛等部分地方外，大多也过于陈旧单一，仅限于驾驶技术，这也在很大程度上制约着农机作业服务组织的发展。据附件 2 的模型 1 表明，如果其他条件保持不变，农机大户户主受教育年限每增加一年，其农机作业收入就会增加 3879 元，模型 2 表明这一数字是 7025 元。

（5）制度对小农经济整合的影响远远大于技术和其他因素。我国目前农业的分工专业化还在起步和发展的过程中，最终的目标取向还存在诸多不确定因素。一方面，分工专业化的趋势是不可改变的；另一方面，其能否成为小农经济整合的主导路径还不能确定，分工专业化主体自身尚未成长发育得足够强大，大多数农民的自觉意识并不明确，把农业分工专业化作为整合我国小农经济主导路径与制度，并引导其更好更快发展的方略、政策、制度体系尚未明确形成，各类合作组织制度的供给还远远不能满足农民的需要，规模经营的误导和地方政府价值偏好导致农业规模经营的路径依赖，还在很大程度上影响着农业分工专业化的快速发展，等等。一句话，我国农业的发展方式或者说小农经济的整合路径与制度，究竟采取分工专业化、合作化，还是土地集中规模化、合作化，在制度的层面上和农民的无意识自发层面上，都尚在选择的过程当中。这是决策者做出明智选择的关键时刻。

四　发达国家现代农业发展路径与制度的比较与借鉴[①]

从本研究的宗旨和我国农业发展的现实意义出发，整合小农经济的过程与目标，就是现代农业发展的过程与发展的目标。因此，从农业分工专业化的角度，研究比较发达国家现代农业发展路径与制度，既是对本研究

---

① 详见专题研究报告之三。

命题的佐证，也是对我国现代农业发展的宝贵启示和借鉴。

（一）分工专业化是现代农业发展路径与制度的本质差异

当今世界尤其是发达国家，在传统农业向现代农业发展的历史背景下，现代农业的发展路径与制度，因各国历史和国情的不同呈现出明显的共性与个性，研究表明，共性与个性不仅仅与资源禀赋相关，更多地表现为经济规律导致的一致性和政策制度导致的差异性。

从发达国家农业现代化发展经验看，无论路径与制度存有多少差异、资源禀赋如何不同，其共性都表现为三点：一是以家庭为农业基本生产经营单位是绝大多数国家的共性，以色列、东德、俄罗斯等一些东欧国家，属于特例和历史遗留问题，即使是在这些国家和地方，也还有部分以家庭作为基本的生产单元；二是在资源整合路径和制度上，大多数国家都采取了土地赎买、集中，实行大中、小规模机械化农场（包括公有的集体农庄）的经营方式；三是在大、小农经济整合路径和制度上，无论农业生产分工水平如何（本质的区别是生产中的分工），都形成了农业合作组织体系，尽管这些组织体系也存在着许多差异。但是，我们看到，在现代农业的进程中，农机与农业分工、专业化水平高，农业专业服务组织发育健全的国家，无论是土地资源极其丰富的美国，还是土地资源比日本、韩国还要紧缺的荷兰，其农业现代化水平和农产品国际贸易竞争力都是世界一流的，而没有或较少农机与农业分工，专业化服务组织发育不健全的国家，无论是加拿大、法国、德国，还是日本、韩国，虽然实现了农业现代化，但都形成了"大而全"或"小而全"的小生产方式，其农业生产率以及农产品的国际竞争力都不是一流的。尽管日本和欧洲各国从 20 世纪 80 年代就已经开始寻找解决这个问题的出路，致力于建立和发展农业资本技术社会化应用的组织体系，但结果仍不能尽如人意。从这个意义上说，农业生产的分工专业化水平才是各国现代农业发展路径与制度的本质差异。

通过比较，我们可以清楚地看到，美国现代农业产业资源整合路径与制度模式是："农业生产专业化服务产业 + 分工专业化大农场 + 合作社"，荷兰是"专业化服务合作社 + 分工集约化农场"，日本是"半官方垄断式农协 + 机械化小农户"，德国、法国是"机械化中小农场 + 合作组织"，而我国小农经济整合路径与制度创新模式是"农业生产专业化服务实体＋小农户＋合作社"。可见，与日本、德国、法国等国家相比的区别在于，我们的农业生产分工专业化是完全的（即包括产中的分工专业化）、是市场化的，这与美国、荷兰的优势相似。但是，我们服务的对象与合作社的基础可以是分工专业化了的小农经济，这是我们与所有国家的本质区别，也是我们的创新之处。

（二）分工、专业化是现代农业快速发展的重要前提

农业社会化服务体系的实质，就是现代农业的分工体系。传统农业与现代化农业生产方式的根本区别之一，就是前者是封闭的自给自足的小农经济的生产方式，后者是生产分工越来越细，专业化、社会化生产程度越来越高，土地所有者、经营者越来越从生产的主导地位退化到从属地位的商品化、高效率的生产方式。可以说，农业分工、专业化水平越高，现代农业生产力水平就越高，农业资本技术投入回报率就越高。农业分工、专业化、社会化，以及由此而带来的现代化生产高效率和报酬递增，不仅体现在产前、产中、产后大的生产阶段的层面上，比如生产资料生产、销售，农产品的生产和农产品加工、储运、销售等；也不仅体现在各阶段内部生产的品种及在区域和组织的层面上，如产前阶段中的信贷合作社、种子公司、农机公司、农用化学公司等，产中阶段的小麦生产基地、大豆生产基地等，还有蔬菜合作社（协会）、奶牛合作社等，产后阶段的加工企业、销售合作社、储运合作社等等；更高层次的分工、专业化还体现在各生产阶段生产组织内部的分工和生产环节的分工、专业化和社会化，即企业或合作组织内部的各种劳动分工、生产环节和管理环节的分工、以及生产环节向外部分工的专业化。比如，美国的农业生产各个环节的农机作业，都分工成为专业化服务的外包产业，即农田作业的耕耙播收、灌溉植保都由专业服务公司承担，农场主的功能基本上也只剩下土地经营和管理了，他们既不需要很多的重复投资或高昂的代价，又能够及时分享高科技带来的农业生产高效率和报酬递增。同时，农业分工、专业化，尤其是产中阶段的分工、专业化本身还是把部分农业转变为工商服务业，把部分农业劳动转变为服务业劳动，把部分农业劳动力转变为服务业劳动力的过程。这个过程使美国直接从事农业生产的劳动力大大减少，而农场以外为农服务产业的就业人口急剧增加。据悉 1960 年农场就业的劳动力为 700 万人，而为农场服务的就业人口则高达 1600 万人；1975 年两者分别为 300 万人和 1720 万人；到 1986 年，两者的人数就分别达到了 200 万人和 1820 万人。[①] 也就是说，号称产业比重不超过 2% 的美国农业，是依靠约 15% 的农业生产服务业支撑的。荷兰以其极为稀缺的土地资源，获取仅次于美国的世界农业出口大国和土地产出率世界第一的地位，除了产品高附加、技术高密度以外，其农业分工专业化、社会化以及在此基础上的合作化的高效组织制度体系，是不可忽视的。

（三）分工基础上的合作社是农业一体化的主要载体

从发达国家的经验中，我们也看到了现代农业一体化也在某种程度和某些领域中逐渐成为主流的倾向。但正常、健康、可持续发展的一体化必定只能是建立在农业高度专业化基础之上的。如果是按市场价值规律进行的具有市场竞争活力的一体化，一定是该领域的分工、专业化的市场交易成本大于一体化内部交易成本的结果，因为分工、专业化与高效率几乎是同义词，如果没有大于零的交易成本，分工与专业化会一直进行下去。所以，对农业一体化经营，应当有一种清醒的认识，即一体化不是目的，它只是为降低经营成本所采取的手段之一；市场经济主导条件下，一体化存在的唯一理由是专业化市场交易成本大于一体化内部交易成本。一体化的规模边界是内部交易成本小于等于市场交易成本。以贸易立国的荷兰，支撑"大进大出"农产品贸易的是建立在农业整个生产过程纵向分工专业化生产、服务组织结构，即由合作社成员集资兴办的为农业生产服务并对社员承担无限责任的合作社。这些农工商综合体的合作社高效运转，从生产资料的采购供应、农业生产、农产品加工，到农产品销售和出口，实现了一体化经营，解决了农民为市场而生产的问题，提高了农业生产部门的效率，在荷兰农民收入中，至少 60% 是通过合作社取得的。这些合作社主要分五大类：第一类是信贷合作社，为农民购买生产资料、更新设备、

---

① 美国农业部经济研究局：《农场经济指标：农场部分概览（1987）》，转引自樊亢、戎殿新：《美国农业社会化服务体系——兼论农业合作社》，经济日报出版社 1994 年版，第 157—158 页。

发展生产提供及时的充足的资金保障，如荷兰著名的拉博银行就是从农民信用合作社发展起来的农业信贷银行，也是农民自己的合作银行，该银行扎根于农业与食品部门，成为荷兰农工商综合体最大的贷款者，为农民提供了 90% 的农业贷款，为中小企业提供了 40% 的资金，现已发展成欧洲最具实力的银行之一。第二类是供销合作社，专门提供各种农业生产资料；第三类是产中服务合作社，包括 680 家农业机械工具合作社，200 多家收割服务合作社，和 250 家农业保险合作社；第四类是农产品收购、销售合作社；第五类农产品加工合作社。荷兰的这些农业合作社均具有独立的法人地位和完备的立法，每个合作社都有自己的章程，确定合作社的名称、成员来源、组织形式、行为准则和责权利关系等。农业合作社具有很强的独立性和自主性，不受政府的干预，农民入社完全出于自愿，一般情况下，农民可以同时参加 3—4 个合作社，以缴纳会费的形式确定与合作社的联盟关系，并从合作社获得个体户难以实现的帮助和服务，使自己的利益得到有效的保护。

美国的农业一体化的主要载体也是专业化基础上的合作社，真正内部一体化的企业，只占 5%—6%，大部是以合同制为纽带的专业化企业与合作组织之间的松散一体化（当然，这也有制度限制方面的因素）。

日本农业的一体化（农协）除了与生产资料厂商之外，可谓严密周到，但它是建立在农业产中基本没有分工专业化的小农经济基础上的，是一种政府预先给定的半官方的组织模式，而不是市场经济发展水到渠成的产物，这是日本农业发展面临诸多困难和问题的根本原因。也是我们目前应当极力避免的经验教训。

（四）主体多元化是现代农业服务业发展的重要策略

在现代农业发展进程中，发达国家最成功的经验之一，就是以市场为导向，国家、集体（社团）、个体等多元主体互为依托、相互补充，协调发展。

国家承担公共服务领域，不仅为农业、农民、农村服务，还有为其他农业服务组织、厂商服务，不仅要提供政策、信息、教育、推广、咨询等方面的服务，还要承担重大科技开发的基础性投入和研究，比如，美国从 1974 年开展的应用卫星遥感技术于农业生产和管理技术方面的"大面积作物估产试验"，"空间遥感调查农业和资源计划"等开发研究，使美国的空间遥感技术对农作物的分类、种植面积测定和估产等技术达到实用化；通过建立"3S"系统（遥感系统 RS，全球定位系统 GPS，和地理信息系统 GIS）确定土壤全部信息，用以预警灾害，确定具体精确的施肥、水、药等方案技术的实用化，不仅为美国的涉农厂商而且为包括美国在内的世界各国农业技术进步和可持续发展，提供了无可限量的技术储备和发展机会。

合作组织是农业生产者自我服务、自我发展、自我保护的经济联合组织，它既是政府与农民之间的桥梁和纽带，又是农民与私人垄断资本博弈抗衡的组织资源，因此，各发达国家政府都非常重视和支持农民合作组织的发展，合作组织在发达国家的现代农业发展进程和产业组织制度框架体系中，充当了"三足鼎立"有其一的重要角色，发挥了不可替代的重要作用。

私人企业是农业社会化服务体系中最具发展活力的生力军，特别是在美国，20 世纪 80 年代后期，在 2010 多万涉农部门就业岗位中，私人企业就占 75% 左右，在食物和纤维体系中，非农场创造的附加值中，私人企业占 70% 左右。这对于我国目前的经济结构战略性调整以及现代农业及其服务体系的建设，都具有很重要的借鉴意义。

（五）恰当的政策与法规是现代农业发展的制度保障

从发达国家在现代农业体系的形成和发展过程中，各国始终在用"两只手"发挥着调节促进作用：一是依靠市场机制这只"看不见的手"进行引导调节；二是依靠政府这只看得见的手进行推动和保障。国家不仅承担公共物品领域的技术开发和有效供给，还提供合理有效的制度供给——以政策和法律的形式为农业服务合作组织和私人厂商的发展创造宽松良好的发展环境，并制定必要的行为规范。如欧美各国对各种农业服务企业都提供优惠的信贷和税收政策，吸引工商资本的注入；以法律的形式明确和保护农业合作经济服务组织的合法地位和应有权益，保护私人产权和中小企业的合法权益和地位，限制大资本垄断对农民家庭经营和中小企业利益的侵害，等等。为农业社会化服务体系的发展提供了必要的制度保障。比如美国一些州对私人服务公司一体化经营实行了一定程度的限制。

如 1981 年，共有 11 个州制定了限制公司直接介入农业活动的法律，这些法律在不同程度上对公司拥有土地面积、公司直接从事农业生产作了限制性规定，甚至完全禁止某些类型的公司介入农业。因此，美国农业一体化综合实体发展比较缓慢，1960 年其农产品产值比重由 4.8%，增加到 1980 年的 6%，其中种植品由 6.3% 上升到 7.2%，畜牧产品由 3.6% 上升到 4.8%。但资料显示，涉农服务公司通过合同制实行的专业化基础上的松散一体化的产值比重，却由 1960 年的 25%，上升到 1980 年的 31%。[①]这方面，我国目前还没有引起足够的重视，包括国家在川渝的改革试验。

总之，美国、荷兰与日本，属于发达国家现代化农业发展进程中非常典型的发展模式。美国是建立在高度分工、专业化、产业化基础之上的市场主导的合同制为主的发展方式，然而由于资源禀赋等种种差异，我们无法复制美国的农业发展模式，但我们可以借鉴其分工专业化的发展方式和制度。荷兰的高度专业化与集约高效的农业，创造了农业发展史上的一个奇迹，其资源禀赋和我国较为相似，也应是我们重点借鉴的模式。日本是建立在小农经济基础上的高度集中的社团组织主导的半行政体制为主的发展方式，但是其发展方式的高投入，高进口替代，高发展成本，是我国农业发展无法承受之重。

五　结论与对策

（一）几点结论

综合以上研究，我们可以得出这样几点结论。

1. 农业的分工专业化是我国农民自发的选择，是继家庭联产承包责任制、自主举办村镇企业、农民专业合作以来的第四次伟大创举

传统的以所有制为核心的两大典型路径与制度——通过圈地、赎买等促使土地集中到私有大农场主手中，形成资本技术与土地的规模化配置，通过权力促使劳动的合作和土地的集中，形成集体所有制的土地、劳动和技术的规模化配置——在我国因其资源与制度的约束和公平与效率的缺

---

① 樊亢、戎殿新：《美国农业社会化服务体系——兼论农业合作社》，经济日报出版社 1994 年版，第 162、171 页。

失，已经在农民的第一次创举中成为历史和不可能；以土地集中规模经营为目标的各种探索与实践，因其未能摆脱规模经济理论的误导和规模经营的路径依赖，也已经开始被以农民为主体的自主创新的分工、专业化的整合路径与制度所替代，只是还没有明确成为国家和政府的发展战略目标。[①]

2. 扩大土地经营规模不是整合小农和效益递增的唯一途径，土地使用权的流转集中和农业经济效益的可持续增长，应当是也可以是分工、专业化的结果，其资源配置效率甚至可以更高

我国现代农业建设的目标，应当也只能是农业生产力尤其是土地产出率的不断提高和经济效益的不断增长。忽视分工专业化而人为地推进土地集中的规模经营基础上的现代化，在我国既不公平，也不可能，更缺失效率，尤其是土地产出效率和资本技术的应用效率；既是急功近利，也是资源的浪费，更不可持续和不可能推广。因此，这种现代农业发展方式或者说小农经济的整合路径与制度是我们应该极力避免的。

3. 分工专业化基础上的合作是粮食生产合作组织的解，也是小农经济整合路径与制度创新的解

分工专业化是提高效率的内在要求，合作是减少专业化交易成本的内在要求，分工基础上专业化的小农经济的合作，应当是我国以家庭承包制为基础的小农经济整合尤其是粮食生产现代化的可行路径和最佳目标模式。因为它既兼容了家庭经营的合理内核，又获得了比规模经营更高的经济效益与可持续发展的长效机制。

4. 以农民为主体自主创新的"专业化服务＋农户"和"专业化服务＋分工的小农＋合作社"的路径与制度，完全能够突破小农经济的规模和体制对现代农业发展的约束，使小农经济与机械化、现代化大生产并行不悖

它能够在不改变土地产权和家庭经营体制的前提下，在不断发展、提升的分工专业化的基础上，形成比土地集中规模经营效益更高、制度变迁成本更低、可持续发展后劲更强的现代农业大生产的生产能力和生产方

---

① 中共中央国务院 2007 年一号文件第一次提出了"积极培育和发展农机大户和农机专业服务组织，推进农机服务市场化、产业化"的要求。

式。这种生产方式是我国农业尤其是粮食生产经济效益可持续发展交易成本最低，技术与组织制度演进效率最高，且能在农民收入持续增长的前提下，保持人口无风险转移和劳动密集产业优势的帕累托最优制度安排，（这种安排与所有对农民真正有利的土地、社保、城乡统筹的制度安排都只能是相得益彰）。它最终能以"明确产权，模糊地界，多数人做地主，少数人种田"的路径，平稳变革传统农业的生产方式，优化整合现代农业生产要素，提高土地和劳动生产力，其节本增收和规避道德风险的功能，可使生产合作成为农民自发的要求，专业化与合作化制度可提高农民的谈判地位，降低政府及产前产后涉农企业与农户的交易成本，形成农民、企业、政府价值目标共赢的帕累托最优制度变迁。

5. 典型发达国家现代农业发展路径与制度差别的主导因素是制度，本质区别是农业产中的分工专业化水平

我国目前的小农经济整合路径与制度创新模式与日本、德国、法国等国家相比，本质的区别不在于土地规模大小，也不在于是否合作，而在于我们的农业生产分工专业化是完全的（即包括产中的分工专业化）、是市场化的，这与美国、荷兰的优势相似，但是，我国农业生产服务的对象和合作社的基础，可以是分工专业化了的超小农经济[①]，这是我们与所有国家的本质区别，也是我们的创新之处。

6. 包含分工专业化因素的生产函数得到了初步的检验

以上结论不是来自理论的推演，而是来自我国农民自发和自觉的经济行为，理论研究和样本分析只不过诠释和证明了农民的选择行为的合理性与合规律性。

（二）对我国粮食主产区现代农业发展趋势的判断

对未来我国粮食主产区现代农业发展趋势，我们有以下几点基本判断。

1. 农业分工专业化的趋势不可逆转

如前所述，正是资源禀赋与国策制度的双重约束，导致了我国农机作

---

① 这里只要满足一个条件——使用农机作业服务，而非"小而全"或自给自足的小农，就可以认为是分工专业化了的小农。

业与农业经营的分工专业化，而且，这种分工专业化不仅已经呈现出显著的经济与社会效益，还会在市场利益机制的诱导下，不断向农业分工专业化的深度和广度拓展。2009 年，山东农机服务合作社数量的迅猛增长①；合作社的服务方式不仅满足于一年一度的跨省区作业，还不断出现对当地、周边乡村的整片土地，签订 1—30 年的服务承包合同；农机服务项目不仅限于夏季，还向秋、冬季拓展②，不仅限于农田作业，还向水利、植保、畜牧、设施农业工程拓展，不仅限于机械作业服务，还向代施种子、化肥、农药、节水灌溉等领域拓展。③ 因此，只要我国资源禀赋与坚持家庭承包经营体制长期不变的基本国策、市场经济体制以及让广大农民共享改革成果的方针制度不变，这种既符合我国国情，又适合经济发展规律的农业分工专业化的发展趋势，就不可能发生逆转，而且，还会在工业化、城市化以及城乡统筹一体化加速的进程中，出现快速发展，并形成以农机作业服务产业为主要载体的农田作业、植保灌溉、烘干保鲜、储存运输、加工销售等多种服务产业，产后服务环节，既可以借助现有的粮食储备、加工、销售企业，也可以是农机服务产业和农业生产合作社的扩展。农业将不仅按地域和产品形成区域性规模经济，还会按生产环节分工、专业化，形成更加高效与可持续的现代农业规模经济。随着农村产业结构的调整和城市化、县域经济发展进程的加快，农机服务产业将与其他农村服务业一起，成为我国农村的新兴产业（在美国，农业专业化服务产业群，占国内生产总值的 1/6，全国就业人口的 1/5），如果引导得好，应当成为农村经济体制改革以来，继土地家庭承包、乡镇企业突起、农业产业化经营之后的第四次创新。

2. 粮食产业的主体应该是分工专业化的农民

由于粮食产业的特殊性，即产品的重要性和微利性，生产的季节敏感

---

① 部门调查统计，2009 年山东农机服务合作社达到 3200 个，比上年增加了 250 个，其中在工商部门注册登记的达 1050 个，比上年增加了 900 个。

② 据部门最新统计，山东 2009 年夏秋两季农机作业收入达 65 亿元，比上年增长 10% 以上，全年农机服务总产值达 400 亿元，增加产值 251 亿元，为农民人均实现纯收入达 450 元。

③ 这个过程，既是推广节种（比传统技术节约小麦种 50%—80%）、节肥（比人工撒施节 30%—60%）、节水和无毒、低毒植保技术的过程，又是实现技术规模、品种规模、区域化、标准化生产的过程，比政府部门强行推广的效果又好又快。

性、长周期性和监督的困难性，以及由此产生的道德、自然、市场的高风险性，等等，导致具有纳什均衡优势的家庭经营方式，在粮食生产领域的不易替代和大资本的不易（也不宜）进入。从发达国家的经验看，当产业分工达到一定程度时，为保护农民的合法权益，国家都会通过立法，严格限制城市与外来资本进入农业产业领域。因此，山东省418.5万农机户和48.5万农机户专业户的价值取向等因素分析①，分工、专业化后，从事粮食产业的农民大致有两种趋向，一部分（主要是农机专业户）会在政府和部门的引导和组织下，成长为专业化经营、社会化服务的农机服务产业组织；一部分会随着农业人口的有效转移和由此带来的土地有序流转，逐渐成为土地经营者。之所以不称其为农场主，是因为他们与土地的结合方式可能会是多样化的，即可能是各种契约委托式的——多数人做"地主"，少数人受"地主"委托代耕代种，也可能是产权明晰，地界模糊的代经营代耕作，未来也可能是土地经营权的所有者，等等。专业服务者和土地经营者两部分的多寡，以及土地经营者与土地的结合方式，主要取决于国家对农业的一系列政策制度的导向，包括土地制度的改革、农村人口的转移速度和转移方式。但无论怎样，这两部分"有技术、会经营"的新型农民，应该是未来构成我国现代农业生产微观经济组织和主体，而以他们为主体和基础的农业以及粮食生产合作组织，将是充满生机与活力的现代化、生态化农业的产业组织。

3. 联合与合作将成为粮食及大宗农产品生产组织方式的主流

从农业分工专业化发展趋势和调查农民的意愿看，农民的合作意愿是强烈的，联合与合作也是符合市场经济和产业发展规律的。农机服务经营与土地经营者未来的组织形式，应当是专业大户、合作社、股份合作社、专业合作协会等。专业大户既可能是独立的个体企业，也可能是合作社、合作协会成员。从合作制的发展历史和发达国家的实践看，其自愿联合、自主经营、民主管理的基本原则，其既可共享联合的优势，又不改变产权归属——在保持了农业家庭经营合理内核的基础上共享要素联合、外部交易内部化优势的制度特征，是其生命力经久不衰的根本所在，也是备受农

---

① 据部门统计：2008 年，全国万元以上资产的农机户总数为3630 万个，其中，农机专业户为400 万个。

民青睐的根本所在。如果政策环境适当，农业服务经营者的合作，土地经营者的合作，以及两者的联合与合作都将出现一个快速发展的阶段。

4. 分工专业化的速度和水平取决于相应的发展战略、政策与制度环境

农业分工专业化的速度和水平，取决于市场范围，没有更多更广泛的市场交易，就不会有分工专业化。但是，在市场经济条件下，农业分工专业化的速度和水平更取决于市场及一切外部交易成本和交易效率。因此，以分工专业化为创新路径的小农经济整合与现代农业生产方式建立的速度与水平，取决于市场体制的完善，更取决于国家政府一系列相关政策与制度环境的确立、稳定与完善。比如，家庭承包经营体制长期不变的基本国策，土地使用权的稳定与有利于农民生产、生存、发展的物权化；比如，市场及法律制度的完善；城乡统筹战略的健康实施，农民工国民待遇及公共服务均等化的实施；比如，国家明确的农业分工专业化发展战略的确立，相应科学合理的农业扶持政策、公共技术与制度的供给政策和体系；等等。当然，还包括上下决策者对农民的创新路径的认知与认可程度，对土地规模经营传统路径依赖的转变，等等。

（三）对策建议

道格拉斯·诺斯在北大演讲时说过：亚当·斯密说一个国家的财富主要是专业化分工以及市场的规模决定的，那么他只是非常模糊地看到了，实现这一目标还是非常困难的，因为这需要经济社会制度的变化，因为这些经济制度必须要适应非常快速的、飞速的变化。

显然，相应的政策制度环境是极为关键的。如果政府能够选择与农民理性选择一致的小农经济整合路径——靠分工专业化而不是土地规模的非市场化集中，形成小农经济的整合及农业尤其是粮食生产可持续增长的现代农业发展方式，那么，在稳定农村家庭承包土地经营制度的前提下，在逐渐完善的市场机制和政策制度引导下，小农经济的整合将会按分工专业化的路径，形成快速、稳定、可持续发展的新制度、新格局。因此提以下几点对策建议。

1. 确立分工专业化的农业发展战略，创新小农整合路径与制度，走内涵式可持续增长的现代农业发展路子

理论和实践都已经证明在现代农业发展方式上，照抄理论和照搬发达

国家的发展模式是行不通的。通过农业生产内部分工专业化而不仅仅靠资源要素量的增加，获取农业生产可持续增长经济效益的现代农业发展方式，符合国情，符合市场经济与现代农业发展规律，符合国家调整增长方式，走内涵式发展路子的方针与策略，更符合我国农民的理性选择。尊重农民的选择，是党在农村政策中最为理性的选择。我们应当像尊重农民对土地承包制、发展乡镇企业的选择一样，尊重农民对农业与农机进而拉动更多领域的分工、专业化、合作化的选择，打破传统农业规模经营的路径依赖，确立分工专业化的农业发展战略，通过一系列路径、制度创新，切实转变"前现代"农业发展方式，实现小农经济整合的路径创新——通过发展专业化的农机服务产业，实现"农机服务＋农户"的机械化农业大生产——技术经济基础上的经济效益增长机制；通过发展各种专业与综合的产权明晰、分工合作的农业服务与粮食生产合作组织，实现小农分工基础上现代农业组织的经济效益增长机制；通过专业化、系列化、契约化的组织和服务，实现小农经济区域化、标准化的经济效益增长机制；通过有分工专业化技术与区域规模支撑的组织资源，形成与农产品加工、营销企业的联合、合作、博弈等多赢机制等我国现代农业良性循环、可持续发展的运行体制。

因此建议：

（1）政府和相关部门在农业和农村发展战略中，按照中央 2007 年 1 号文件关于"积极培育和发展农机大户和农机专业服务组织，推进农机服务市场化、产业化"的要求，尽快转变观念，切实把发展农业尤其是粮食生产服务产业——主要是新兴的，能够承载所有农业生物、化学、工程技术，连接农业产前、产中、产后服务环节，低成本实施小农分工基础上的农业标准化、专业化、区域化生产的农机服务产业——与当年发展农业产业化经营一样，纳入国家及各级政府有关农业农村经济决策的重要议事日程，纳入对政府、部门、县域经济发展考察的目标体系，特别是在全球性粮食、金融危机和我国确保粮食安全、城乡统筹、增加就业的大背景下，更有必要把政策和资金扶持重点尽快向农业生产性服务产业领域转移，迅速补长农业生产服务产业发展这条腿，强化服务产业长势及能力，从而加速小农经济整合速度，形成科学完整的符合国情的现代农业产业组织结构和生产方式。

（2）在粮食产区深入总结和大力推广"服务产业＋农户"、"服务产业＋农户＋合作社"的小农经济整合模式，把建立提高粮食增产增收的长效机制的着力点，放在组织和培育农业生产服务尤其是农机服务主体上，放在组织和推动大小区域的统一种植（规格和品种）、统一服务的制度创新上，放在服务市场体制的完善上，降低小农经济分工专业化、合作化的交易成本。抓住了这个关键环节，土地流转、规模经济效益都将是水到渠成的必然结果。不仅本项目的实证，我们还有经验证明："服务＋农户"这种方式是使山东省桓台县成为北方第一个吨粮县的重要制度性因素。

（3）在有条件的地方，试验、总结和推广各地成功的农业尤其是粮食生产合作社的生产方式，比如［个案2］中山东宁阳县乡饮乡粮食饲料生产合作社的生产方式——在分工专业化的基础上，用合作社的制度，整合大小粮农和农机服务协会、水利协会、粮食流通企业、农副产品加工企业、农资供应商等组织和工商资源，在区域上形成规模化、机械化、标准化生产，在品种上形成优质批量优势，在生产过程上实现外部交易内部化，提高农户粮食生产整体及各相关利益主体的综合素质和经济效益，形成分工专业化基础上合作化的农业产前、产中、产后一体化的现代农业组织方式。

2. 大力培育以农民为主体的现代农业生产服务业，构建专业化、现代化、合作化的农业产业组织体系

在我国，由于小农经济按常规路径整合，在资源与制度双重约束下的不可行及合作化的滞后等原因，使农产品加工企业先入为主地在我国农业产业结构调整过程中，充当了整合小农经济的产品进入市场的龙头，国家与地方政府也曾通过大力扶持农产品加工营销龙头企业，推行"企业＋农户"的小农经济整合措施，但如前所述，这无论是从经济学理论出发，还是无数次实践的结果，都证明产后加工企业不可能很好地承担小农经济整合的重任，"企业＋农户"或者以企业为主导的"企业＋合作社＋农户"都不可能根本解决小农经济整合、农民收入可持续增长与现代农业生产方式的建立问题，在粮食生产供给出现全球性短缺的情况下尤其如此。同时，无论按产业属性还是企业主体的性质，农产品加工龙头企业都应当与传统的食品加工业、纺织业等产业一样，属于第二产业，应随着小

农经济整合路径与制度的创新，随着创新带来的我国农业发展战略和发展方式的转变，逐步将其规范到第二产业的产业政策体系当中。现代农业发展主体应当是分工专业化及其合作化的小农，农业发展战略和政策扶持重点应该转移到分工专业化及其合作化的小农组织体系上来，使其快速成长壮大为能够与农业产前、产后涉农企业平等对话与合作的农民合作社。这样做看似困难大，绩效差，但实际上，这是我国现代农业健康发展的必由之路，早调整比晚调整要好；同时，合作社的快速壮大会收到农业、农民与加工企业双赢、多赢的效果，而且，合作社发育成长起来的营销、物流、储藏甚至加工业可以吸纳更多的农业劳动力，农业服务业的产值早晚也要从第一产业划分出去。但是，如实证部分所述，我国目前虽然农业分工已经很明显，但专业化水平还不够高，即粮食生产领域的农民专业服务组织与合作组织一方面自身发育还很不健全，另一方面组织与制度的供给严重滞后于农民的需求。要快速扭转这种局面，必须加快培育分工专业化的农民主体和以此为基础的农业生产合作组织。

因此建议：

（1）调整农业产业政策，把一切用于培育发展龙头企业的财政、信贷优惠政策尤其是农业综合开发政策资金，用于农业尤其是粮食生产服务性合作组织和专业化基础上的农业尤其是粮食生产综合性合作组织，并在表彰和奖励各级地方龙头企业的同时，更要加大对农业生产服务性合作组织和综合性农业生产合作组织的表彰和奖励，在扶持和表彰种粮大户的同时，更要大力扶持和表彰农机、农业服务专业大户。

（2）在各级财政支农资金中，加大对农民专业合作组织尤其是各种生产服务性合作组织和专业化基础上的粮食生产综合性合作组织的扶持力度，加快分工专业化速度，引导小农向自主分工专业化、现代化农业生产方式转型。建议在财政扶持合作组织的资助项目中，加大扶持各种粮食生产服务性合作组织的比重，同时，作为示范引导，有计划按区域重点扶持一批专业化基础上的粮食生产综合性合作社。各级政府部门要像扶持龙头企业那样，让这些农民专业化、合作化组织迅速做大做强。

（3）动员一切可以动员的力量，培育扶持并领办各种粮食生产服务性合作组织和专业化基础上的粮食生产综合性合作组织。比如，有计划的在2—3年内对乡村基层干部进行普及式合作经济制度教育，培训一批有热情、有责任、有能力的专业性、综合性合作组织的经营管理人才，采取离岗不离职的办法，引导和鼓励乡镇村干部领办合作社；采取招聘纳贤的办法，发掘和引导社会英才包括政府埋单的大学生村官，也包括在事业单位改革中已经不在编的优秀农机、水利、农技站长和技术管理人员领办农机服务和粮食生产合作社。他们中不少人都是农村的精英。

（4）加大扶持农民金融合作组织成长和发展的力度，加强宣传引导和示范交流，大量培训、招聘、使用包括大学生在内的专门人才，推进农民金融合作组织快速健康发展，以满足农民在缺少财产抵押情况下的发展资金需要。

（5）在有条件的地方，试点实验社区分工基础上的合作组织的运作方式和运行效果。从理论和国际经验出发，这种以社区为依托，以分工专业化的小农家庭经营为基础，以合作社为组织方式的小农经济整合路径与制度，应该比大资本、大企业进入为主的股份合作制更有利于农民、农业和农村的健康发展。

3. 加强制度创新，优化政策环境，为小农经济整合路径创新提供制度保障

新型科学的现代农业发展方式和产业主体确定之后，良好的政策与制度环境就成为决定的因素。因此建议：

（1）在坚持家庭经营体制长期不变的基本国策的前提下，根据城乡统筹发展的情况和要求，快速建立有利于城乡发展尤其是有利于保护农民合法权益、保障国家粮食安全的土地流转制度和平台。一是以法律法规的形式确保耕地按市场规则有序流转到粮农手中，比如土地银行制，委托代理制，土地经营权入股制，等等。既要让尚未彻底转变身份并得到全面社会保障的农民工继续享有土地的社会保障功能，又要充分发挥耕地的生产功能，或者说是粮食安全保障功能。二是以法律法规以及实地界定的形式，确保18亿亩耕地尤其是粮食主产区耕地面积和耕地质量不变，防止一些地方假借村庄合并、宅基地置换、土地指标转换等名目，侵占耕地和把耕地转变成不毛之地。① 三是以规划项目招标承包、补贴、奖励等方

---

① 最近的农业普查结果：我国中低产田比重已经不是60%而是90%的结论，证实了我们的调查和担忧。

式，鼓励农机专业大户、粮食种植专业大户、粮食生产合作组织积极参与农田基本建设，成方连片地改造中低产田。同时，鼓励农机专业服务组织（大户）在签订中长期代耕或专业承包农田时，增加土地连片、地块调整、提高土壤肥力等的合同项目（此项应由政府埋单，公共服务部门提供技术方案和技术标准），提高农业分工、专业化的速度和农业生产力水平。①

（2）参照各国的成功经验，完善农业补贴制度，建立符合我国国情的综合高效的现代农业投资体制。比如，把农机补贴变为农机购置贷款贴息，逐步由农民金融合作社办理。即凡购买农机的农民，交足自己首付的部分，其余资金按无息贷款程序由金融合作社办理，国家把补贴以贴息的方式补给合作社，待全部还贷时，由合作社代国家按还贷期限的长短返还20%—30%不等的购机款。从而减少行政成本、行政盲目和暗箱操作的机会，减少集中补贴给农民带来的盲目性，给生产销售企业带来的非市场性的巨大的供求波动，培养农民的自我和信贷意识，加快农民金融合作组织的发展壮大，提高财政资金的使用效率——用目前资助 30% 的资金，做成普惠式（凡购买、经营大型农业生产机械者都可享受贴息贷款与补贴）和调控式的资助。比如，把粮食的良种补贴逐渐向区域化种植的区域和合作组织区域的农户集中，以快速形成优质产品的区域化、规模化、标准化种植。政府部门只负责备案、指导和对资金使用情况的监控。再如，参照四川试点的经验，组建类似“国资投资公司”体制的“农业现代化投资公司”，把所有农业补贴资金集中管理使用，消除“政出多门”、“财力分散”、“项目重叠”等体制弊端，减少行政成本和农民负担，提高国家资金使用效率。还有，要建立健全对农民尤其是合作组织的政策性保险补贴制度。这是农业补贴政策的重要方面，也是最好的实现方式之一。

（3）建立粮田基本建设可持续增长长效激励制度。按照中央国务院2008 年一号文件和省农村工作会议精神，在今后新增财政支农资金和农业综合开发资金中，增加对粮食生产经营主体进行农田基本建设和中低产田改造方面的激励性补贴，无论是种粮大户还是服务性综合性粮食生产合

---

① 专题报告之二的冀鲁豫三省调查样本统计分析的结果表明，土地单产水平与地块的分散度关系密切。

作组织进行的，经基层政府和主管部门事先备案、规划指导并跟踪检验的，符合一定区域规模和技术标准要求的农田基本建设成果，可给予事前贷款，事后贴息等措施进行奖励资助。以充分调动种粮农民长期投入的积极性和创造性，建设现代农业生产可持续增长的基础性设施。

（4）修订合作组织法，赋予合作组织更多的发展空间。我国农民专业合作组织法的颁布实施，赋予了农民合作组织以合法的法律地位和权力，全国各地农民专业合作社发展迅猛，但实践中的新问题也在不断出现。比如，农民专业合作组织对社区合作、城乡合作、相关产业合作的多种需求与发展形成的约束，对成员同质性规定导致一个村需要成立多个合作社的问题，对联合社没有规定对同类合作社联合发展形成约束等问题，已经明显制约了合作经济组织的发展。另外，对于后来出台的允许农民从事金融合作的政策，也需要以法律的形式加以规范的确定。

（5）建立新型农民培训制度。实证中抽样调查样本分析表明：农机大户户主受教育年限每增加一年，其农机作业收入就会增加3879元，模型2表明这一数字是7025元。因此，除了普及义务教育、加强农村技术教育，还应当在不断增加的各级财政支农资金中，设立新型农民培训基金制，不仅培训技术、技能，更要用于加强培训农村的农机服务、粮食种植、运销加工专业大户以及各种粮食生产合作组织的带头人；不仅利用好大学、职专的教学资源，还要调动各种社团组织和社会力量一起努力，加快对农村新型农民带头人的培养；尽快建立合作社法人资格培养及认证和持证上岗制度；在有关院校恢复和增设农业合作制度专业，在所有农业及相关、综合类院校增设有关合作经济制度的必修和选修课程，至少要先行对大学生"村官"进行必要的合作制度和理念的培训。

（6）加强和完善公共技术服务体系的建设，解决基层农业技术服务部门和服务功能的长期缺失问题。建议政府有关部门一方面要靠政策吸引大学生下到基层，即参照大学生村官制度招聘大学生到基层做技术服务及管理人员；一方面要靠制度包括公开制度和社会监督制度等，避免和力除权贵占位不作为的顽疾。

总之，在我国，小农经济的整合应当也可以通过分工专业化的路径实现技术、区域、组织、产业的整合以及效益的可持续增长，并能够通过分工专业化基础上的小农合作组织制度以及相关政策、法律与环境制度的创新，完成建立中国特色的现代农业发展方式和产业体系的历史使命。国家政府与农民的选择一致，将会大大加速这一历史进程。时间可以更好地检验和证明这个结论。

执笔：许锦英　2009/12

主要参考文献

[1] 马克思、恩格斯：《马克思恩格斯全集》第4卷，人民出版社1965年版。

[2] 马克思、恩格斯：《马克思恩格斯全集》第3卷，人民出版社1965年版。

[3] 《马克思恩格斯全集》第46卷上，人民出版社1979年版。

[4] ［英］亚当·斯密：《国富论》，杨敬年译，陕西人民出版社2001年版。

[5] ［美］西奥多·W. 舒尔茨：《改造传统农业》，商务印书馆2000年版。

[6] ［澳］杨小凯、黄有光：《专业化与经济组织——一种新兴古典微观经济学框架》，经济科学出版社2000年版。

[7] ［美］西奥多·W. 舒尔茨：《经济增长与农业》，北京经济学院出版社1991年版。

[8] ［美］R. 科斯、A. 阿尔钦、D. 诺斯等：《财产权利与制度变迁——产权学派与新制度学派译文集》，上海三联书店、上海人民出版社1994年版。

[9] ［美］G. J. 施蒂格勒：《产业组织和政府管制》，上海人民出版社、上海三联书店1996年版。

[10] ［美］曼瑟尔·奥尔森：《集体行动的逻辑》，上海三联书店1996年版。

[11] ［冰岛］埃格特森《新制度经济学》，商务印书馆1996年版。

[12] ［日］速水佑次郎、［美］弗农·拉坦：《农业发展的国际分析. 修订扩充版》，中国社会科学出版社2000年版。

[13] 谭崇台：《发展经济学的新发展》，武汉大学出版社1999年版。

[14] 温铁军：《中国农村基本经济制度研究》，中国经济出版社2000年版。

[15] 温铁军：《"三农问题"与制度变迁》，中国经济出版社2009年版。

[16] 金雁、秦晖：《十年沧桑东欧诸国的经济社会转轨与思想变迁》，上海三联书店2004年版。

[17] 魏道南、张晓山：《中国农村新型合作组织探析》，经济管理出版社1998年版。

[18] 秦晖：《什么叫小农经济？》，《南方周末》2000年9月14日。

[19] 秦晖：《"恰亚诺夫主义"：成就与质疑——评A. B. 恰亚诺夫〈农民经济

组织〉》2005 年 11 月 6 日，社会学人类学中国网。

[20] 侯建新：《国外小农经济研究主要流派述评》，《世界历史》1999 年第 1 期。

[21] 刘运梓：《评我国近年来学术界对农业小生产问题的看法》，《农业经济问题研究》2003 年第 3 期。

[22] 杜鹰、唐正平、张红宇编著：《中国农村人口变动对土地制度改革的影响》，中国财经出版社 2002 年版。

[23] 张红宇：《中国农村土地土地变迁》，中国农业出版社 2005 年版。

[24] 胡鞍钢：《农业企业化是中国农业现代化的重要途径》，《中国老区建设》2002 年第 10 期。

[25] 杨思远：《改造小农经济》，乌有之乡网 2007。

[26] 齐栋梁：《小农经济理论综述》，down. cenet. org. cn/upfile/235/2006421232516171. doc。

[27] 仲亚东：《小农经济问题研究的学术史回顾与反思》，《清华大学学报》（哲学社会科学版）2008 年第 6 期（第 23 卷）。

[28] 蔡昉：《民生经济学"三农"与就业问题的解析》，社会科学文献出版社 2005 年版。

[29] 张维迎：《企业的企业家——契约理论》，上海三联书店 1995 年版。

[30] 陈勇勤：《小农经济》，河南人民出版社 2008 年版。

[31] 靳相木：《试论农业产业组织创新》，《经济科学》1998 年第 1 期。

[32] 秦庆武：《农业产业化概论》，山东人民出版社 1998 年版。

[33] 王贵宸：《关于改造小农的若干理论问题》，《中国农村观察》1999 年第 1 期。

[34] 宋圭武：《农户生产经营风险研究》，《甘肃理论学刊》1999 年第 6 期。

[35] 何顺果：《小农制：一种普遍而长命的生产方式——兼论"生产方式≠社会形态"》，《世界历史》2000 年第 6 期。

[36] 王宪明：《中国小农经济改造的制度选择研究》，中国经济出版社 2008 年版。

[37] 向国成、韩绍凤：《小农经济效率改进论》，中国经济出版社 2007 年版。

[38] 徐金海：《专业化分工与农业产业化组织演进》，社会科学文献出版社 2008 年版。

[39] 罗必良：《经济组织的制度逻辑》，山西经济出版社 2000 年版。

[40] 宣杏云、王春法等：《西方国家农业现代化透视》，上海远东出版社 1998 年 1 月版。

[41] 宣杏云、徐更生：《国外农业社会化服务》，中国人民大学出版社 1993 年版。

［42］樊亢、戎殿新：《美国农业社会化服务体系——兼论农业合作社》，经济日报出版社 1994 年版。

［43］盛洪：《分工与交易——一个一般理论及其对中国非专业化问题的应用分析》，上海三联书店、上海人民出版社 1994 年版。

［44］刘运梓：《农业组织与规模——理论·实践·比较研究》，中国计划出版社 1990 年版。

［45］张健雄：《荷兰的社会政治与经济》，社会科学文献出版社 1999 年版。

［46］焦必方：《日本农业、农民和农村——战后日本农业的发展与问题》，上海财经大学出版社 1997 年版。

［47］阮文彪：《中国农业家庭经营制度》，中国经济出版社 2005 年版。

［48］林双林、李建民：《中国与俄罗斯经济改革比较》，中国社会科学出版社 2007 年版。

［49］梅德平：《中国农村微观经济组织变迁研究》，中国社会科学出版社 2004 年版。

［50］许锦英：《农机服务产业化——我国农业转型的帕累托最优制度安排》，山东人民出版社 2003 年版。

［51］许锦英、李汝莘、王桂芹、张德科、樊祥成、许英梅等：《山东粮食产区规模经营路径创新与对策研究》，山东省软科学计划研究项目，2004 年。

专题调研报告之一

山东农机作业服务组织发展
情况的调研报告[*]

农机服务组织对我国小农经济粮食生产现代化路径创新具有特殊的作用和意义，课题组为准确认识和把握农机服务组织的发展情况和政策需求，为创新粮食生产小农经济的整合路径与制度，加速粮食产区农业现代化进程提供可靠的决策依据，我们对山东农机作业服务组织的发展状况进行了调查研究，重点对济宁、枣庄、烟台、青岛、潍坊、淄博、德州、日照还有临沂、泰安等 10 个地市的 20 多个县市（区）、30 多个乡镇、村及农机大户进行了实地调研，现将调研情况报告如下。

一 基本状况

20 世纪 90 年代中期以来，山东农机专业化、社会化服务组织的发展，在市场经济大潮的裹挟下，自觉不自觉地走上了专业化经营、社会化服务的路子，引发了 90 年代后期到 2000 年初期关于农机服务产业化的理论和实践的探索。1998 年在《山东省人民政府关于加快农业机械化发展的通知》中，明确提出了推进农机服务产业化进程的要求，推动了山东农机服务组织和市场的发展。而后，随着经济结构的全面调整和经济增长速度的加快和国家"三农"政策的不断改善，农民对农机服务的市场需求不断增长。市场利益机制的诱导，农机部门为组织农机大规模跨区作业

---

* 山东农机服务组织起步早，发展快，一直走在全国前列，具有典型代表意义，因此选为例。

所提供的优良制度保障, 特别是近年来国家对农民重新实施的农机购置补贴政策, 更是激发了农民从事农机社会化服务的热情, 引发了新一轮大型、新型农业机械供不应求、农民持币待购的兴旺景象。山东省农机部门审时度势, 2005 年连续下发了《关于发展农机合作组织的意见》和《关于加快发展农机协会的意见》两个文件, 明确提出加快推进农机服务组织发展进程的要求。农机服务组织在全省范围内进入了自觉推进阶段。据统计, 2005 年全省各类新型农机服务组织发展到 1.2 万个以上, 其中, 农机服务合作社近 300 个, 农机作业 (股份) 公司 290 多个, 全省资产 30 万元以上的农机大户 1300 多个, 10 万—25 万元的农机大户 8600 个, 农机作业专业户达到 68.3 万个。2006 年国家颁布实施了《中华人民共和国农民专业合作社法》以来, 农机服务合作组织更是得到了快速发展。据部门调查统计, 2009 年初, 全省共有农机协会 1894 个, 农机服务合作社 4247 个, 农机作业股份公司 126 个, 农机专业大户 44873 个。承担了省内 30% 以上的农机作业量, 形成了现代农业建设不可或缺的有生力量。

从调查的情况看, 山东农机作业服务组织大致有以下 6 种形式。

1. 农机专业大户

由一批懂技术、善经营、会管理的农民 (很多是集体经济时期的农机手) 靠一台拖拉机打天下, 经过多年的经营积累形成的以家庭为基本经营单位, 以家庭成员和雇工为主要成员的农机服务经营体。他们从一开始就是在市场规则的基础上搞经营, 经营方向和投资热点始终追逐最大利润, 如早期的拖拉机运输, 而后的工程开发, 如今的农田作业, 等等, 发展势头很猛。据省农机部门统计, 目前, 农机总值在 10 万—50 万元的约有 34882 户, 50 万元以上的约 9991 户, 拥有大中型拖拉机 42394 台, 联合收获机 46929 台, 配套农机具 113119 台 (套), 固定资产 68.9 亿元。主要从事农田作业、农业工程开发、农机运输、农副产品加工、农机供应、农机维修等服务。近年来, 在各项补贴政策的引导下, 呈现更加强劲的生机与活力, 不仅成为粮食生产农机服务的骨干力量, 还有一些农机专业大户, 利用机械优势, 主动承包进城农民流转的土地, 成为粮食种植大户。目前, 经营 100 亩耕地以上的农机大户已有 1164 个。肥城市王瓜店镇穆庄村农机专业大户王克东, 拥有大中型拖拉机 3 台, 玉米联合收获机 2 台, 小麦免耕施肥播种机 1 台, 气动翻转犁、旋耕机各 1 台等配套农机具 10 台（套），农机总值 60 多万元。他先后与 297 户村民签订了 5 年的代耕服务合同，对土地统一进行耕、种、管、收等机械化耕作，年收益 40 多万元。

农机专业大户是一支充满生机与活力的现代农业产业大军，其未来走势应该是一部分将发展成为专业化的农机服务产业，一部分会成为机械化中小农场主。孰多孰少，关键在于国家城市化发展方式的选择，现代农业发展方式的选择与相应发展政策以及和市场环境的进一步改善。

2. 农机服务合作社

由乡镇农机站、村集体或能人牵头，农机专业大户、农民、其他农机服务产业，为实现其共同利益的最大化，本着"民办、民管、民受益""进退自愿、互惠互利"的原则，带机（或不同形式的资本）入社，合作经营，收入主要按作业量分配，留出公积金后按股分红的合作组织。如莱州三山岛西由农机服务合作社，是由 10 户农机经营户发起，在工商部门登记，以带机（资）入社，按作业收入提取管理费的方式组建的。他们制定了章程和管理制度，推选了社长。实行统一维修、统一油料和物料供应，统一安排与机手自己联系活源相结合的方法开展作业服务。合作社的成立，形成不同类型机械的联合与合作，使农机资源得到合理配置，服务功能明显增强，变单一的作业服务为提供耕、播、收等系列化一条龙服务，获得了"1＋1＞2"的效果。目前，他们正在扩大规模，规范管理，并把维修厂纳为合作社的成员单位。如济宁各种类型农机服务合作组织入社的社员 5600 多人，入社机械近 7000 台，嘉祥仲山乡、疃里镇、邹城北宿镇农机合作社还吸引了不少外地农机经营者入社，并在外地设立了分社。据统计，山东以农机服务合作社名义存在的服务合作组织已有 3998 个，成员 24755 个，拥有大中型拖拉机 9801 台，联合收获机 13027 台，配套农机具 34049 台（套），固定资产 8.98 亿元。这些合作社聚集和盘活了集体、个体资产，缓解了发展大型农业机械资金不足、技术力量、经营能力偏弱等难题，在明晰产权的基础上，实现了资金、技术、劳动的联合，激发了投资者与经营者的积极性，并且很好地解决了集体活动"搭便车"的弊端。目前虽然数量不多，规模不大，管理也还不够规范，但具有较强的合理性和必要性，代表了我国农机服务组织制度的基本方向，引导得好，在条件具备时，会出现一个飞跃式的发展。

3. 农机作业服务股份公司

主要是在原来乡镇农机站、村集体所有的农机作业服务实体的基础上，经过股份制改造而成。如，招远市金岭镇农机服务有限公司。该公司是由原镇农机站办经济实体于 1998 年改制而成，主要是原站职工牵头入股，吸收其他农机大户、农机服务使用者等资金参与。他们按股份制制定了公司章程，按照法定程序选举设立了董事会、监事会。职工成为股东，积极性高，效益连年增长。近年来每年实现销售和经营服务总收入都在 500 万元以上，利润 30 多万元。在农田作业服务上，他们首创了合同作业的服务模式，受到了广大农户和乡、村干部的欢迎。目前，他们已与 21 个缺机、无机村签订了农田作业合同。农机站负责为农民提供机耕、机播、机收服务，价格随行就市；村委会负责安排机械作业次序，尽可能做到成方连片作业，减少机械空转，维持作业秩序，并协助代收作业费。每年为这些村耕地作业 10500 亩，小麦机播 10000 亩，机收 10000 亩，玉米机收 500 多亩，基本满足了农民的需要。目前，全省以农机作业公司形式存在的服务组织有 126 个，成员 2152 人，拥有大中型拖拉机 785 台，联合收获机 504 台，配套农机具 2985 台（套），固定资产 9848 万元。还有像临清县大辛庄镇农机站，购置大型机械时按投资计股，投资多者为机长，单机核算，按作业量和股份分配。类似这种情况虽没有正式名称或注册登记，但其内部经营管理制度是股份制性质的。这类组织一般资本技术力量比较雄厚，管理制度比较严谨，政府稍加引导，便会成为比较规范的股份公司或合作社（一些了解政策，以农田作业为主的公司已经有更名为合作社的了，如招远张星镇农机合作社）。

4. 农机专业协会

由政府或农机管理部门组织的农机经营者专业合作性中介组织（理论上应当是群众性自发组织）。作为政府与农民之间的桥梁和纽带，目前主要是由县乡农机管理部门牵头，本着自愿、自律、合作、互利的原则，经民政部门登记注册，主要协助政府部门进行行业管理，为成员提供市场中介、技术培训、行业信息等服务。目前，全省已有 94 家县级农机协会，占有农业县（市、区）数的 72.3%，其中，在民政部门登记的有 79 个，共有成员单位和个人 10 万以上，拥有大中型拖拉机 22479 台，联合收获机 22918 台，配套农机具 89797 台（套），固定资产 17.85 万元；有乡镇农机协会 343 个，其中在民政部门登记的有 132 个，共有成员 71988 个，拥有大中型拖拉机 12476 台，联合收获机 13860 台，配套农机具 39276 台（套），固定资产 9.9 亿元；有村农机协会 1457 个，成员 46390 个，拥有大中型拖拉机 18816 台，联合收获机 18846 台，配套农机具 89093 台（套），固定资产 4.06 亿元，一般由村两委成员兼任，主要用于农忙季节调动农机户为村民提供服务。

菏泽市牡丹区农机协会在协会成立之初，就组建了农机管理、监理、培训、推广、修配 5 个专业分会和 21 个基层农机分会，吸纳团体会员 26 个、个人会员 165 名，注册资金 3 万元。在区农机协会的带动下，目前，吕陵、万福两个乡镇农机协会相继挂牌成立。吕陵农机协会目前拥有大型农业机械 123 台，小型机械 329 台，其中自走式联合收割机 48 台，链轨式工程机械 17 台。万福办事处农机协会按照自愿互利、信息共享、自我管理、自主经营、自我发展的原则，迅速开展各项服务活动，以服务促进协会的发展壮大。目前已吸收 53 名有多年农机驾驶、操作和维修经验的农机手为会员，拥有大中型拖拉机 73 台，农用运输车 50 辆，耕播收等作业机械 120 台。滨州市乡村农机协会已发展到了 90 多个。滨城区旧镇董集农机协会由于定位准确，组织规范，得到了迅速发展，成立不到一年已拥有各种车辆 376 部，发展会员 236 人，固定资产达 3600 余万元，辐射到了周围十几个自然村，在促进农业增产和农民增收中发挥了龙头带动作用，深受广大农民群众的欢迎。临沂市农机局针对乡镇农机管理机构职能弱化的问题，成立了县农机服务协会并在各乡镇成立了农机服务协会分会，理顺了基层行业管理服务体系，强化了管理服务能力。其德平镇分会8 月成立，秋季就组织了 35 台有大型耕作机械的成员，在实施国家良种补贴的万亩方上，进行了统一耕地、统一播种，既保证了国家支农政策的完全落实，又节约良种 6 万斤以上，实施了现代化节本增效技术，同时，增加了农民收入。莱阳、莱州等市也都先后成立了包括农机生产、销售、维修和使用者在内的综合性农机协会，这些综合性的协会组织可以有效地整合当地农机科研、生产、推广、培训等方面的整体优势，为农机户提供更加全面的服务。还有招远市毕郭镇农机服务协会，由镇农机站牵头，吸收有大型机械的村、农机户组成协会的骨干力量，按照协会章程规定，对机械统一调度安排，统一作业标准、收费价格，并协助会员收取作业费和提供信息、配件供应、纠纷与事故处理等方面的服务。协会以合同的形式，为32个村提供了农业生产主要环节的机械作业任务，深受农民的欢迎。

5. 农机服务队

由县农机业务部门、乡镇农机站或村委会牵头主办的农机服务组织，主要是组织分散的农机专业大户和专业户，从事跨区作业及相关的技术服务和为当地农业生产服务。目前，全省以农机服务队名义存在的服务组织大约有1078个。村级农机服务队一般只限于为本村农民进行农田作业、运输和农田基本建设、农产品加工等项目的服务，农业机械有集体所有的，但比重越来越少，大部分以个人承包或拍卖转让的形式，由个体经营，农忙或需要时由集体统一调度，视集体经济情况不同，作为福利实行免费或低价服务，其发展势头呈明显下降趋势。有些地方，如诸城市的部分村在实行多种形式的股份合作制改造，取得了一定成效，但难以形成主流模式。乡镇站组建的服务队，主要是为跨区作业的农机专业大户们提供优质系列化服务和创建服务市场品牌，如桓台县陈庄镇、胶州市胶东镇农机站办农机服务队。这类组织的运作模式与专业协会没有本质的不同，只是名称上的差异，有的也是一个组织，两个牌子。

6. 农机松散联合体

由两个以上农机经营主体按协议或契约组成的临时性经济联合体，农忙或有工程项目时联合作战，利用集团优势，充分发挥所有机械设备的潜能，农闲时仍各自为战，灵活经营。如栖霞市官道镇农机作业联合体，由该镇程家庄村程明建等6家农机户组成。该联合体有大型拖拉机6台，耕地、播种、收获机械配套齐全共18台套。其主要特点是：农忙时联合作业，农闲时从事农机运输作业。有联合体章程，农业机械设备分散管理，统一调配使用，统一作业标准、收费价格，收入为各农机户所有，机械维护费用自理。目前该联合体年农机作业纯收入在25万元左右。即墨市华山镇后柞村的支部书记王伦理，牵头组建了农机服务联合体，对外称"青岛市即墨华青开发公司"，目前联合体拥有挖掘机15台，自卸车6台，推土机4台，小麦联合收获机4台，上海—50型轮胎式拖拉机3台，有配套的耕地、播种、运输机具，农用车8辆，农机总价值1420万元，去年的经营作业纯收入达到530万元左右。

另外，在临沂、聊城等地也多见亲属、邻里、乡亲等以口头协议的形式进行互助合作式的松散合作。

二 农机作业服务组织的经营管理方式

这些农机作业服务组织的经营方式大致有以下几个方面。

1. 契约协议，承包服务

以优良的技术设备和服务质量，赢得信誉，与用户签订长期的承包合同，定向服务。除上述招远市金岭镇农机服务公司与周边21个村签订了长期合同，为农民提供农业生产机械化服务，为政府、村委排忧解难外，招远张星农机服务公司与周边农民建立电话预约服务的协议，承诺无论多小的地块，都不得拒绝服务，否则算公司违约；莱州市南十里镇农机站服务队装备精良、技术过硬、管理制度严明，他们自备两部食宿大篷车，不给用户添任何麻烦，成为远近闻名的农机服务组织，农忙为本镇农民进行农田作业服务，农闲时从事工程项目，周围村及施工单位主动与他们签订合同；还有一些农机专业户虽然与农民没有合同，但有多年的信誉和口头约定，其市场份额也是比较充裕和稳定的。如临清市大辛庄镇石槽村的马春华，从单项作业，免费试用开始，靠多年为周围农民服务的信誉和积累，现拥有20多万元的农业机械，能从事耕、松、旋、播、收（小麦、玉米）各项作业，不参加跨区作业，年服务收入达3万—4万元。从2009年山东省会同财政部门扶持奖励的120个不同类型的农机服务组织的情况看，80%以上都与农户和乡镇、村签订了1—30年不等的各种耕作服务合同，他们已经学会了用契约的方式巩固和扩大自己的服务市场份额。

2. 中介组织，跨区服务

多数农机服务组织，尤其是由县乡农机部门以及其离职退休人员领办的服务组织，依靠全国各级农机部门的组织资源优势，以不同程度的技术和中介服务，把农机经营者组织起来，跨省跨地区服务，尤其是小麦联合收获机械，南到江苏、河南，北到内蒙，年作业期拉长5倍以上，每台机组纯收入都在万元以上，自走式可达3万—4万元。如嘉祥县仲山乡农机服务合作社，为其成员——机主和机手提供从购机选型、贷款担保、团购优惠、机械调试、机手培训、安全保险、预先考察、签订合同，到维修服务、安排档期、转运机械以及维权、仲裁等系列化服务，并以其多年严密、规范、诚信和高效的服务，创出了合作社在农机户和小麦产区当中的信誉，虽然服务收费标准比其他组织都高，但因为信誉好、风险小、效益高，自愿加入者逐年增多，甚至外县、外市、外省的农机业户都争相加入，合作社成员由几个发展到一百多个，机器160多台（主要是组织服务能力暂时达不到更大规模）。农机站配备了4部维修车，4个修理工，换瓦、大修当场解决。站长即社长事前亲自到各省与需求方中介签订当期足够作业量的合同；跨区机收中，社长亲自驾车指挥协调，促进合约的顺利实施；路程太远的省际转移时，为争取时间，提前联系好火车专运；出现意外纠纷时，社长亲自出面协调解决。以合作组织的名义，依靠各地政府部门，多次为机手讨回不合理的罚款、合理的赔款和应得的收入。合作社每台联合收割机每年麦季平均纯收入1.3万元，高的多达3万元；秋季组织100多台大型拖拉机跨区作业，每台收入约4000多元。为扩大作业项目，近年又增加了植树打坑和拔棉柴等作业。同时，也在酝酿着向农业的产前和产后服务领域延伸。还有桓台县陈庄镇农机服务队也是在如此优质服务中越做越大。这种优质系列化服务方式，大大降低了农机专业大户的市场交易成本和市场风险，获得了多赢的结果。

3. 整合资源，拓展领域

通过组织制度载体，把分散单一的机械、资本与技术人力资源整合在一起，谋取资本技术效益的最大化。如上述仲山、陈庄两个组织那样，很多农机服务组织都在组织好夏季跨区作业的基础上，开始探索组织秋季跨区作业，甚至进一步以组织的名义承揽冬季水利工程和植树等其他农闲季节的工程项目，取得了可观的收益；如把单一机械的农机专业户合理组合，把传统的服务项目整合起来，实行收获、耕整地、播种等一条龙服务，或在搞好耕耙播收等传统服务项目的基础上，拓宽领域，为农民提供更多的服务，为成员创造更多的收益。如莱州市西由农机服务社，今年夏季新购进小麦秸秆捡拾打捆机2台，提前与外商代理联系，实行订单作业，开展小麦秸秆捡拾打捆2000亩，400多吨，获取收入6万多元。三秋生产，他们把多种机械集聚起来，组织统一作业，在7500亩土地上，实行了玉米机械收获、秸秆还田、旋耕、深翻、小麦精量播种系列化一条龙作业。农机服务社在三秋生产期间获得作业收入93万元，比去年同期增加 43 万元。还有疃里镇农机站办合作社，在组织跨区作业的过程中，发现了外地的劳务需求，便利用原有的驾驶员培训学校资源，经劳动部门批准，进行农村劳动力转移培训，取得了很好的经济效益和社会效益。

4. 创新示范模式，平抑市场价格

龙口市农机服务中心，依托农机培训学校，以示范工程项目投资为契机，购置了一批大型、新型农业机械，大型拖拉机 10 台╱551 千瓦，自走式玉米联合收割机 7 台╱286 千瓦，大型配套机械 15 台套，农闲时做教具，农忙时利用农机学校教师等技术人力资源，为部门和农民提供现场演示示范，为农民提供价格合理、作业质量一流的收获、还田、耕整地一条龙服务。既充分发挥了国家政策性引导资金和公共用品的作用，扩大了示范宣传的影响力，又节约了行政成本，创造了一种农机化试验示范的新机制、新模式；既起到了规范市场价格和质量的作用，又发展壮大了服务队伍。

山东农机作业服务组织的内部管理一般有以下方式。

1. 家族企业式。以家族成员为主的规模以上农机专业大户的经营管理方式。如夏津县城关镇王庄村农机大户户主王希德是集体经济时期的拖拉机手，靠一台拖拉机起家，发展到拖拉机，耕旋播收机械 10 多台件，主要是以家人和至亲为主要成员，靠血缘、亲情防范道德风险，靠家长负责制和粗线条的单车核算进行管理。后上马大型水利工程机械，资产规模达到 200 多万元时，才开始雇用工人。

2. 私有企业式。以雇用技术工人为主的规模以上的农机专业大户的经营管理方式。如招远市马埠庄子的农机专业大户陈旭茂，投资 40 多万元，拥有拖拉机 5 台，背负式玉米收获机 4 台，还有配套的旋耕、播种机械，雇用驾驶员 8 人，实行分工包干和日工资制；固定维修师一人，实行目标责任基础上的月薪制。有相当一些资产规模较大但不属于某合作组织成员的农机专业大户，都有自己的维修车间或门市部。

3. 股份合作式。介于股份制与合作制之间，产权明晰，按作业量和股份分配的经营管理制度。以股份公司和股份合作社的名义出现的农机服务组织和少数农机服务合作社，采取这类经营管理方式。其生命力在于保持了股份制与合作制产权、分配、管理制度上的一些合理内核，和利益共享、风险共担的合理运行机制。但既可以不是规范的股份制，也可以不是规范的合作制，在农村目前的经济和人文环境中，具有较大的灵活性和现实可操作性。

4. 专业协会式。以相关产业组织和个人为基本成员，以行业整合、互助、服务、自律为基本目标的非营利性群众社会团体组织制度，成员按章程缴纳会费，协会照章按其为成员提供的服务收取一定的服务费，成员之间，成员与协会之间没有任何产权关系。这是山东大多数农机服务组织，包括大部分叫合作社、服务队以及那些还没有名分的基层农机管理服务组织运行的方式和制度。但有明确的章程、正式注册和规范运行的协会组织不多，或正在组建。

5. 个人承包式。主要存在于极少的村集体服务组织。

三　影响农机作业服务组织发展的主要问题

从调查的情况看，山东农机作业服务组织的发展，还存在以下难题。

1. 认识不到位

一是国家决策部门对农机专业服务组织的发展对于农业乃至整个国民经济可持续发展的战略地位和意义缺乏足够的认识，或者认为这只是市场经济的自然产物，因而在农机专项补贴中缺少明确的支持和导向。二是部分地方政府部门的管理者对组织制度所能带来巨大的技术经济效益和社会效益的增长的效能认识不足，对组织化水平的提高与各项管理工作相互依存的辩证关系认识不到位，甚至认为这是农民自己的事情，对农机经营者缺少必要的宣传、引导、管理和服务。山东省农机部门虽然连发两个文件，但从调查接触的情况看，对发展方式和途径等方面的认识并不统一；从协会发展的情况看，有西部快于东部的迹象。三是农机经营者本身，对联合与合作能够有效降低市场风险和交易成本，提高经营效益的功能认识也不到位，其理性一般还仅限于自身利益的较小范围。当然，这仅限于引导、服务不到位的地方，或者说，这只是组织、引导、服务不到位的结果。

2. 支持政策体系尚待完善

中央 6 个一号文件和对农业"三补一减免"政策的相继出台，购机补贴还由 2008 年的 40 亿猛增到今年的 130 亿元。这些确实给农业及机械化的发展注入了巨大的能量，但调查中，农民和基层普遍感觉：一是扶持的力度还不够，日韩两国的同类补贴都在 50%—70%。当然，这不排除补贴 30% 的方式惠及面相对较小，还有应当与国家补贴相配套的信贷政策没有到位等因素的影响。二是缺少对农机服务组织的支持导向，如对规模以上农机大户，对服务意识和带动作用较强的合作组织的特殊优惠政策缺失，尤其是后者，要快速提高其服务能力和辐射作用，发挥其优化市场秩序的功能，仅仅依靠自身服务性收入是很困难的。比如，嘉祥仲山和桓台陈庄两个服务组织的实践经验是，4 辆维修服务车的最大服务规模只能达到 150 台左右小麦联合收割机。再有，招远张星农机服务合作社，靠其他工程项目利润补贴支撑着对农民的微利周到的服务，如果没有国家的支持，结果只能是要么放弃，要么抬高价格。临淄区朱台镇农机站曾经有过非常好的服务业绩，但靠自己经营其他的利润支撑有时是昂贵的服务成本，使其已经不得不放弃了。2009 年，山东农机部门会同财政部门一起对 120 个规模以上的农机服务组织和专业大户进行了支持性的表彰，开了个好头，但力度还是与需求有很大差距。

3. 公共服务不到位

这直接影响服务组织的快速规范发展。首先是部门体制改革多年来始终没有到位，尤其是县乡基层承担公共管理服务的组织体系不健全，国家用于农业技术公共服务的投入长期不足，导致对农机经营者的技术、经营培训、示范引导、安全、信息、咨询等公共服务功能的缺失，直接间接地影响农机服务组织的快速规范发展。比如山东目前乡镇农机管理服务机构设置保留原乡镇农机管理服务站，且为全额事业单位的占 1/5；撤销乡镇农机管理服务站，成立农业综合服务机构（办、中心等）的全额事业单位的占 2/5；差额或自收自支的农机管理服务站或经济服务实体占 2/5；省市县各级都有差额事业单位，全额事业单位也基本是"吃饭全额"或变相差额了，公共产品性服务功能相对弱化，导致不少地方仍主动或被动地偏重于行政管理性收费，忽略微观组织的构建与为之服务的职能，致使很多农机户尚未真正组织起来，已经组织起来的很多组织经营管理方式尚不规范，经营管理水平和服务能力还不够高。其次，还缺少有利于发展的政策环境。比如大型农机具库房建设用地问题，农村中小民营企业有政策，农机服务组织和大户没有政策，许多大型机械在农家院子、街头风吹日晒，有能力想在自家承包地头建库房的，被以滥占耕地阻止了。大型农业机械因此过早锈蚀的现象已经很严重。

4. 合作组织有待规范，经营管理人员素质有待提高

一些合作组织包括已经注册了的合作社，其内部管理、分配制度不够规范，有些运行机制基本上是协会性质和半协会、半公司性质的，其自身和管理部门都面临着如何规范发展，使农机服务合作组织能够走得更加久远。人员素质无论是管理技术部门还是农民都存在素质不够的问题。基层管理部门既通技术又懂得市场经济规律的综合素质较高的人才不多，一些很优秀的服务组织带头人，对合作组织制度也缺少透彻的了解；对于农民，我们的教育和培训内容除青岛等部分地方外，大多也过于陈旧单一，仅限于驾驶技术，这也在很大程度上制约着农机作业服务组织的发展。

四　农机作业服务组织发展的本质属性与战略意义

农机作业服务组织的发育发展，从本质上讲是农机经营者在市场经济制度下，为谋求农业机械投资效益最大化，与传统农业经营主体分工、专业化，进而形成产业化的过程。这个过程是农业生产力发展的内在要求，是市场经济制度的必然结果。这种农机分工专业化服务的组织的产生与发展，对我国农业乃至整个国民经济的持续发展具有重要的战略意义。

1. 能以最低的改革成本获取我国农业乃至国民经济的快速正常发展

一是在不改变家庭承包经营体制和土地产权归属的前提下，实现农业现代化规模经济。由于分工、专业化、产业化，使农机技术服务能力和服务规模成为农机经营者追求经营效益最大化的主要途径，由此而形成的市场利益诱导机制，会快速形成以农机服务为中心的农业生产规模经济；由于农机与农业的分工，使得农机专业化服务适用于所有不同形式和规模的农业经营体，并且，在整个经济环境和农机服务产业发育比较成熟时，可通过"明确产权、模糊地界"和土地使用权委托经营或有偿转让等方法，形成"多数人作地主，少数人种地"（农民一天拿不到城市绿卡，作为农民最低社会保障的土地使用权就一天不可以被剥夺）的具有中国特色的现代化农业规模经营模式。使坚持家庭承包经营的基本国策与加速农业现代化进程能够并行不悖，彻底改变多数人种地少数人消费的被动局面。

二是在不可能形成农村人口对城市就业压力的前提下，实现农民无风险的有序转移。由于土地产权不变，农民的基本生活保障就不会改变，而且由于机械化、专业化、产业化、社会化等现代化生产方式的实现，农民用于土地的低水平重复投资会大大减少，生产成本会不断降低，来自土地的收入会不断增加，这为农民无风险的有序转移，提供了基本保证；农民的有限资金会更多地转向投资回报率更高的经营领域和城镇建设，加快个体民营经济的发展，增加就业，增加收入，逐步形成城乡经济的良性循环；还有，农机服务产业发展本身，也可为农民提供可观的就业机会——除了农机服务产业自身的发展能够使山东 68.3 万个农机作业专业户，80% 以上的收入来自为别的农户提供农机技术服务以外，还可以拉动制造业，带动起相关服务产业，如维修、事故抢修、安全保险、油料、配件供应业、中介服务业，山东省 2004 年农机作业与维修服务组织达 493.6 万个，乡村农机从业人员达到 646 万人，全省实现农机服务总产值 324.1 亿元、增加值 203.7 亿元，农机化为农民人均实现收入 249.3 元。每年农机制造业直接提供大约 25 万个就业岗位，其中，仅时风集团一家，就有职工 3 万余人。还有相关行业的发展及其带来的就业机会。

三是在稳定增加农民收入的基础上，保持劳动密集产业的产业优势。由于土地使用权的稳定和农民来自土地收入的不断增加，农民的转移必然是理性和有保障的，由于劳动力的价格是劳动力供给的反函数，因此，农机服务产业还能够从资源密集型或者说已经失掉劳动力优势的产业中，为农业、农村和城市的劳动密集型产业替代出大量具有基本生存保障的廉价劳动力，从而可以安全平稳地使劳动力优势保持更长一些时期，而不是相反。既坚持了农业正常的技术进步和发展的要求，又兼顾了农民收入不断增长的需要，还使我国参与国际市场竞争的劳动力优势不可能过早丢失。

四是在不受资源约束的情况下，形成农业技术进步的利益诱导机制。由于分工、专业化，使农机服务产业得以脱离土地经营规模的约束，形成按照市场规律实现大型农业机械、现代农业生产资料与劳动者、劳动对象等生产要素的优化配置，形成农机技术水平、管理水平、经营水平和服务能力与农机服务经营者的收益直接相关的利益驱动机制，因此，在正常的市场竞争环境中，追求农机服务的高技术含量、优质高效的服务能力、高水平的经营管理和由此而带来的超额利润，便会成为农机经营者为了生存和发展而不懈努力奋斗的目标，从而可以形成农业技术进步的自我激励机制和现代化农业生产管理机制。同时，还可以快速实现实际从事农业生产技术活动的人员素质的提高，因为这部分人本来就是农村文化技术素质相对比较高的人群。

2. 能以最快的速度实现传统农业向现代农业生产方式的转变

一是改变生产要素的配置方式。农机服务组织专业化使得"耕者有其机"转变为"能者有其机"，使村村户户"大而全"、"小而全"的自然经济、小农经济的低水平重复的配置方式，转变为按市场利益机制配置要素，按专业化、社会化大生产的要求配置要素。而且，由于分工、专业化和产业化所引发的组织与制度的变迁，会使这种优化配置由机械（资本技术）、劳动者、土地资源而快速波及到生物、化学技术、资本及水资源等要素的优化配置，因为机械工程技术是一切现代农业技术的必要载体。

二是改变传统农业的耕作方式。农机专业化服务，不仅实现了现代化机械工程技术对人畜力和水土肥药的有效替代，还实现了专业化、社会化大生产对农户自耕自种小生产的替代，如前所述，山东烟台等一些地方，农户只需要签订一个契约或临时协议，甚至只需一个电话，就能够得到优质、快捷、经济、高效的生产服务。而且，由于这种分工、专业化形成的特殊的要素配置方式——没有土地农机服务就无法实现，因此，在我国这种服务将在多数情况下，只能是买方市场，即农民占主导地位。

三是改变传统的农业投资方式。专业化服务所产生的机群优化配置的可能性，以及优化配置与利益最大化一致的利益驱动机制，构成了对服务经营者不断增加资本技术投入的利益诱导，在资本供给不足的情况下，他们已经学会通过合作或股份合作，集资、贷款等方式，联合投资，有偿使用资金，解除了后顾之忧的农户不会再把勒紧腰带省下的钱买小拖拉机、小农具了，大多数村集体也在逐渐甩掉沉重的包袱，不搞福利性投资，他们已经和正在成为农机服务产业的投资者、利润和服务的分享者。同时，因为这种服务产业组织的发育成长，使国家政府对农业生产的扶持资金投入目标明确，规模相对集中，效率大幅度提高。

四是改变传统的技术进步及应用方式。农机专业化服务组织与小农户相比，不仅有能力迅速吸纳现代农业生产新技术，而且，利益驱动机制将不断推动他们以最快的速度进行设备更新和技术改造。使被动缓慢的技术应用方式转变为主动快捷按市场规律运作的应用方式。这不仅可以大大加快农业技术进步的速度，还能够明显降低国家技术推广部门的推广成本，和农产品加工龙头企业与农户之间的交易成本，农产品的标准化生产通过农机服务产业组织来实现的交易成本和生产成本都会大幅度降低。

五是改变传统分散的小农生产经营方式。家庭经营可以是小农生产经营方式的也可以是现代企业经营方式的。农机专业化服务既可以稳定家庭经营体制，又能够促进我国土地使用权的正常流转，并形成专业化、现代化土地经营家庭农场或企业。分工、专业化使得农业机械化生产经营独立于农业经营体，且生产效益明显高于小农户经营（目前还只限于大宗农产品的商品化生产），因此，目前至少在商品粮基地和大面积抛荒土地的地区，可逐渐通过合同、契约、价格浮动等手段，在不改变土地承包关系的情况下实现连片种植，甚至在有条件的地方，可以实行"明确产权、模糊地界"，土地使用权委托给中介（如土地"银行"等）、大户、或入股合作等方式，形成以农机服务产业组织为技术支撑的土地委托经营制、合作制或股份合作制的农业规模经营组织。届时，传统农业的生产方式将逐渐被现代化农业生产方式所取代。这次调查中，我们发现，不少农机大户和合作组织，已经开始租种或转包百亩以上大面积土地。

六是能够快速转变传统农业的增长方式。农机专业化服务的实施，不仅将改变农户只能在小规模靠生物、化学技术和劳动的密集（当然还有机械的无效投入），在边际效益递减的情况下，单纯追求土地产出率的增长方式，还能够跨越西方发达国家单纯依靠土地、装备等生产要素量的扩张获取规模效益的粗放经营阶段，直接进入靠市场优化配置要素，靠分工、专业化、产业化、社会化等组织、制度创新，获得生产要素的优化配置、技术进步、合理机制带来的集约化规模经济效益的内涵增长方式。

3. 能以最小的交易成本整合农业社会化服务体系

一是农机服务产业组织是现代农业生产服务的主导，在整个农业服务体系中充当承前启后的中坚。完整的农业社会化服务体系一般按生产过程分为产前服务体系，产中服务体系，产后服务体系。如果按服务主体分，可分为国家农业公共服务体系，主要包括重大科研技术开发研究、教育、推广、信息、咨询产品质量检测等公共物品领域；合作组织服务体系，主要提供产前、产中和产后领域的合作服务和与私人垄断资本抗衡，维护农民利益；私人服务产业体系，为农户或农场主提供几乎全部生产过程的商业性服务。农机服务产业组织（可以是个体也可以是合作组织）是直接在农业生产中为农民服务的主导环节，而且起着承前启后的重要作用，如果没有发育良好的产中服务体系，产前服务难以落实，产后服务的成本和代价会很高。

二是能够拉动农业生产资料市场需求，促进我国农机、化工等生产、销售产业的发展和升级。小农生产对农业机械的低层次的重复投资，表面上看对机械制造业有利，但实际上这不仅给农业和农民带来资本的低效益，而且直接造成了我国大型农机工业的衰退，和小型农机制造业的低水平重复和资本资源浪费，专业化、社会化的农机服务产业组织，对农业机械品种、性能以及技术含量的需求层次，大大高于小农户，而且，这种需求还会因为农业产品结构的调整和市场竞争的需要而不断拓展和升级，这种需求量与需求层次的变化，对农机生产企业无疑是一个极富挑战性、具有战略性意义的重要机遇，2002 年，山东等地就已经出现农民持币待购大型拖拉机，大型拖拉机供不应求的局面。中央两个一号文件及农机购机补贴等政策出台以来，更是如此。同时，无论是从商业性操作的需要，还是现代农业技术越来越因为环境保护和可持续发展的要求而趋向生物与工程技术的综合应用的需要出发，机械化技术服务带种、带肥、带膜、甚至应用信息技术的智能机械装备进行配方施肥、智能灌溉和喷药等服务，既能带动种子、肥料（化肥和有机肥）、农膜、农药产业的生产和技术改造；又能够减少企业对农民的盘剥和欺诈。农机服务者的行为有买方市场和竞争机制在制约。

三是能扩大农业贷款规模和还贷能力。由于农机服务产业起点、投资扩张能力、发展速度等都是小农户所不能比拟的，还由于农业生产中的主要生产活动都会发展到主要由农机服务产业承担，因此，农业贷款的大头应当逐渐转向农机服务经营产业组织而不是小农户，因此，借贷规模和还贷能力都会得到根本的改善。

四是能成为产后服务产业提供标准化生产的产品。随着农业分工、专业化、产业水平的逐步提高，农业产中的实际生产者将越来越在更大的程度上由农户转向农机服务经营者，同时，由于农机服务经营者是以机械化装备为手段进行现代化农业生产，因此，在什么地区、用什么种子，施什么肥料、施多少肥料，在什么时间施什么农药、施多少农药，什么时间收获和怎样收获（如有些产品要严格防止品种混杂），等等，都可以按标准要求得以实施和掌握。这可以为产后服务产业提供优质廉价的服务和产品质量保障，大大降低其与众多小农户之间的高昂交易费用。

五是能减少政府及科研推广服务组织与农户之间的交易成本。政府对农业调控的产业政策对农机服务产业组织和以后逐渐扩大的农业经营主体发生作用会比 2 亿多小农户要有效和容易得多；农业科研推广体系为使科技成果转化为现实生产力的努力，对少数精干的农机服务经营者的效果也必然会比直接面对 2 亿多小农户要容易快捷得多。

五 发展对策建议

随着我国经济结构的调整、城乡一体化发展战略的实施以及国家对农业的支持政策的强化，农业的分工、专业化、现代化的速度和农机服务组织发展水平将会在市场利益机制的驱动和国家对农业新政策的扶持引导下，得到更加快速的提高。

为进一步加快农机专业服务组织的发展，提以下几点对策建议。

1. 确立农机服务产业组织发展的战略地位

从近两年的情况看，农业机械化已经进入国家农业乃至整个经济社会发展战略框架体系，这无疑是一大社会进步。但对农机服务组织专业化、产业化的战略地位尚未正式纳入农业以及整个国民经济发展战略体系中来。从发达国家农业机械化、现代化发展进程和经验教训看，在实现农业机械化的过程中，农机与农业分工、专业化水平高，农机专业服务组织发育健全的国家，无论是土地资源极其丰富的美国，还是土地资源比日本、韩国还要紧缺的荷兰，其农业现代化水平和农产品国际竞争力都是世界一流的；而没有注重农机与农业分工，专业化服务组织发育不健全的国家，无论是英、德、法国，还是日本、韩国，虽然实现了农业机械化与现代化，但因其现代化的途径都是大而全、小而全的模式，所以其农业生产力水平以及农产品的国际竞争力水平都不高。尽管日本和德国从 20 世纪 80 年代就已经开始寻找这个问题的出路，但结果仍不能尽如人意。因此，在这个问题上，我国尤其要引起高度重视，因为我国无论是人均土地规模，还是国家和农民的财力以及农业大国的正负效应，都无法承受日韩两国小型化、小而全的农机化发展模式及其所带来的农产品的高昂成本和高进口替代的沉重代价。应该说，这个小型化的弯路我们已经走过了，我们的单位耕地拖拉机拥有量，已经接近或者超过了世界上最阔绰的日本，但我们的机械化水平和农机工业的水平却都没有得到应有的提升。而这个沉重的代价基本上是农民付出的。

因此，建议国家及有关部门，不要以战术代替战略，不要把农业机械化的发展仅仅局限于技术装备的增长和对机电工业的拉动，应当像尊重农民对土地承包制的选择一样，尊重农民对农业机械化和其与农业的分工、专业化以及产业化的选择。认真学习和借鉴美国与荷兰等国家的发展经验，避免日本等国家的错误和教训，在发展战略上，不仅要重视装备技术的投入，更应当注重装备技术的应用载体——农机专业化服务组织的发育和成长，确立农机服务产业组织发展在现代化发展战略中的战略地位，切实把农机服务产业组织发展与农业产业化经营、小城镇建设等农村经济发展战略一起，纳入各级政府有关农业农村经济决策的重要议事日程，特别要在今后农业发展战略中，确立农业产业化经营和农机服务产业组织两条腿走路的方针，使农机专业化服务产业组织与农业产业化龙头企业一起，成为加速农业现代化的两翼，成为我国农业转型的双轮驱动。成为加速我国农村产业结构调整、农业技术进步的有效载体，成为我国农业生产、农村经济可持续发展和农民收入持续增加的新的增长点。如果引导得好，这应当成为农村经济体制改革以来的第四次创新。我国农业机械化、现代化的速度和效率将会因此而得到大幅度提高。

2. 培育和扶持农机服务产业组织

20 世纪末形成的县为龙头、乡为骨干、村为基础、个体为补充的组织模式显然已经被打破，按照市场的原则重新组建多种新型农机服务组织的局面不仅形成，而且已经开始由无序向有序状态转化，以专业大户、合作组织为主导模式的发展态势已经十分明显。但还要看到，除少数规模以上专业大户和合作组织包括新近成立的一批农机服务协会组织成员以外，大部分个体农机还在各自为战，虽有获取市场最大利润的冲动，但在市场面前显得弱小无力，有的甚至生命财产都缺少安全保障；包括规模以上的农机专业大户和粮食大户，也希望通过加入专业协会的方式，得到各种服务并降低自己进入市场的各种交易成本和市场风险；县、乡农机部门和服务组织大部分还在计划经济和市场经济体制之间徘徊，少数搞得好的合作组织除了带头人个人综合素质高，有技术、有能力、有社会责任感以外，大多缺乏长远的目标和明确的产业组织意识，即缺少规范发展的战略自觉，其中很多组织发展的起因是迫于自收自支的体制。

　　因此，建议各级政府部门一是大力宣传农机服务产业组织发展的重要战略意义，创造有利的发展环境和社会氛围，鼓励和引导农机户走向市场，走向联合。二是结合农业绿证工程和农民培训工程，有计划地快速培养一大批懂技术、能经营、会管理的农机服务组织经营管理人才，其中包括对乡镇农机管理站长、农机专业户主的技术和现代企业制度（主要是合作制和股份制培训），并逐步建立持证上岗制度。三是依靠组织与制度创新，吸引和激励大批基层和乡村优秀人才，领头创办各种新型农机服务组织，比如，招聘长期得不到身份认可，但成绩显著，综合素质较高的乡镇农机站长和其他经营管理人员，作为基层农机服务中心或服务合作社、联社、协会等组织的带头人；用带薪挂职、配套奖励以及优先优惠贷款等措施，鼓励工程技术及管理人员带头创办各种农机服务（合作）组织。四是及时总结典型经验，示范引路，不断创新，逐步形成合理规范的组织体系和管理办法，靠优质、规范、系列化服务，靠合作制或股份合作制，与用户签订合同等企业制度和契约制度，把分散的小农机业户整合起来，把服务困难的村级服务组织解脱出来，引导和帮助他们逐步成长为规范化、专业化、具有较强市场竞争能力、较高管理服务水平、持续稳定、自我发展能力的农机服务专业组织。五是借鉴国内外农民协会的组建管理办法，成立农机服务协会联合总会，（各省、地市县成立联合分会）自上而下地把从事农机服务的国家事业单位、企业（条件成熟时还可囊括生产企业）、农机服务合作社、联合体、农机专业户、农户等联合起来，最大限度地减少行业内部交易费用和市场交易费用，快速形成行业规模优势；正确处理好部门、集体、农户之间的利益关系，处理好发展与规范的关系，处理好政府与服务组织之间的关系等，培育出一支以农民为主体，以县乡农机服务组织为依托，以专业协会为纽带，以合作社（或股份合作社）、个体企业、专业大户为主要成员组织形式，以农业产前产中产后机械化技术服务、农业设备、油料供应、维修、培训、试验示范、信息、咨询等多层次服务为已任的农机服务组织体系。

3. 规范农机服务市场体系和法规管理体系

健全、规范的市场体系和法规管理体系是农机服务产业赖以生存和发展的基本条件。在我国，尽管农机走向市场已近 20 年，但市场中介、公证、仲裁、质量监督、法规管理体系等仍在健全的过程当中，人为地增加了服务组织发展和进入市场的交易费用。因此，建议：一是进一步健全保障农机服务组织发展的法律体系。主要是在"农机化促进法"的基础上，尽快出台农业专业合作组织法，赋予合作制、股份合作制、合作协会等组织以正式的法律地位；参照发达国家鼓励推进为农业服务合作组织和中小私营企业的法律，建立健全保障其发展的法律体系，从法律、政策、财税、信贷等方面促进和支持农机服务合作组织及中小企业的快速发展。在目前实施的农机购置补贴政策中，应明确向农机服务组织及其成员倾斜。二是按市场经济规律的要求建立、健全规范的农机服务市场体系。目前，主要是要建立公平有效率的交易平台，比如为供需双方提供方便快捷的交易渠道、场所和及时准确的供需信息；建立健全对交易违规的检查监督功能和体系；建立健全交易纠纷的仲裁功能和体系；在供需市场平衡尚未建立起来的过程中，以合作组织、投诉制度和政府补贴加指导价格等渠道和方式平抑市场垄断价格。三是加快有关法规制度的制定和完善。主要有逐步建立农机服务市场准入制度，既针对农机服务经营者，确保服务消费者的合法权益，又针对农机产品包括油料、配件经营者和维修经营者，以确保农机服务经营者的合法权益；建立健全市场保障制度，保证所有交易者的市场交易活动公平而有效率地进行；修订和制定所有相关的技术质量标准，加大执法力度，为农机服务组织的快速健康发展保驾护航。

4. 优化农机服务组织发展的政策环境

建议：一是尽快出台一系列有利于农机服务组织发展的产业政策，比如对农机服务合作组织和专业大户提供更加优惠的信贷政策；国家地方用于农业科技、教育、生产、资源环境保护、防灾抗灾等各种有关专项投资优先用于扶持服务产业组织和与之紧密相关的农机培训、推广、信息服务体系；给农机服务产业组织以永久性减免经营收入所得税等。二是借鉴国内外建立农业机械化发展基金和对农机服务投资经营者优先提供中、长期低息、无息贷款等办法，调整部门利益，发展农机化的经验，用于引导和扶持农机服务经营组织和专业户的发展，和不断提高其服务能力和服务水平。三是为根本消除基层政府对服务组织的侵权和不适当的干预，减少组织重构的摩擦和阻力，应结合县乡机构改革，在有利于农业及农机服务产业组织发展的基本前提下，以成立协会及分会的组织方式理顺县乡农机管理服务体制。四是加快传统农机服务体制的改革进程，强化政府管理职能，加强农机科技、示范、推广、培训、信息咨询等公益性服务事业的投入、创新、建设，加快传统的为农机经营者服务企业的改革与创新，最大可能地降低农机服务产业发展的社会与市场交易成本，保证农业技术和制度的有效供给。公益事业单位，是政府向农业提供有效技术与制度供给的组织体系，如果没有足够的投入作保障，不仅不能够保障充足的技术与制度供给，还会引发一系列经济和社会问题，比如把服务变成加重农民负担等。因此，一方面，要在国家事业单位改革过程中，建立全新有效的激励、约束机制，引入竞争的用人机制，提高事业单位自身的能力和水平，提高国家投入资金的使用效率（在这方面，建议总结宣传并大力推广龙口市农机服务中心一机多用的创新机制）；另一方面，应从资金保障入手，尽早确立稳定高效的农业技术试验、示范、培训、信息、咨询供给体系；还有，在市场和政府可以交叉的领域，如科研、推广、培训、信息、咨询、中介等服务领域，应积极引导私人及社会资本和组织的进入，不仅可形成竞争优势，同时，还可形成不同层次、互为补充的合理结构。

许锦英　张德科　许英梅

2009 年 9 月 26 日

冀鲁豫农户经营分工与政策意愿
调查分析报告

为了解当前农户的生产经营行为，把握农民对待农业生产和现有农业政策的态度，探索我国小农经济的发展趋势，课题组与山东、河南、河北农业大学、以及山东省农业管理部门等单位合作，对山东、河南、河北三个省份农户的家庭经营情况和农民意愿进行了问卷调查。本次调查共发放问卷 600 份，在山东、河南、河北三省分别发放 240 份、140 份、220 份，共收回有效问卷 404 份，得到了关于三省部分农户家庭情况、农业生产经营、生产环境、农民意愿等方面第一手信息资料。课题组对这些资料进行了深入、系统的数理统计分析和研究，现将分析研究的情况和结果报告如下。

一 样本农户分布情况

（一）地区分布

在 404 个样本农户中，山东省的样本农户有 194 个，占 48%；河南省的样本农户有 110 个，占 27.2%；河北省的样本农户有 100 个，占 24.8%。其中，山东的样本农户分布在 57 个不同的县（市、区），占全省县（市、区）总数的 40.7%；河南的样本农户来自 62 个不同的县（市、区），占全省县（市、区）总数的 39%；而对河北省的调查则选择了新乐市两个乡镇的两个村进行了典型调查，这两个村包括一个城郊村一个非城郊村，城郊村和非城郊村的样本各占一半。从样本的地区分布可以看出，山东、河南的样本在本省区域内具有一定的代表性，而河北省样本则没有代表性。就我们的研究目的而言，我们主要追求农户在职业分化、收入结构、生产经营等方面的多样化，研究农户分工与效益的关系以及小农经济整合的路径，关于各省情况的对比不是本研究的重点，因此样本的代表性也不是衡量样本质量的最重要的指标。

（二）年龄分布

被调查者（户主）的年龄最大74岁，最小24岁，平均年龄46岁。其中30岁以下（含30岁）的比例占3%，31—40岁的占22.4%，41—50岁的占35.2%，51—60岁的占22.4%，60岁以上的占6%。除了河南省31—40岁年龄段比例偏低之外，三省样本农户的年龄构成基本一致（见表1）。

表1　　　　　　　　　　各省样本农户年龄分布情况　　　　　　　单位:%

	30岁以下	31—40岁	41—50岁	51—60岁	60岁以上
河北	3.1	29.6	39.7	18.4	9.2
河南	2.8	7.3	56	29.3	4.6
山东	3.1	29.4	41.7	20.6	5.2
样本总体	3	22.4	35.2	22.4	6

（三）受教育程度分布

在调查的404个农户中，户主的平均受教育年限为8.29年，其中有13.1%的被调查者只有小学及小学以下文化程度，有55.6%的被调查者具有初中文化程度，29.5%的被调查者具有高中文化程度，拥有中专文凭的占1.3%，大专文化程度的占0.5%。大体上看，各年龄段的被调查者中都是拥有初中文化程度的比例最高，高中文化程度的比例次之；三省样本农户的受教育程度分布情况也是如此，与其他两省相比，山东省样本农户中初中文化程度的比重偏高，而高中文化程度的比重偏低。见表2、表3。

表2   各年龄段样本农户受教育程度分布情况   单位：%

	小学及小学以下	初中	高中	中专	大专
30 岁以下	16.7	75	——	8.3	——
31—40 岁	7.7	60.4	30.8	1.1	——
41—50 岁	8.5	54.8	33.9	1.7	1.1
51—60 岁	21.7	48.2	30.1	——	——
60 岁以上	33.3	61.9	4.8	——	——
样本总体	13.1	55.6	29.5	1.3	0.5

表3   各省样本农户受教育程度分布情况   单位：%

	小学及小学以下	初中	高中	中专	大专
河北	13.1	56.6	29.3	1	0
河南	13.8	48.6	33.9	1.8	1.8
山东	12.6	59.3	26.9	1.1	0
样本总体	13.1	55.6	29.5	1.3	0.5

二 样本农户生产经营情况

（一）家庭人口及劳动力情况

在调查的 404 个农户中，平均每户家庭人口 4.22 人，户均劳动力 2.49 个（具体分布情况见表4）。其中，河北省样本农户户均家庭人口 4.72 人，户均劳动力 2.78 个；河南省样本农户户均家庭人口 4.42 人，户均劳动力 2.44 个；山东省样本农户户均家庭人口 3.85 人，户均劳动力 2.36 个。从三省样本农户家庭人口和家庭劳动力的平均值看，河北省样本农户家庭人口数和劳动力数最多，河南省次之，山东省最少。从三省样本农户家庭人口和家庭劳动力的方差看，河北省样本农户家庭人口数和劳动力数在样本之间的差异性最大，山东次之，河南省样本农户的家庭人口数和劳动力数最为平均。

就各省样本农户的家庭人口和家庭劳动力具体分布情况来看，山东省有近 70% 的样本农户家庭人口在 3—4 人，而河南省有近 80% 的样本农户

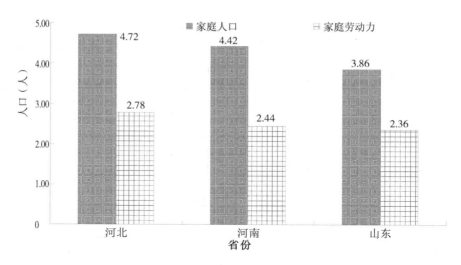

图 1　冀、鲁、豫样本农户平均家庭人口、平均家庭劳动力分布情况

家庭人口在 4—5 人,河北省也有 61% 的样本农户家庭人口在这一区间。三省样本农户拥有 2 个劳动力的比重都在 50% 以上,其中河南省的比例最高达到 60% 以上;另外,三省都有接近 20% 的农户拥有 3 个劳动力。三省样本农户中家庭人口超过 5 人和家庭劳动力超过 3 人的比例都不高,而且随着数值的增大,比例渐次降低。见表 4。

表 4　　　　　　各省样本农户家庭人口、家庭劳动力分布情况　　　　单位:%

家庭人口	样本总体	河北	河南	山东	家庭劳动力	样本总体	河北	河南	山东
2	5.25	5	0.93	7.29	1	7.75	4	3.70	11.98
3	21	10	9.26	32.81	2	56.25	51	62.04	55.73
4	39.25	37	49.07	35.42	3	18.5	17	20.37	18.23
5	22.75	24	30.56	18.23	4	14	22	11.11	11.46
6	6.5	12	6.48	3.65	5	2.25	3	1.85	2.08
7	3.75	8	3.70	1.56	6	1.25	3	0.93	0.52
8	1	2	—	1.04	合计	100	100	100	100
10	0.5	2	—	—	合计	100	100	100	100
合计	100	100	100	100					

（二）耕地规模及种地意愿

1. 样本农户承包地面积

调查结果显示，样本农户承包地面积最少的仅有0.7亩，最多的达到32亩，户均承包地面积为5.22亩。其中，承包地面积在1亩以下（含1亩，下同）的农户占3.5%，1—2亩（含2亩，下同）的占8%，2—3亩的占14.5%，3—4亩的占20.3%，4—5亩的占18.7%，5—6亩的占11.8%，6—7亩的占6.7%，7—8亩的占5%，8—9亩的占2.3%，9—10亩的占3.5%，10亩以上的占5.7%。利用家庭承包地面积与家庭人口计算出人均承包地面积。就人均而言，人均承包地面积最少为0.2亩，最多为6.67亩，人均承包地面积的样本均值为1.26亩。其中，人均承包地面积小于1亩的比例为48.8%，1—2亩的比例为41.7%，人均承包地在2亩以上的比例为9.5%。样本农户承包地面积的标准差达到3.32，而人均承包地面积的样本标准差为0.74，说明样本农户承包地面积的离散程度较大，而人均承包地面积相对较为平均。在人均承包地面积差别不大的情况下农户承包地面积存在较大差异的主要原因应该是农户家庭人口规模的差异，通过计算，样本总体的两者的相关系数为0.356（分省区的两者的相关系数更高，冀鲁豫三省分别为0.452、0.452和0.374，且无论如何显著水平都达到1%），表明两者之间有一定的相关性。

从三个省的情况来看，河北省样本农户承包地面积都在1亩以上，最少为1.2亩，最多为8.3亩，户均承包地面积为4.61亩，人均承包地面积样本均值为1.02亩。其中，城郊村样本农户承包地面积在3亩及3亩以下的比例达到32%，超过5亩的比例仅为20%，人均承包地面积在1亩及1亩以下的比例达到88%；非城郊村样本农户承包地面积在3亩及3亩以下的比例是8%，超过5亩的比例达到48%，人均承包地面积都在1亩以上，有32%的农户人均承包地面积超过1.2亩。与非城郊村相比，城郊村农户的耕地资源十分紧张。河南省样本农户承包地面积最少的为1亩，最多的达15亩，户均承包地面积为5.6亩，人均承包地面积样本均值为1.27亩。山东省样本农户承包地面积最少的为0.7亩，最多的为32亩，户均承包地面积为5.3亩，人均承包地面积的样本均值为1.38亩。与河南省样本农户相比，山东省样本农户的承包地面积分布更显均匀，在

11 个承包地面积区间中样本农户分布比例最高的只有 20%，最低的也有
2.7%，而不像河南省样本农户承包地面积比较集中地分布在 3—6 亩的区
域。也正因为如此，山东省样本农户承包地面积的方差较河南省更大，表
明山东省样本农户家庭承包地规模比较分散，差别较大。

表 5　　　　各省样本农户承包地面积、人均承包地面积分布情况　　单位:%

承包地面积	样本总体	河北	河南	山东	人均承包地面积	样本总体	河北	河南	山东
1 亩以下	3.5	—	1.8	6.3	1 亩以下	48.8	45	55.5	46.8
1—2 亩	8	8	4.6	10					
2—3 亩	14.5	12	7.2	20					
3—4 亩	20.3	15	32.8	15.8					
4—5 亩	18.7	31	16.3	13.7	1—2 亩	41.7	54	34.5	39.5
5—6 亩	11.8	19	10	8.9					
6—7 亩	6.7	12	4.6	5.3					
7—8 亩	5	2	6.3	5.8	2 亩以上	9.5	1	10	13.7
8—9 亩	2.3	1	1.9	3.1					
9—10 亩	3.5	—	8.1	2.7					
10 亩以上	5.7	—	6.4	8.4					
合计	100	100	100	100	合计	100	100	100	100

　　土地细碎化一直是我国土地制度为学界所诟病的主要弊端。通过调查
发现，样本农户中土地细碎的现象是存在的，只有 15% 的农户所有的承
包地集中在一个地块上，有将近 6 成的农户拥有 2—3 块承包地，承包地
分散在 3 个地块以上的农户占到 25% 以上；随着地块数量的增加，平均
每块土地的面积逐渐减少（见图 2）。各省的情况是：河北省有 23% 的农
户的承包地集中在一个地块上，有 67% 的农户有两块承包地，超过两块
承包地的农户只有 10%；河南省土地细碎化的现象较为严重，只有
11.4% 的农户所有的承包地集中在一个地块上，有 41% 的农户拥有两到
三块承包地，承包地分散在三个地块以上的农户占到 47.6%；与河南省
样本农户的情况相类似，山东省有 12.8% 的农户只有一块承包地，但是

有 60.5% 的农户有两到三块承包地，拥有三个地块以上的农户只有 26.7%。

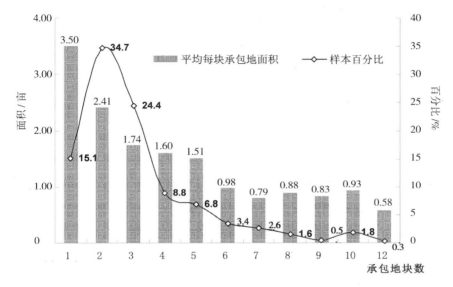

图 2   样本农户承包地块数分布及平均每块承包地面积情况

2. 样本农户土地流转情况①

在所有样本农户中，有 99 个农户通过各种土地流转方式获得额外的土地经营权，占样本总体的 24.5%，其中冀、鲁、豫样本分别占 31.3%、45.5% 和 23.2%，表明农村土地流转虽不普遍，但亦不罕见。转入土地最多的达到 900 亩，最少仅有 0.5 亩，平均为 18 亩，如果将转入 900 亩土地的样本剔除，那么剩余 98 个样本的平均转入土地规模为 10.6 亩。其中，转入土地在 5 亩及 5 亩以下的占 71.9%，5—10 亩（含 10 亩，下同）的占 15.6%，10—20 亩的占 7.3%，20 亩以上的占 5.2%。可见，样本农户土地流转规模主要集中在 5 亩以下，并且流转面积不超过 2 亩的占到 1/3，不超过 3 亩的占到一半以上。在发生土地流转的样本中，以村集体反租倒包的形式取得土地经营权的比例占 51%，以转包或转让的形式取得土地经营权的比例占 41.7%，以股份合作的形式取得土地经营权的比例占 1%。

---

①   如非特殊说明，本文中的土地流转仅指样本农户从其他经营者手中转入土地承包经营权的行为。

　　河北省样本农户存在土地流转情况的比例为 31%，其中，城郊村样本中出现土地流转的比例仅为 18%，非城郊村样本中出现土地流转的比例高达 44%。与非城郊村相比，城郊村出现土地流转的情况较少，但是土地流转的平均规模较大，且存在一定比例的较大规模的土地流转的情况。河南省样本农户有土地流转现象的比例为 20.9%，山东省有 23.2% 的样本农户存在土地流转的情况。与河北省和河南省情况相比，山东省样本农户土地流转规模在 5 亩以下的比例相对较低，5 亩以上的比例相对较高，土地流转的平均规模较大。

表 6　　　　　　　　　　　　　样本农户转入土地情况

		最小值（亩）	最大值（亩）	平均值（亩）	≤5 亩（%）	5—10 亩（%）	10—20 亩（%）	20 亩以上(%)
河北省	样本整体	2.6	15.0	5.4	74.2	16.1	9.7	—
	城郊村	2.6	15.0	7.2	55.6	11.1	33.3	—
	非城郊村	3.0	10.0	4.7	81.8	18.2	—	—
河南省		0.8	50.0	5.3	86.4	4.5	4.6	4.5
山东省		0.5	183.0	16.7	60.0	20.0	6.7	13.3
样本总体		0.5	183.0	10.6	71.9	15.6	7.3	5.2

　　注：为了剔除异常值对样本总体的影响，将河南省样本中一个转入土地面积达到 900 亩的农户排除在外。如果将其包括进来，河南省样本农户转入土地的平均值将达到 44.2 亩，样本总体转入土地的平均值将达到 18 亩。

　　在山东、河南样本中，土地流转期限最短为 1 年，最长为 30 年，平均流转期限为 9 年。其中，10 年的流转期限出现的比例最高，达到了 28.4%；其次是 1 年的流转期限，达到了 16.4%；5 年期和 3 年期出现的比例也比较高，分别达到了 14.9% 和 13.4%；也有的流转期限不固定。流转费用最少 50 元/（年·亩），最多 650 元/（年·亩），平均流转费用为 244 元/（年·亩）；流转费用在 100—300 元/（年·亩）的比例超过 60%，300 元/（年·亩）以上的比例不足 20%，土地流转费用具体分布情况见图 3。总体来看，流转费用与流转期限之间没有显著的相关性，主要流转期限的平均流转费用见表 7。分地区来看，河南省样本农户土地流转以短期为主，流转期限在 1—3 年的比例占 54.2%，平均流转期限为 5

年，土地流转的平均费用为257元／（年·亩）；山东省样本农户土地流转以中长期为主，流转期限在5—10年的比例占51.2%，平均流转期限为11年，土地流转的平均费用为236.9元／（年·亩）。

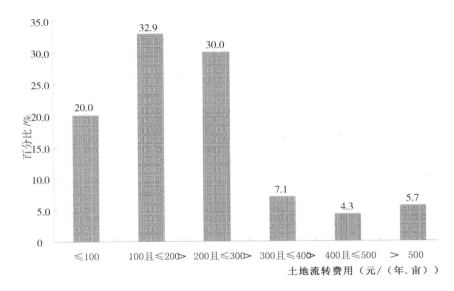

图3　样本农户土地流转费用分布情况

表7 主要土地流转期限的平均流转费用

流转期限（年）	平均流转费用［元／（年·亩）］
1	254.5
3	242.2
5	293
10	234.7
20	286.7

3. 样本农户对扩大土地规模的意愿

（1）意愿。在对样本农户能否通过土地流转的方式得到更多的土地的调查中，有49.5%的农户表示除了自己的家庭承包地之外，能够通过土地流转的方式耕种更多的土地，有34.7%的农户表示不能通过土地流转的方式耕种更多的土地，其余15.8%的农户没有回答此问题。

事实上，从前面的调查数据来看，只有 24.5% 的样本农户通过土地流转的方式获得了额外的土地经营权，也就是说在认为能够获得更多土地的农户中只有一半左右的人通过土地流转得到了土地，而其余一半的人并未耕种更多的土地。这说明虽然有差不多一半的样本农户认为存在获得更多土地的客观条件：他们认为，当前农村中有大量的潜在的土地供给，只要他们想要就能够得到土地，但是由于种种原因，许多潜在的土地流转并没有真正实现。对样本农户耕种更多土地意愿的调查也许能够帮助我们回答为什么会有大量的潜在的土地供给没有真正流转出去。在回答是否愿意有更多的土地种植粮棉油类作物时，在样本总体中，有 46.8% 的农户表示愿意耕种更多的土地，有 36.9% 的农户表示不愿意耕种更多的土地，其余 16.3% 的农户对此问题未作回答。可见，愿意实现农业规模经营的农户并不在少数，而且比不愿意实现规模经营的农户的比例要高出近 10 个百分点。

如果把能不能得到更多土地，即是否有可供流转的土地看作实现土地流转的客观条件，那么愿不愿意得到更多土地，即是否愿意得到可供流转的土地则是实现土地流转的主观条件。只有同时具备土地流转的主客观条件（供给与需求）且土地流转的供需双方能够互相传递彼此的交易信息，并就土地流转的价格、期限等事项达成一致时，土地流转才会发生。上述条件在很多情况下并不能同时满足，甚至土地流转的主客观条件有时候也不会同时出现。比如调查结果显示，在回答能够通过土地流转耕种更多土地的农户中，只有 58% 的农户表示愿意有更多的土地进行粮棉油类作物的生产，有 35% 的农户表示不愿意耕种更多的土地进行粮棉油类作物的生产，还有 7% 的农户未表达自己的意愿；在回答不能通过土地流转耕种更多土地的农户中，有 42.9% 的农户表示愿意耕种更多的土地，有 46.4% 的农户表示不愿意耕种更多的土地，而其余 10.7% 的农户未表达自己的意愿；在没有回答是否能够耕种更多的土地的农户中，分别有 21.9% 和 20.3% 的农户表示愿意和不愿意耕种更多的土地，其余 57.8% 的农户没有表达是否愿意耕种更多的土地。也就是说，在认为具有土地流转客观条件的那部分农户中，只有一半左右的人具备多耕种土地的意愿，同时至少 1/3 以上的农户不愿意耕种更多的土地，这样就会使一部分潜在的土地流转无法实现；同样，在认为不能得到多余土地供给的那部分农户中，有超过 40% 的人具有多耕种土地的意愿，这样也不能出现现实的土地流转。如果要把这些潜在的土地流转转化成现实的土地流转，就需要建立土地流转市场，为土地供需双方传递彼此的信息提供一个渠道。

就三个省的情况而言，冀、鲁、豫样本中分别有 61%、32.5% 和 69.1% 的农户表示能够通过土地流转耕种更多的土地，34%、43.3% 和 20% 的农户表示不能通过土地流转耕种更多的土地；分别有 28%、51.8% 和 53.6% 的农户表示愿意耕种更多的土地，66%、22.2% 和 36.4% 的农户表示不愿意耕种更多的土地。可见，在三省样本中，河南省样本农户获得土地流转的潜在机会最多，而山东省样本农户获得土地流转的机会最少；河南省样本农户的土地规模经营意愿最为强烈，河北省样本农户规模经营意愿最弱。而在河北省样本中，在回答能够耕种更多土地的农户中，城郊村农户占 24.6%，非城郊村农户占 75.4%；在回答不能耕种更多土地的农户中，城郊村农户占 94.1，非城郊村农户占 5.9%；在回答愿意耕种更多土地的农户中，城郊村农村占 32.1%，非城郊村农户占 67.9%；在回答不愿意耕种更多土地的农户中，城郊村农户占 59.1%，非城郊村农户占 40.9%。可见，与城郊村相比，非城郊村土地流转的潜在机会更多，非城郊村农户的种地意愿也更强。

对不同分组条件下样本农户是否愿意耕种更多土地进行考察发现（见表 8）：在不同年龄分组中，40 岁以下的被调查者表示愿意耕种更多土地的人数稍少于表示不愿意耕种更多土地的人数，41—50 岁的被调查者表示愿意的人数比表示不愿意的人数多 44%，51—60 岁的被调查者表示愿意的人数是表示不愿意的人数的 1.82 倍，60 岁以上的被调查者表示愿意的人数只有表示不愿意的人数的 1/3 多一点；在不同文化程度分组中，小学及小学以下文化程度的被调查者表示愿意耕种更多土地的人数比表示不愿意耕种更多土地的人稍多，初中文化程度的被调查者表示愿意的人数比表示不愿意的人数多 12.6%，而高中及高中以上文化程度的被调查者表示愿意的人数是表示不愿意的人数的 1.57 倍；在不同承包地规模分组中，家庭承包地面积在 1 亩及其 1 亩以下的被调查者表示愿意耕种更多土地的人数只有表示不愿意的人数的 1/4 多一点，家庭承包地面积在

1—3 亩之间的被调查者表示愿意耕种更多土地的人数多于表示不愿意耕种更多土地的人数，家庭承包地面积在 3—5 亩之间的表示不愿意的人稍多，家庭承包地面积超过 5 亩以上的被调查者表示愿意耕种更多土地的人占多数；在不同人均承包地面积分组中，人均承包地面积在 0.5 亩以下的被调查者多数表示不愿意耕种更多土地，而随着人均耕地面积的增加表示愿意耕种更多土地的人逐渐占据多数。这表明年龄越大、文化程度越高、家庭承包地面积越多或者人均承包地面积越多，在同组中愿意扩大土地经营规模的样本农户的比重就越大。出现这些现象的可能的解释是：

第一，40 岁以下的青壮年农民在就业方面有更多的选择，家庭收入有多种渠道，如果条件允许，他们更倾向于拓展其他收入渠道而非通过扩大土地经营规模增加家庭收入；40 岁以上、60 岁以下的农民由于年龄的限制，选择其他就业方式获取收入的机会减少，而且他们积累了丰富的农业生产的技能和经验，这也是他们的优势所在，所以他们更愿意通过扩大土地经营规模增加家庭收入；而 60 岁以上的农民劳动能力有限，并且他们的子女在经济上大都早已独立，甚至还得到子女经济上的补贴，他们中的大多数已经不太可能再选择扩大规模生产。

第二，一般认为，农村劳动力文化程度越高，从事农业生产的意愿就越低，就越倾向于离开农村，脱离农业，寻求其他就业途径，然而，调查结果却给出截然相反的结论。这可能是因为文化程度高的农业生产经营者易于接受和应用农业创新成果，从事规模经营的能力和意愿更强，能从农业生产中发现和抓住获益机会，也能客观评价从事农业生产与其他就业形式的利弊得失，因而文化程度越高的农业生产经营者中愿意扩大农业生产规模寻求更多收益的比例越高。

第三，家庭承包地越少或人均承包地越少，愿意耕种更多土地的人越少；家庭承包地越多，愿意再扩大土地经营规模的人越多。承包地面积处于中间的农户对耕种更多土地的意愿没有明显的倾向性，因此家庭承包地面积在 3—5 亩和人均承包地面积在 0.5—1 亩的农户表示愿意与不愿意的比例几乎相等，而在拥有 1—3 亩承包地的农户中愿意耕种更多土地的人占多数。

表8　　　　　　不同分组条件下样本农户是否愿意耕种更多土地统计情况

		表示愿意的频次	表示不愿意的频次	合计
按不同年龄分组	40 岁及 40 岁以下	38	41	79
	41—50 岁	94	65	159
	51—60 岁	51	28	79
	61 岁以上	5	14	19
	小计	188	148	336
按不同文化程度分组	小学及小学以下	25	23	48
	初中	98	87	185
	高中及高中以上	58	37	95
	小计	181	147	328
按承包地面积分组	1 亩及 1 亩以下	3	11	14
	1—3 亩（含 3 亩，下同）	41	32	73
	3—5 亩	68	70	138
	5—10 亩	59	33	92
	10 亩以上	17	3	20
	小计	188	149	337
按人均承包地面积分组	0.5 亩及 0.5 亩以下	12	24	36
	0.5—1 亩（含 1 亩，下同）	66	66	132
	1—1.5 亩	56	42	98
	1.5—2 亩	26	12	38
	2 亩以上	28	5	33
	小计	188	149	337

（2）原因。在明确表达了对农业规模经营的意愿的样本农户中，有 43.5% 的受访者给出了愿意或者不愿意耕种更多土地的原因。这一调查结果也能在一定程度上反映出农民对农业规模经营的看法。调查结果显示，样本农户愿意耕种更多土地有多种原因，其中回答为了增加收入的人数最多。只是在不同农户眼中规模经营增加收入的途径或者原因是不同的，比

如有的农户认为粮价上涨，适合大规模种植，从而能够增加收入；有的认为如果有更多土地种植经济作物可以增加收入；有的认为"大规模（便于）集中操作，便于集中管理"，规模出效益；有的认为"耕地少生产成本就高"，规模经营可以降低成本；有的认为"政府限价，种粮比较安全"，通过减少风险实现规模增收；有的认为"耕种亩数太少，达不到小康水平"。发挥剩余劳动力的作用是一部分农户希望耕种更多土地的原因：有的认为耕种更多土地，可以使"劳动力更充分利用"；有的认为"有充足劳力种地且收入能多些"；有的则更直接地说"有剩余劳动力"。为了充分发挥机械化作业的优势是一部分农户希望耕种更多土地的原因：有的是自己拥有全套机械，为了充分利用机械，所以愿意发展规模经营；有的虽然自己没有整套农机，但是土地形成规模以后利用农机服务也具有机械化作业的优势。农户希望耕种更多土地的原因还有农业机械的普及、农业税的取消、土地流转价格低等。另外，还有的农户因为家里的承包地少，口粮不充足而希望耕种更多的土地。

同样地，样本农户不愿意耕种更多土地也有多种原因。其中，有近一半的农户认为种地的比较利益低而不愿意耕种更多土地，比如有许多农户认为"种地不如外出打工挣钱"，有的农户认为"搞养殖业收入更高"，有的忙于外出打工等其他工作"没有时间"耕种更多土地，有的农户则干脆回答"种地不挣钱""种地不划算""没赚头"或者"不合适"。有一部分人因为劳动力不足或者劳动能力的问题不愿意耕种更多土地，比如有的回答"现有土地已足够耕种"，有的回答"缺少劳动力"。也有的农户因为当地农业基础设施建设跟不上或者受当地地理条件的限制，不愿意耕种更多土地，比如有的回答"（本地）干旱，灌溉跟不上，土地贫瘠"，有的回答"本地多为梯田，每块田地面积较小，无法大规模机械种植和收获"。另外，有的农户心思则根本不在农业生产上，认为种地"没意思""农田作业太劳累""费工夫"，有的则直接表示"不想种地"。

从上面的分析可以看出，对农业规模经营能否带来收益的判断是农户愿意或者不愿意耕种更多土地的最重要的原因。而对这一问题持不同观点的两组农户在地域、年龄、文化程度、土地规模、收入结构等方面也存在一定的差异（见表9）。

从地域上看，认为农业规模经营有效益的农户中河南省样本的比例最大，河北省样本的比例最小；持相反观点的农户的情况正好与此相反：河北省样本的比例最大，而河南省样本的比例最小。从年龄上看，认为农业规模经营有收益的农户大部分在 45 岁以上，平均年龄达到 47.6 岁；而持相反观点的农户大都在 45 岁以下，平均年龄为 45.2 岁。从受教育程度上看，认为农业规模经营有收益的农户平均受教育年数为 7.8 年，而持相反观点的农户的平均受教育年数为 7.4 年。

从家庭承包地面积看，认为农业规模经营有收益的农户家庭承包地面积平均达到 5.7 亩，而持相反观点的农户只有 4.7 亩。从家庭人均承包地面积上看，认为农业规模经营有收益的农户家庭人均承包地面积的平均值为 1.36 亩，而持相反观点的农户只有 1.06 亩。从土地流转情况看，认为农业规模经营有收益的农户中 40% 以上的人通过土地流转经营了更多的土地，而只有持相反观点的农户中不到 15% 的人有额外的土地转入。从收入结构上看，认为农业规模经营有效益的农户农业收入占家庭总收入的比重平均为 49.8%，而持相反观点的农户平均只有 35.9%；前者打工收入占家庭总收入的比重平均为 34.2%，而后者则为 42.4%。

也就是说，认为农业规模经济有收益的农户比持相反观点的农户，年龄更大、文化程度更高、家庭承包地规模更大、人均承包的面积更多、有土地流转经验的比例更高、家庭收入更加依赖于土地而非外出务工，这是两组农户之间比较明显的差异。

表 9　　　　对农业规模经营能否带来收益持不同观点的农户分布情况　　单位:%

		认为农业规模经营有效益的农户	认为农业规模经营没有效益的农户
地区	河北	12.1	66.7
	山东	41.4	30
	河南	46.5	3.3
年龄	≤45 岁	39.7	65.5
	>45 岁	60.3	34.5
文化程度	初中及初中以下	67.3	90
	高中及高中以上	32.7	10

		认为农业规模经营有效益的农户	认为农业规模经营没有效益的农户
家庭承包地面积	≤5 亩	60.3	70
	>5 亩且≤10 亩	22.8	26.7
	>10 亩	6.9	3.3
家庭人均承包地面积	≤1 亩	51.7	66.7
	>1 亩	48.3	33.3
转入耕地面积	0 亩	58.6	86.7
	>0 且≤5 亩	29.3	13.3
	>5 亩	12.1	—
农田收入占家庭总收入比重	0	2.4	—
	>0 且≤20%	14.3	23.3
	>20%且≤50%	50	56.7
	>50%且≤80%	14.3	10
	>80%	19	10
农机作业收入占家庭总收入比重	0	93	86.7
	>0 且≤20%	4.7	3.3
	>20%且≤50%	2.3	—
	>50%且≤80%	—	—
	>80%	—	10
打工收入占家庭总收入比重	0	28.6	30
	>0 且≤20%	14.3	3.3
	>20%且≤50%	28.5	13.4
	>50%且≤80%	23.8	46.6
	>80%	4.8	6.7

（3）最优规模。在被问及再希望得到多少土地时，在愿意耕种更多土地的农户中有37%没有回答该问题，其余67%的人给出了自己认为合适的土地规模，其中最小的为2亩，最大为500亩，平均为

42.1亩。具体来说，希望得到不超过5亩土地的占24.4%，希望得到5—10亩土地占30.2%，希望得到10—20亩土地的占16.8%，希望得到20—50亩的占6.8%，希望得到50—100亩的占14.2%，希望得到100亩以上的占7.6%。对最优土地流转规模的理由的回答，出现了两种有代表性的观点：一种是认为劳动力有限，不能耕种（比他们给出的最优规模）更多的土地了；另一种是认为他们给出的最有规模有利于机械化作业，能够充分利用农机。前者给出的最优土地流转规模最少为2亩，最多为20亩，平均为9.5亩，其中，不超过5亩的占30.8%，5—10亩的占46.1%，希望得到10亩以上的占23.1%。后者给出的最优土地流转规模最少为20亩，最多为500亩，平均达到133.6亩，其中，希望得到100亩及100亩以上的比例达到78.6%。实际上，存在两种观点的农户在家庭劳动力数量上并没有太大差别，前者平均家庭劳动力数为2.46个，后者平均家庭劳动力数为2.8个；但是，前者有农机作业服务收入的比例只有15%，农机作业服务收入占家庭总收入的比重最高为16.8%；后者没有农机作业服务收入的比例为13%，农机作业服务收入占家庭总收入的比重最高达到98%以上，农机作业服务收入比重超过30%的占七成以上。也就是说，许多对外提供农机作业服务并以此作为重要家庭收入来源的农机大户同时也愿意成为种田大户，他们大多希望土地规模能在100亩以上，以充分发挥自有农机的作用；而普通的农户即便希望得到更多土地，实现经营规模在一定程度上的扩大，由于思想上受局限（主观认为劳动力有限），一般来说这种规模的扩大也十分有限，大多在10亩以内。

（4）途径。在表示能够通过土地流转的方式耕种更多土地的样本农户中，回答能够通过转包的方式的人占34.5%，回答能够通过租赁的方式的占22.5%，回答能够通过互换的方式的占7.5%，回答能够转让的方式的占1.5%，回答通过入股等其他方式的占2.5%。在回答希望以何种方式得到更多土地时，有24.4%的人选择转包，21.1%的人选择租赁，各有1.7%的人选择互换、转让和入股等其他方式，有的农户则希望能签订10—20年的长期土地流转合同。

（三）农作物生产情况

1. 种植结构

在问卷中，我们对 2007 年农户在小麦、玉米、棉花、花生等主要农作物的生产情况进行了调查。结果显示，种植小麦、玉米、花生、棉花的农户分别占样本总体的 89.6%、88.6%、46.5% 和 15.6%（河北省样本农户都没有种植棉花）。另外，22.3% 的农户种植了蔬菜、地瓜等其他作物。主要农作物的种植面积、产量、单产情况见表 10。从土地在主要农作物间的配置情况看，小麦、玉米、棉花、花生的种植面积占农户土地总规模（家庭承包地＋转入土地）的平均比例分别达到了 68.5%、59.2%、4.4% 和 21.2%，其中，夏秋两季把所有土地全部用于粮食生产的农户分别达到 41.9% 和 33%，有 15.2% 的农户把一半以上的土地用于花生生产，只有 2.2% 的农户把一半以上的土地用于棉花生产。可见，粮食作物生产仍然是绝大多数农户的首要选择，经济作物生产处于从属地位。与秋季相比，夏季生产结构更加单一：样本农户在夏季生产中把近 70% 的土地都配置到小麦的生产之上，只有 1/3 左右的土地用于休耕或从事其他生产活动；而在秋季生产中用于粮食（玉米）生产的土地则要少很多，有超过 40% 的土地被分配到其他作物的生产当中。总之，被调查农户以粮食生产为主，种植结构较为单一。

表 10　　　　　　　　样本农户主要农作物生产情况

	项目	最小值	最大值	平均值	观测值个数
小麦	面积（亩）	0.35	165	5.92	362
	产量（斤）	100.00	120000	4828.28	358
	单产（斤/亩）	260.87	1250	770.96	358
玉米	面积（亩）	0.30	165	5.39	358
	产量（斤）	190.00	130000	5001.33	354
	单产（斤/亩）	300.00	1500	877.50	354
棉花	面积（亩）	0.15	10	2.34	63
	产量（斤）	18.00	3000	517.24	63
	单产（斤/亩）	56.00	600	202.39	63

续表

项目		最小值	最大值	平均值	观测值个数
花生	面积（亩）	0.10	13.3	2.48	185
	产量（斤）	50.00	6000	940.5	185
	单产（斤/亩）	100	660	377	185

2. 影响农作物单产的相关因素

在相同的自然条件下，土地的生产率主要取决于物质的投入、科学技术和经营管理水平。农作物单产是衡量土地生产率的指标之一。在下面的内容中，我们主要考察以下因素与农作物单产的关系，即户主的个人特征包括年龄、受教育程度，农业生产条件主要是土地细碎化情况，以及农户对农业生产的专业化程度（从兼业化角度来衡量）。由于样本农户种植棉花的比例偏低，因此在下面的分析中没有考察棉花的生产情况。

（1）户主个人特征与农作物单产的关系。①户主年龄与农作物单产的关系。按照户主年龄从低到高的顺序把样本农户平均分成十个组，计算各组农户小麦、玉米、花生平均单产水平，可以看出农作物单产与户主年龄之间并没有明显的相关关系（见图4）。但是有一个现象值得注意，即最小年龄组（35岁以下）的农户农作物平均单产水平在所有十个组中是最低的，而第二个年龄组（35—38岁）的农户农作物平均单产水平基本上在所有十个组中是最高的；其他8个年龄组农作物单产水平与第二年龄组的情况相比，虽略有所降低，但总体上降幅不大，而且各组之间基本保持稳定，没有太大波动。这种现象可以从下面的角度进行解释：35岁以下的青年农民刚刚与父母分家单过，在生产经验、生产技能上有所欠缺，正在经历一个"边干边学"的过程，这可能是导致这部分农户土地生产率相对较低的原因；经过几年的锻炼，35岁以上的农民生产经验丰富了，生产技能提高了，土地生产率也就相应提高了；而这种维持土地生产率的能力基本上不会再随着年龄的增长而明显提高或降低，土地生产率也能保持基本稳定。②户主受教育程度与农作物单产的关系。我们将被调查者（户主）的受教育程度分为三类：小学及小学以下（占13.1%）、初中（占55.6%）、高中及高中以上（占31.3%）。统计结果显示，小麦、玉米的平均单产随着户主受教育程度的提高基本上呈上升的趋势，而户主受

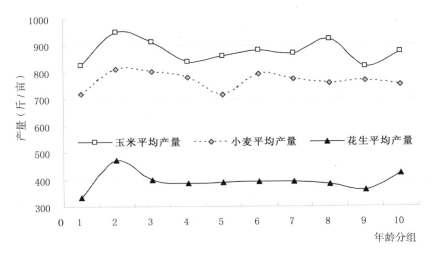

图 4   按户主年龄十等分组农作物单产水平

教育程度与花生的单产水平之间没有这种简单的线性关系：花生单产水平随受教育程度的提高先降后升（见图 5）。如果将这三类受教育程度分别赋值，即小学及小学以下、初中、高中及高中以上文化程度分别等于 1、2、3，那么户主受教育程度与小麦、玉米单产的相关系数分别为 0.102（接近在 5% 的水平上显著）和 0.106（在 5% 的水平上显著），与花生单产的相关系数不显著。如果将户主的受教育程度的测度换成受教育总年数，那么受教育程度与农作物单产之间的相关系数更小（与小麦单产、玉米单产的相关系数分别为 0.088、0.087），而且在 5% 的水平上都不显著。

（2）土地细碎化与农作物单产的关系。一般认为，土地细碎化不利于土地生产率的提高。这就意味着，地块的增加将对农作物单产产生不利影响。我们从样本总体中选出小麦、玉米种植面积占农户土地总规模的比例在 90% 以上的样本农户，这些农户把几乎所有的土地都用来种植小麦和玉米，以他们为对象考察土地细碎化对农作物生产的影响是合适的。由于地块数超过 5 块的样本农户比例很小（不足 10%），因此我们把研究对象进一步限定在土地块数在 5 块以内的几乎把所有的土地都用来种植小麦和玉米的那部分农户。这部分样本农户小麦、玉米生产情况见表 11，拥有不同地块数农户的分布情况见图 6。

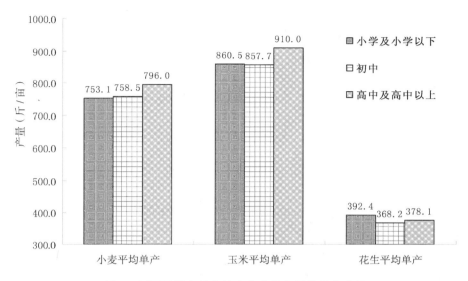

图5　不同受教育程度的农户农作物平均单产水平

表11　　小麦、玉米种植面积占土地总规模90%以上的样本农户的生产情况

	项目	观测值个数	最小值	最大值	平均值	标准差
小麦	面积（亩）	126	1	56	6.22	6.41
	产量（斤）	125	800	50000	5158.24	5524.41
	单产（斤/亩）	125	400	1100	826.51	115.91
玉米	面积（亩）	104	1	30	5.68	4.54
	产量（斤）	103	800	30000	5253.2	4245.67
	单产（斤/亩）	103	450	1266.67	943.82	145.91

　　从选出的样本农户的情况来看，无论是小麦还是玉米，其平均单产随着土地块数的增加都出现先增后减的现象：土地块数等于3时，小麦、玉米单产均达到最大值；在此之前，小麦和玉米的单产都出现不同程度的增加；在此之后，小麦单产出现持续的较大幅度的降低，而玉米单产在出现大幅度降低以后又有所反弹（见图7）。以上分析表明：土地在一定程度内的细碎化对于小麦或玉米的生产不会产生不良影响；但是，如果土地过于分散就会对农业生产产生不利影响。

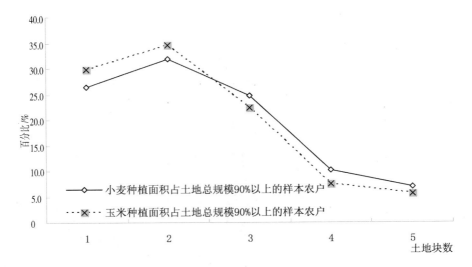

**图6 不同土地块数条件下小麦、玉米种植面积占土地总规模
90%以上的样本农户的分布**

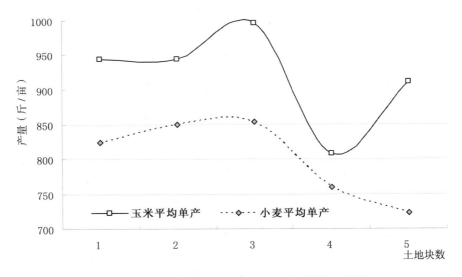

图7 不同土地块数条件下小麦、玉米平均单产情况

（3）农户兼业情况对农作物单产的影响。目前，农户从事非农业生产获取收入的兼业现象十分普遍。农户的兼业行为是否对农业生产产生不良影响，是一个值得注意的问题。按照农业收入占家庭生产收入的比例，将农户分为：农业户（农业收入≥80%）、农业兼业户（农业收入≥50且

<80%，称为一兼农户)、非农业兼业户(农业收入≥20%且<50%，称为二兼农户)和非农户(农业收入<20%)。这种分类方法从收入的角度衡量了农户兼业化行为的程度。样本中四类农户所占的比重分别为7.7%、16.7%、44.8%和30.8%。可见，样本中以农业生产为主的农业户和一兼农户的比重远远低于以非农业生产为主的非农户和二兼农户。

统计结果显示，对于小麦、玉米、花生三种种植率较高的作物，其平均单产水平随农户非农收入比重的提高而呈现降低的趋势(见图8)。这表明农业兼业化程度越高，土地生产率就越低。

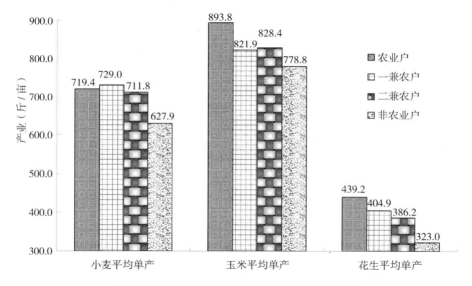

图8　不同兼业类型农户农作物平均单产水平

外出务工是农民常见的兼业方式。样本农户中有70.8%的家庭在2007年有务工收入。首先，根据有无务工收入将样本农户分为两类，比较两类农户的农作物平均单产(见图9)。从图9可以看出，相对于有务工收入的农户，没有务工收入的农户在小麦、玉米、花生等作物方面的单产水平都要高一些。这可能是因为没有务工收入的农户更加重视农业生产，而有务工收入的农户对农业生产的重视程度有所降低。

其次，根据务工收入在家庭总收入中所占的比重，将有务工收入的农户进行五等分组的划分，比较各组之间的农作物平均单产情况(见图10)。结果显示，随着务工收入占家庭总收入比重的提高，五组农户在

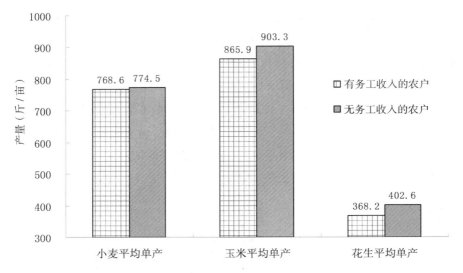

图9　有无务工收入农户农作物平均单产水平

小麦、玉米、花生等作物方面的平均单产水平基本上是依次降低的。农户外出务工收入与农作物单产水平之间的这种关系跟前面农户兼业程度与农作物单产水平之间所反映出来的情况是一致的。

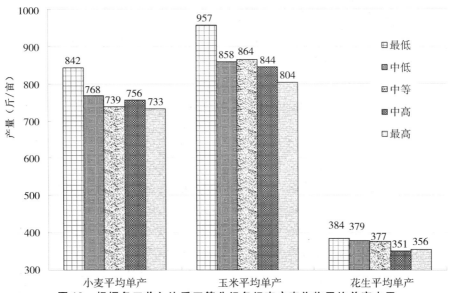

图 10　根据务工收入比重五等分组各组农户农作物平均单产水平

在问卷中，我们还涉及对农机作业服务收入的调查。在样本中，2007年有23%的农户对外提供农机作业服务取得收入。参照对务工收入的分析，我们也从两个角度对农户对外提供农机作业服务这样一种兼业行为与农业生产效率之间的关系进行考察。

首先，从有无农机作业服务收入的角度看，有农机作业服务收入的农户在小麦、玉米、花生上的平均单产水平均高于没有农机作业服务收入的农户，其中在小麦和玉米上的差距比较明显（见图11）。

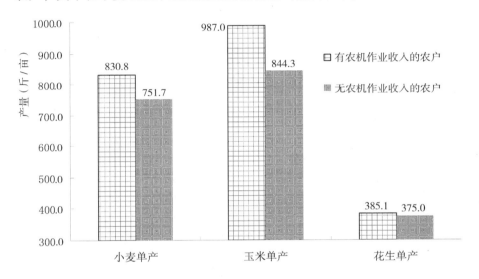

图11　有无农机作业服务收入农户农作物平均单产水平

其次，根据农机作业服务收入在家庭总收入中所占的比重，将有农机作业服务收入的农户进行五等分组的划分。比较各组之间的农作物平均单产情况可以看到，小麦、玉米、花生平均单产水平在五组农户间呈现两端低中间高的形态，即中间三组农户的平均单产水平比两端最低和最高两组农户的平均单产水平高（见图12）。

可见，农户对外提供农机作业服务的兼业行为与农业生产效率之间的关系和前面对农户一般兼业行为以及外出务工兼业行为与农业生产效率之间的关系是不同的。这种不同体现在两个方面：一是农户的这种兼业行为没有降低反而提高了土地生产率；二是随着此种兼业行为程度的加深，土地生产率没有出现单纯下降的情况，而是出现了先升后降的现象。这表明

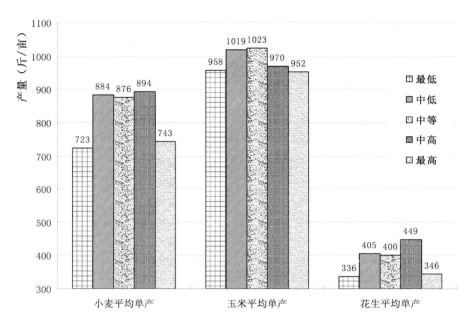

图 12　根据农机作业服务收入比重五等分组各组农户农作物平均单产水平

农户提供农机作业服务的兼业行为与自身的农业生产并不矛盾，反而在一定程度上能够促进农业生产；但是农户提供农机作业服务专业化程度的提高到一定水平，确实也会影响到自家承包土地的单产水平。

从无农机作业收入的 77% 的农户有无农机的角度考察对农作物单产的影响。从图 14 可以看出，无机户的小麦、玉米平均产量比有机户的稍高一点。并且从小麦、玉米单产的方差来看，无机户小麦、玉米单产的方差比有机户更小，也就是说无机户小麦、玉米单产更加平均，波动程度小（见表 12）。

表 12　　　　　　　有机户、无机户小麦、玉米单产方差情况

	小麦单产方差	玉米单产方差
有机户	183.73	227.19
无机户	113.96	133.38

图 14 与图 12 比较并结合起来看，恰好证明了农户从事农业生产的专业化程度越高，土地生产率就越高，专业化有助于提高农业生产率。图 12 表明：从事农机专业化服务的农户单产水平比不从事农机专业化服务的农户（包括有机户和无机户）高；图 14 表明：使用农机专业化服务

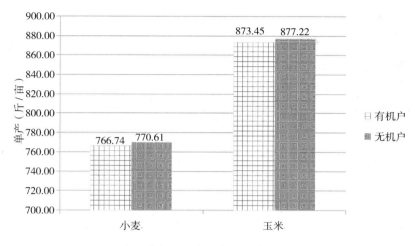

图 13　有机户与无机户小麦、玉米平均单产情况

的无机户的单产水平比农机自有自用的有机户高。从我们实地调查的情况和后面图 28 的统计分析结果可知，无机户在小麦主要环节有 60% 以上，玉米主要环节有 20% 以上是使用农机作业服务的。

（四）收入情况

在问卷中，我们将农户家庭收入分为四项：农业收入、打工收入、农机作业收入和其他收入。某项收入在家庭总收入中所占的比重大体能够反映农户在劳动力、资金、时间等方面对该项经济活动的投入程度。如果某项收入在家庭总收入中的比重很大，说明该项经济活动在农户家庭经济中占据重要位置，农户拥有的各种要素投入必定向该项经济活动倾斜。这种现象反映了农户家庭内部在农业和非农产业之间的分工，最终的结果是形成农户之间在职能上的分工和专业化①。

---

　　① 从农户家庭收入结构上看，绝大多数样本农户收入来源呈现多样化特征，仅 6% 的农户只有农业、务工或农机作业服务一种收入来源。这反映了农民兼业化行为普遍存在。就样本农户来说，农户家庭成员可能从事农业、外出务工和农机作业服务等不同的经济活动，这就形成了农户家庭内部在农业、非农产业和农业生产型服务业上的分工。这种分工发展的结果是，有些家庭所有的成员主要从事某一种经济活动，其他经济活动在家庭经济中处于边缘地位时，家庭之间就出现了职能上的分工。国内有的学者把农户职能分工限定在农业生产职能和农业经营职能的分工（向国成、杨继平：《对农户生产职能和经营职能分工的超边际分析》，《系统工程》2003 年第 5 期）。

1. 家庭总收入

各分项收入之和即为家庭总收入。把样本总体按照家庭总收入由低到高的顺序进行十等分组，比较每个组样本农户的年龄、受教育年限、家庭劳动力、承包地面积、转入土地面积、农业收入及其比重、打工收入及其比重、农机作业收入及其比重、农机投资（以农机总值表示）等各项指标，可以发现上述指标在各组间的分布存在一定的规律（见图14、图15、图16、图17）。

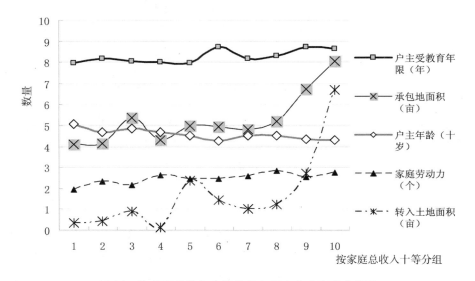

图 14   按家庭总收入十等分组各组农户家庭基本情况

其一，各组样本农户的平均年龄基本呈现依次减小的趋势。家庭总收入最少的组平均年龄为 50.87 岁，是各组中平均年龄最大的；而家庭总收入最多的组平均年龄只有 43.26 岁，比平均年龄最小的组大 0.4 岁，比平均年龄最大的组小 7 岁多。

其二，各组样本农户的平均受教育年限基本呈现依次增加的趋势。家庭总收入最少的组平均受教育年限为 7.97 年，是各组中受教育年限最短的；而家庭总收入最多的组平均受教育年限达到 8.66 年，在各组中排在第三位。

其三，各组家庭人口和家庭劳动力的平均分布基本上是一致的，都呈现出依次递增的趋势；各组承包地面积和转入土地面积的平均分布也是如

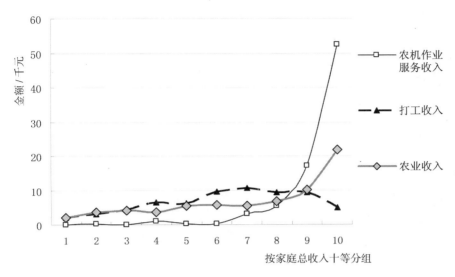

图 15　按家庭总收入十等分组各组收入情况

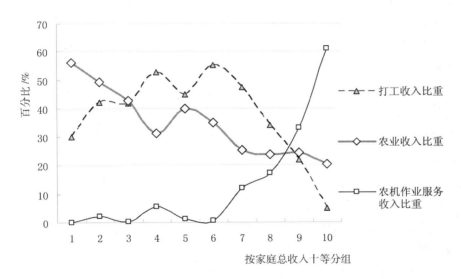

图 16　按家庭总收入十等分组各组农户收入比重情况

此，只是转入土地面积在高收入组与低收入组间的差距比较大。

其四，各项收入的平均分布不尽相同：农业收入、农机作业收入在各组间基本上是依次增加的，而且每项收入在高收入组和低收入组之间的差距都比较大，尤其是拥有农机作业收入的农户主要集中在高收入组，因而平均农机作业收入在高收入组和低收入组之间的差距十分悬殊；而打工收

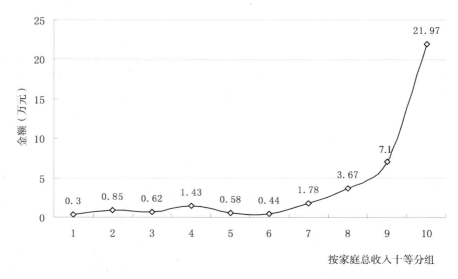

图 17   按家庭总收入十等分组各组农户农机总值

入则具有明显地先增后减的趋势。

其五,与收入的情况类似,收入比重(专业化程度)的平均分布也各有特点:农业收入比重依次减小,打工收入比重先增后减,农机作业收入比重依次增加,而且高收入组与低收入组差距悬殊。也就是说家庭总收入越高,农户从事农机作业服务的专业化程度就越高,从事农业的专业化程度就越低,而打工活动的专业化程度则经历了一个由低到高的变化过程。

其六,农机总值也表现出依次增加的趋势,而且在高收入组和低收入组之间的差距比较大,这与上面农机作业收入的情况是一致的。

从分组的平均趋势判断,户主年龄、从事农业的专业化程度与家庭总收入的关系应该是负的,而户主受教育年限、家庭劳动力、土地经营规模、从事农机作业服务的专业化程度、农机总值等因素与家庭总收入的关系应该是正的。通过计算样本总体的家庭总收入与上述指标的相关系数,可以证实前面的结论(见表 13)。但从相关系数看,家庭总收入与受教育年限、家庭劳动力、打工收入在统计上没有显著的相关关系,与户主年龄的相关系数接近显著(在 7% 的水平上显著),与其他因素则具有显著的相关关系。另外,各项收入对家庭总收入的贡献有所差异:农业收入和农机作业收入与家庭总收入的相关程度较高,特别是农机作业收入,其相关系数达到 0.9；其他收入对总收入的影响程度较小，其相关系数只有 0.19；打工收入与总收入之间没有显著的线性相关关系，这一点从前面的分析中也可以看到，打工收入随着家庭总收入的增加出现先增加后减少的情况。

表 13　　　　　　　　　　家庭总收入与其他指标的相关系数

项目	与家庭总收入的相关系数
年龄（岁）	− 0.09
受教育年限（年）	0.01
家庭劳动力（个）	0.06
承包地面积（亩）	0.38**
转入土地面积（亩）	0.18**
农业收入（元）	0.81**
农机作业收入（元）	0.9**
打工收入（元）	0.04
其他收入（元）	0.19**
农田收入比重	− 0.16**
农机作业服务收入比重	0.49**
打工收入比重	− 0.28**
其他收入比重	− 0.01
农机总值（万元）	0.16**

注：**、* 分别表示相关系数在 1%、5% 的水平上显著（采用双尾检验）。

2. 农业收入

调查结果显示，样本中以农业收入为主的农户（农业户和一兼农户）不足 1/4，而以非农收入为主的农户（二兼农户和非农业户）的比例却高达 3/4 以上，特别是非农收入占家庭总收入 80% 以上的非农业户就将近三成。从分地区的情况看，河北省样本农户中农业户和一兼农户的比例只有 19%，山东省这两类样本农户的比例为 19.4%，而河南省的比例高达 29.8%，可见与冀鲁样本相比，河南样本农户中以农业生产为主的比例较高。与政府统计部门的农户调查数据相比，我们调查的样本似乎具有很高的非农就业程度，根据 2008 年《山东统计年鉴》公布的数据，山东省 2007 年农业户和一兼农户的比重高达 54.66%，是我们调查数据的 2.8 倍。需要说明的是，这种情况与统计口径有关，在我们的调查中农户的农业收入只统计了现金收入部分，而统计部门统计的农户农业收入不仅包括现金收入，而且还包括实物收入部分。一般来说，农户农业生产成果（如粮食、家禽、家畜等）中只有一部分通过出售转化成现金收入，因此农业的现金收入只是农业总收入中的一部分。根据 2008 年《山东统计年鉴》公布的数据，以小麦为例，2007 年山东省农村住户人均生产小麦 381.52 千克，而同年农村住户人均出售小麦 183.64 千克，占生产量的 48%。因此，调查数据明显低估了农业收入占家庭总收入的比重。这就意味着，样本中以农业生产为主的农户比例比调查数据所反映的要大，换言之，调查数据与统计年鉴的数据相差也并非如此悬殊。

把样本总体根据农业收入在家庭总收入中的比重按照由低到高的顺序平均分成五个组，考察每个组在年龄、受教育年限、家庭劳动力、土地经营规模（以承包地面积、转入土地面积表示）、打工收入及其比重、农机作业收入及其比重、家庭总收入、农机投资（用农机总值和拖拉机台数来衡量）等各项指标。可以发现，随着农业收入在家庭总收入中比重的提高，年龄、承包地面积、转入土地面积在各组间的平均趋势是逐渐增大的；而家庭总收入、打工收入及其比重、农机作业收入及其比重、农机总值、拖拉机台数在五个组当中的平均趋势是逐渐减小的（见图 18、图 19、图 20）；其他因素与农业收入比重没有明确的关系。另外，在这五个组当中发生土地流转的农户的比例分别为 9.2%、18.7%、25.6%、35.5% 和 35%，也就是说，随着农业收入比重的提高，各组农户土地流转的比例先升后降。以上的结论表明，农业收入比重与户主年龄、土地经营规模、各组出现土地流转的频率的运动方向应该是一致的，而与家庭总收入、打工收入及其比重、农机作业收入及其比重、农机投资的运动方向是相反的。

通过计算农业收入比重与上述变量的相关系数可以证明前面的结论（见表 14）。表 14 显示，农业收入比重与上述变量的相关系数的符号与以上结论完全相符，而且除了与受教育年限、家庭劳动力、农机总值和拖拉机台数的相关性不显著，农业收入比重与其他变量的相关系数都在 1% 的水平上显著。从农业收入比重与其他变量相关系数的符号所揭示的含义来看：

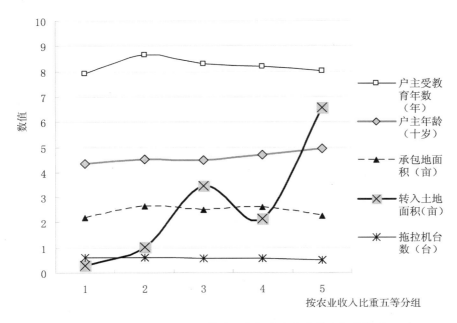

图 18　按农业收入比重五等分组各组农户家庭基本经营情况

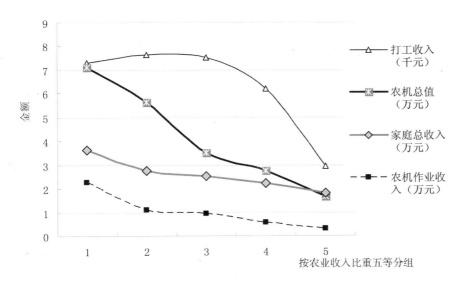

图 19　按农业收入比重五等分组农户收入及农机投资情况

第一，户主的年龄越大、土地经营规模越大，则农户越以农业生产为主，专业化于农业生产的程度越高。正如前面在分析农民种地意愿时讨论的那样，年龄越大，农民非农就业的选择越窄，只能被动地接受以农业生

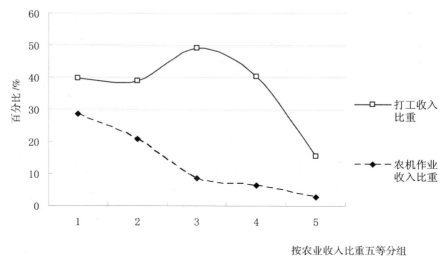

图20　按农业收入比重五等分组农户收入比重情况

产为主的状态；土地经营规模越大，在社会化服务体系尚不健全的条件下，需要在农业生产上投入的要素越多，而在其他经济活动上投入的要素也就越少，此类农户的家庭经济客观地表现为以农业生产为主的状态。

第二，农户家庭总收入越高，其农业收入比重越低，说明高收入农户专业化于农业生产的程度比较低，换言之，高收入农户不以农业生产为主，而低收入农户则主要依靠农业。事实上，从调查的情况看，高收入农户主要是农机户。收入最高的10%的农户中，农业收入比重超过一半的农户只有10%，而农机作业收入比重在一半以上的农户占65%。

第三，农户农机作业收入及其比重越高或者打工收入及其比重越高，其农业收入份额就越低，专业化于农业生产的程度就越低。农业收入比重与农机作业收入比重或打工收入比重必然是此消彼长的关系，但是，农业收入比重与农机作业收入、打工收入之间的相关关系却表明农户专业化于农业生产的程度确实影响其从事其他经济活动的收入水平。这一点与农户专业化于农机作业的程度对其农业收入的影响有所不同，农机作业收入比重与农业收入具有显著的正相关关系。

第四，户主受教育年限、家庭劳动力和农机投资对农户专业化于农业生产的程度没有统计上显著的影响，但是从相关系数的符合来看，似乎受教育程度越高、家庭劳动力越多、农机投资越多，农户专业化于农业生产的程度就会相应降低。也就是说，户主的文化程度越高、家庭劳动力越多、对农机的投资越多，会在一定程度上削弱农户从事农业生产的积极性。

表 14　　　　　　　　　　**农业收入比重与其他变量的相关系数**

项目	与农业收入比重的相关系数
年龄	0.24**
受教育年限	− 0.06
家庭劳动力	− 0.08
承包地面积（亩）	0.19**
转入土地面积（亩）	0.15**
家庭总收入（元）	− 0.16**
农机作业收入（元）	− 0.20**
打工收入（元）	− 0.28**
农机作业收入比重	− 0.29**
打工收入比重	− 0.34**
拖拉机台数	− 0.03
农机总值（万元）	− 0.06

注：**、*分别表示相关系数在1%、5%的水平上显著（采用双尾检验）。

3. 打工收入

样本中当年有打工收入的农户比例高达70%以上，其中打工收入占家庭总收入一半以上的农户就有近四成。从各省的情况看，河北省样本中有72%的农户有打工收入，其中有56%的农户打工收入占家庭总收入的一半以上；河南省样本中有76.4%的农户有打工收入，有45%的农户打工收入占到家庭总收入的一半以上；山东省样本中有67%的农户有打工收入，只有32%的农户打工收入占家庭总收入的一半以上。与河南、河北样本农户相比，山东省样本中有打工行为的比例最低，主要依靠打工收入的比例也最低。

把样本总体根据有无打工收入分成两组，比较两组在土地经营规模（以家庭承包地面积、转入土地面积表示）、收入、农机投资（以农机总值、拖拉机台数表示）等方面的相互关系，可以发现，没有打工收入的农户在上述各个指标上都远远高于有打工收入的农户（见表15）：没有打工收入的农户土地经营规模更大，家庭总收入、农业收入、农机作业服务收入更高，农业收入比重和农机作业服务收入比重更高，农机投资更多。另外，与没有打工收入的农户相比，有打工收入的农户户主平均年龄更小，受教育年限较低，家庭劳动力数量更多。

表 15　　　　　　　　　有无打工收入的农户对比情况

项目	有打工收入	无打工收入
户主年龄（岁）	45.81	46.50
户主受教育年限（年）	8.14	8.43
家庭劳动力（个）	2.53	2.36
承包地面积（亩）	4.88	7.31
转入土地面积（亩）	0.95	13.22
家庭总收入（元）	19665.06	38520.01
农田收入（元）	5562.48	12197.38
农机作业服务收入（元）	4354.31	20795.28
农业收入比重（%）	31.65	43.82
农机作业服务收入比重（%）	6.49	26.12
拖拉机台数（台）	0.4	0.9
农机总值（万元）	1.88	8.7

把有打工收入的样本根据打工收入在家庭总收入中的比重按照由低到高的顺序平均分成五个组，比较每个组在土地经营规模（以家庭承包地面积、转入土地面积表示）、家庭总收入、农机投资（以农机总值、拖拉机台数表示）等方面的平均趋势，可以发现：各组家庭承包地面积、转入土地面积、家庭总收入、农业收入、农机总值和拖拉机台数等指标的平均值基本上都随着打工收入在家庭总收入中比重的提高而降低（见图21、图22、图23、图24），也就是说，农户专业化于打工活动的程度与上述变量之间都存在一定的负相关关系。通过计算相关系数，打工专业化程度与土地经营规模、家庭总收入、农机投资等变量之间确实具有显著的负相

关关系（见表16）。值得一提的是农户专业化于打工和农业生产的程度与土地经营规模的关系恰好相反，而两者与家庭总收入的关系则是一致的；另外，专业化于打工程度的高低也直接影响到对农机的投资：农户专业化于打工活动的程度越高，对农机的投资越少。

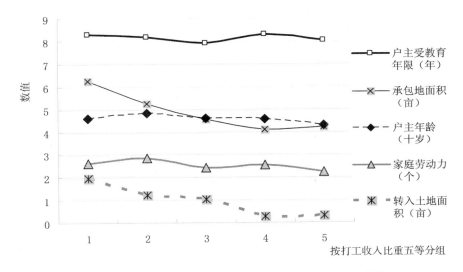

图21　根据打工收入比重五等分组各组农户家庭基本经营情况

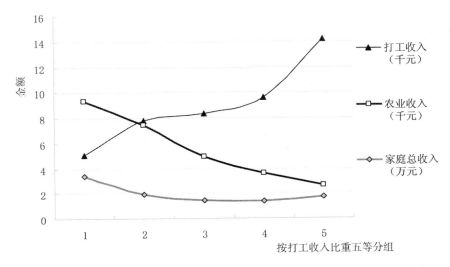

图22　根据打工收入比重五等分组各组农户家庭收入情况

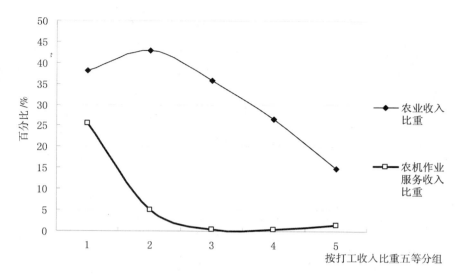

图 23　根据打工收入比重十等分组每组农户农业收入、农机作业服务收入比重情况

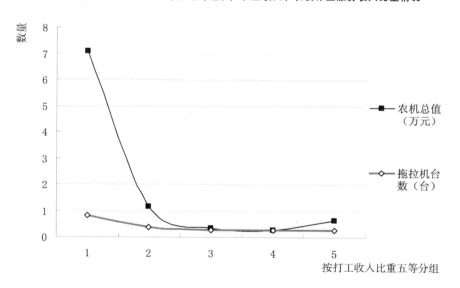

图 24　按打工收入五等分组各组农机投资情况

表 16　　　　　　　　打工收入比重与其他变量的相关系数

	承包地面积	转入土地面积	家庭总收入	农田收入比重	农机总值	拖拉机台数
打工收入比重	- 0.18**	- 0.10**	- 0.29**	- 0.34**	- 0.13**	- 0.31**

注：** 、* 分别表示相关系数在 1%、5% 的水平上显著（采用双尾检验）。

4. 农机作业收入

　　根据调查结果，样本总体中23%的农户当年取得了农机作业收入，其中山东省样本占到91.4%。有农机作业收入和没有农机作业收入的农户在收入规模和收入结构上存在显著差异（见表17）。在收入规模上，有农机作业收入的农户家庭总收入平均达到5.76万元，而没有农机作业收入的农户平均只有1.54万元；前者农业收入平均为1.58万元，后者平均只有0.47万元；前者打工收入平均为0.34万元，而后者则平均达到0.73万元；其他收入方面，前者比后者平均多548元。在收入结构上，前者农业收入比重平均为25.6%，而后者则达到37.4%；前者打工收入比重平均只有11.5%，而后者则为45%；前者其他收入比重平均为8.1%，后者平均为17.3%。总的来说，有农机作业收入的农户在家庭总收入、农业收入、其他收入上都要高于没有农机作业收入的农户，但在打工收入上低于没有农机作业收入的农户；虽然农业收入、其他收入比没有农机作业收入的农户要高，但是由于其总收入也比较高，所以有农机作业收入的农户在农业收入比重、其他收入比重上低于没有农机作业收入的农户。

表17　　有无农机作业服务收入的农户在收入规模和收入结构上的差异

	有农机作业服务收入的农户	没有农机作业服务收入的农户
家庭总收入（元）	57632.70	15370.80
农业收入（元）	15837.61	4703.40
农机作业服务收入（元）	34405.62	0
打工收入（元）	3444.83	7262.76
其他收入（元）	4558.54	4010.30
农田收入比重（%）	25.63	37.42
农机作业服务收入比重（%）	55.73	0
打工收入比重（%）	11.53	45.00
其他收入比重（%）	8.07	17.30
农机总值（万元）	15.79	0.39

（五）农机保有及使用农机作业情况

1. 农机保有情况

样本中有 64.1% 的农户至少拥有一种农用机械，而其余的 35.9% 的农户则没有任何一种农用机械。我们把前者称为有机户，把后者称为无机户。从分省区的情况看，河北省样本中无机户占到七成以上，有机户只有两成左右，而山东省和河南省的情况刚好相反：两省样本中无机户只有两成左右，而有机户都在七成以上，其中河南省样本有机户的比例稍高于山东省样本的比例。在问卷列示的 20 种农用机械中，在样本农户中普及率位于前 5 位的分别是：拖拉机（43.1%）、水泵（32.2%）、小麦自走式收割机（15.8%）、旋耕机（15.1%）、农用汽车（14.9%）（见表18）。

表18   各种农用机械在样本中的普及率   单位:%

农机名称	样本普及率
拖拉机	43.1
水泵	32.2
机耕犁	25
小麦自走式收割机	15.8
旋耕机	15.1
农用汽车	14.9
机动喷雾机	14.1
小麦精播机	13.1
圆盘耙	11.9
背负式小麦收割机	10.4
秸秆粉碎机	10.1
喷灌机	9.2
柴汽油发动机	9.2
电动机	7.2
免耕播种机	5.9
玉米自走式收割机	5.7
背负式玉米收割机	5.2
铡草机	4.7
饲料粉碎机	2.7
打捆机	0.7

　　与有机户相比，无机户平均年龄较大，受教育年限稍高，家庭人口和家庭劳动力略少，但差别不大；无论是从家庭承包地面积还是从转入土地面积来看，无机户都比有机户要少得多，也就是说无机户土地经营规模要比有机户小；无机户的家庭总收入几乎只有有机户的一半，其中来自农业的收入不到有机户的一半，而打工收入要比有机户高出 70% 左右，但有机户平均农机作业年收入达 1.5 万元，与无机户平均家庭总收入水平相当；两类农户农业收入在家庭总收入中的平均比重基本相当，但无机户打工收入平均比重较高，而有机户农机作业收入平均占到家庭总收入的 1/5 以上（见图 25、图 26、图 27）。

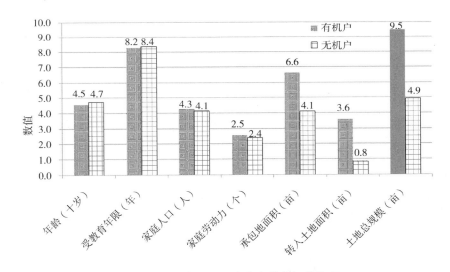

图 25　有机户和无机户家庭基本经营情况

　　有机户中有 50.8% 的农户农机原值不超过 1 万元，农机原值在 10 万元以上的农户占 22.3%，在这部分农户中只有一名来自河北省，其余全部来自山东省。农户农机投资受户主年龄、土地经营规模和家庭总收入的影响。户主年龄越大，农机投资的规模就越小，两者的相关系数为 −0.137，相关程度较低；土地经营规模（承包地与转入土地面积之和）越多，农机投资越大，两者的相关系数为 0.266；家庭总收入越大，农机投资越多，两者的相关系数达到 0.775，相关程度较高。另外，土地块数与农机投资没有显著的相关性，但两者的相关系数是负值，显示出土地细碎化程度对农机投资在一定程度上具有抑制作用。如果把土地块数换成每

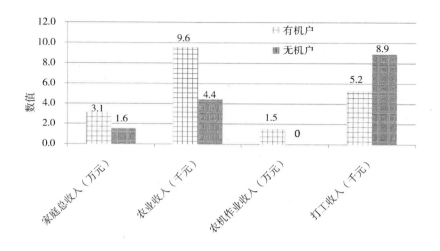

图 26　有机户和无机户家庭收入情况

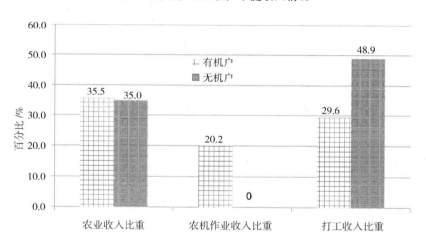

图 27　有机户和无机户收入结构情况

块土地的面积，重新计算与农机投资的相关系数，可以发现两者的相关系数达到 0.242，在统计上也是显著的。这表明地块面积越大，农户用于农机的投资就越多。这也从一个侧面证明了土地细碎化不利于农机投资的结论。

农机原值的大小反映了农户拥有农机的数量和规模，而一定数量和规模的农机是农户对外提供农机作业服务的前提条件。调查结果显示，在有机户当中有超过 60% 的农户在 2007 年没有农机作业收入，而在这些农户当中农机原值不超过 2 万元的达到 99%，其中农机原值不超过 1 万元的就有 76.1%；在取得农机作业收入的农户中，农机原值在 10 万元以上占 63%，农机原值在 1 万元以下的只有 7.9%。这表明，当前有相当一部分农户保有的农机只是家庭自用的生产工具，这部分农户对农机的投资不多，拥有的农用动力机械和配套农机具数量较少；只有一小部分有机户将农机资本化，对外提供农机作业服务获得收入，这部分农户农机投资一般较大，拥有农用动力机械和配套农机具较多。实际上，有机户农机原值与农机作业收入之间的相关系数达到 0.861，相关程度比较高且在统计上显著。这说明，有机户从农机作业服务中获得收入的能力是与其农机投资规模紧密相关的。

　　进一步分析各种农用机械对农机作业收入的影响可以发现，在列举的 20 种农用机械中，与农机作业收入具有显著的相关关系的农机有 12 种（拖拉机、小麦自走式收割机、玉米自走式收割机、水泵、铡草机、饲料粉碎机、背负式玉米收割机、机耕犁、旋耕机、免耕播种机、小麦精播机、秸秆粉碎机），其中与拖拉机、小麦自走式收割机、旋耕机的相关程度比较高，都在 0.6 以上。这些农机基本上都与农业生产中的耕种、收获有关，特别是拖拉机、小麦自走式收割机、旋耕机更是在当前农业生产中使用比较广泛的农业机械，有无这些农机或这些农机数量的多寡自然对农机作业收入具有重要影响。

　　2. 使用农机作业情况[①]

　　我们在问卷中设计了在小麦、玉米生产过程中的农机使用情况，并把小麦、玉米的生产环节分成：耕、播、植保、中耕除草、收获、运输和其他等活动。我们认为，对外提供农机作业服务的农户在小麦、玉米的生产过程中可能是农机作业服务的提供者，也可能是农机作业服务的使用者，还可能不使用农机作业。如果将其排除在外，剩余农户都是潜在的农机作业服务需求者。当然，剩余农户中的有机户可能是农机作业的自我满足者，无机户同样也可以选择借用而不是雇用农机进行作业。考察剩余农户的农机作业使用情况，能够比较清楚地表明当前农户在生产中使用农机作

――――――――――

　　①　这里所说的使用农机作业情况仅是指使用或者不使用农机作业的农户的数量，而没有考虑使用或不使用农机作业的作物面积。

业的普及程度。

在小麦生产中，除了对外提供农机作业服务的农户以外，剩余的77%的样本农户在上述任一环节使用农机作业的占82.3%，其中在全部环节上都使用农机作业的农户占13.5%，而在耕、种、收三个环节上都使用农机作业的农户占63.3%。就无机户而言，在上述任一环节使用农机作业的农户占无机户总数的81.4%，其中在全部环节上都使用农机作业的农户占9%，而在耕、种、收三个环节上都使用农机作业的无机户占66.2%。

在玉米生产中，除了对外提供农机作业服务的农户以外，剩余样本农户在任一生产环节中使用农机作业的占73%，其中在全部生产环节上都使用农机作业的农户占10.9%，而在耕、种、收三个环节上都使用农机作业的农户占20.6%。对无机户来说，在上述任一环节使用农机作业的占73.8%，其中在全部生产环节上都使用农机作业的农户占6.9%，而在耕、种、收三个环节上都使用农机作业的农户占8.3%。

小麦、玉米生产各环节中农机作业的普及程度见图28。从图上可以看出，小麦生产各环节农机作业的普及程度普遍高于玉米，这表明与小麦生产相比，玉米的农业机械化生产程度还比较低。这种情况与玉米的种植习惯以及玉米机械发展情况有很大关系。具体来说，由于玉米播种大多采用套种的方式，因此玉米种植的时候一般不再耕地，所以玉米生产中使用机耕作业的农户比重必定不高。而玉米收获机械的市场保有量比较低，从样本农户的调查情况来看，小麦自走式收割机和背负式收割机的样本普及率都在10%以上，而玉米自走式和背负式收割机的样本普及率都在5%左右（见表18）。这种现象直接造成了玉米机收的比例与小麦机收的比例相差很大。

为了观察使用农机作业是否对农户生产、收入产生影响，我们将样本限定在无机户。鉴于无机户在小麦、玉米生产过程中使用农机作业的情况以及生产各环节的农机作业对劳动力的节约程度，我们仅考察小麦生产的耕种收环节都使用农机作业的无机户与其他无机户的比较情况[1]。

从图29可以看出，在小麦生产的耕种收环节都使用了农机作业的无

---

[1] 玉米生产环节中使用农机作业的农户比重过低，因此考察玉米生产中是否使用农机对农户的生产、收入的影响，可信程度不高。

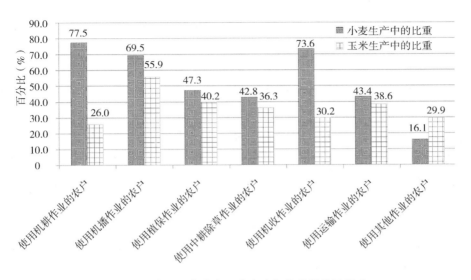

图 28　小麦、玉米生产环节中农机作业的普及程度

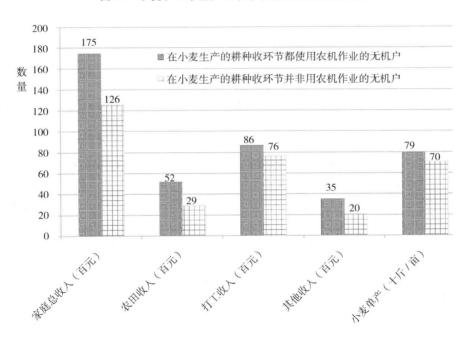

图 29　在小麦生产的耕种收环节是否使用农机作业与家庭收入、小麦单产的关系

机户比其他无机户无论是在收入方面还是在小麦的单产方面都要高。而且，从方差分析看，前者各项收入的离散程度都要远高于后者，而小麦单产，前者比后者更平均。这说明，农机的普遍使用增强了小麦生产的稳定性；同时，因为解放了劳动力，使农户的收入更加不平均。

（六）产前、产中、产后服务情况

从调查情况来看，农业生产的社会化服务程度依然比较低（详见表19）。在产前，共有33.2%的样本农户得到过生产资料供应、金融信贷、市场供求信息或者订单服务中的一项或多项。其中，有23%的农户得到过生产资料供应方面的服务，而金融信贷、市场供求信息或订单服务更加匮乏，只有7.4%和7.7%的农户分别在这两方面得到过相应服务；在得到产前服务的农户中，通过集体经济组织获得服务的占46.3%，通过合作经济组织获得服务的占22.4%，通过其他社会服务组织获得服务的占23.9%；得到产前服务的农户中对于服务的满意程度还是比较高的，有80.6%的农户表示满意或者比较满意。在产中，共有28.5%的农户表示在农业（农机）技术示范指导，或者农机作业、灌溉、植保，或者中介、仲裁、培训等方面得到过一项或多项服务。其中，有14.1%的农户得到过农业（农机）技术示范指导服务，有22%的农户得到过农机作业、灌溉、植保方面的服务，只有4%的人得到过中介、仲裁、培训方面的服务；在得到产中服务的农户中，通过集体经济组织获得服务的占49.6%，通过合作经济组织获得服务的占31.3%，通过其他社会服务组织获得服务的占11.3%；在得到产中服务的农户中，87%的人对服务表示满意或者比较满意。与产前、产中服务相比，产后服务更显不足，共有8.7%的样本农户表示在产品的储运、保鲜服务，或者农副产品加工、销售方面得到过一项或多项服务。其中，只有4.5%的农户得到过产品的储运、保鲜服务，8%的农户得到过农副产品加工、销售服务；在得到产后服务的农户中，通过集体经济组织获得服务的占28.6%，通过合作经济组织获得服务的占22.9%，通过其他社会服务组织获得服务的比例为40%；在获得产后服务的农户中，80%的人对服务表示满意或者比较满意。可见，目前，集体经济组织在农业生产的社会化服务中发挥了重要的作用，合作经济组织的功能也逐渐彰显；得到相关服务的农民大多数对服务的评价比较高，显示出农民对社会化服务的质量比较满意。此外，在整体比较薄弱的农业生产社会化服务中，产后服务最为匮乏，最应该加强。

表 19　　　　　　　　　样本农户得到的产前、产中、产后服务情况统计

		得到该项服务的样本农户占样本总体的比重（%）	得到该项服务的途径			对该项服务的满意度		
			通过集体经济组织的比重（%）	通过合作经济组织的比重（%）	通过其他组织的比重（%）	满意（%）	比较满意（%）	不满意（%）
产前服务	生产资料供应	23.0	46.3	22.4	23.9	38.8	41.8	10.4
	金融信贷	7.4						
	市场供求信息或订单服务	7.7						
产中服务	农（机）技示范指导	14.1	49.6	31.3	11.3	36.5	50.4	5.2
	农机作业、灌溉、植保	22.0						
	中介、仲裁、培训	4.1						
产后服务	农产品储运、保鲜	4.5	28.6	22.9	40	40	40	14.3
	农产品加工	4.0						
	农产品销售	4.0						

　　注：有的问卷没有回答"得到服务的途径"、"对于服务的满意程度"，有的"得到服务的途径"并不唯一，因此，这两项各分项之和并不一定等于100。

　　从农民对农业社会化服务的意愿来看，对于产前各项服务，共有64.4%的农户表示希望得到其中的一项或者多项服务。其中，有43.6%的农户表示希望得到生产资料供应方面的服务，有37.1%的农户希望得到及时足额的金融信贷服务，有23%的农户希望得到市场供求信息或订单服务；在希望得到产前服务的农户中，有53.5%的农户希望通过集体经济组织获

得相关服务，有16.2%的农户希望通过合作经济组织获得相关服务。对于
产中各项服务，农民的认可程度并不是很高，共有51%的农户表示希望得
到其中的一项或者多项服务。其中，33.2%的农户表示希望得到农业（农
机）技术示范指导服务，34.7%的农户希望得到农机作业、灌溉、植保方
面的服务，只有19.3%的农户希望得到中介、仲裁、培训方面的服务；如
同产前服务一样，在希望得到产中各项服务的农户中，有57.3%的农户希
望通过集体经济组织获得相关服务，有18%的农户希望通过合作经济组织
获得相关服务。对于产后各项服务，只有25.5%的样本农户表示希望得到
其中的一项或者多项服务。其中，有15.8%的农户希望得到产品的储运、
保鲜服务，39.1%的农户希望得到农副产品加工、销售服务；在希望得到产
后各项服务的农户中，希望通过集体经济组织获得服务的农户与希望通过
合作经济组织获得服务的农户比例相差不大，都在30%左右（详见表20）。
从整体上看，农民对产前服务的需求意愿最强，而对产后服务的需求意愿
最弱，这可能是大多数农民产前环节遇到的问题最为突出，因此希望得到
社会化服务的愿望也最强烈；也可能是大多数农民还没有意识到产中、产
后经营环节的重要性，或者他们认为产中、产后的经营活动自己可以处理，
不需要借助外界力量完成。另外，合作经济组织的影响力还不及集体经济
组织，多数农民对集体经济组织的期望还比较大，也比较信任，希望集体
经济组织能够提供所需要的各种服务。

表20　　　　　样本农户希望得到的产前、产中、产后服务情况统计

		希望得到该项服务样本农户占样本总体的比重（%）	希望得到该项服务的途径		
			希望通过集体经济组织的比重（%）	希望通过合作经济组织的比重（%）	希望通过其他组织的比重（%）
产前服务	生产资料供应	43.6	53.5	16.2	5.0
	金融信贷	37.1			
	市场供求信息或订单服务	23.0			

续表

		希望得到该项服务样本农户占样本总体的比重（%）	希望得到该项服务的途径		
			希望通过集体经济组织的比重（%）	希望通过合作经济组织的比重（%）	希望通过其他组织的比重（%）
产中服务	农（机）技示范指导	33.2	57.3	18	2.9
	农机作业、灌溉、植保	34.7			
	中介、仲裁、培训	19.3			
产后服务	农产品储运、保鲜	15.8	32.0	31.1	5.8
	农产品加工	18.1			
	农产品销售	21.0			

（七）互助合作与加入合作组织情况

农村是一个熟人社会。在这个建立在血缘关系、亲情关系之上的社区里，农户之间的互助合作十分普遍。调查发现，亲戚、邻居之间合伙使用农机、购买农机、合伙搞运输等生产经营活动比较常见。农户之间的互助合作是一种非组织化、非契约性的行为，没有组织载体，没有制度约束，难以真正达到提高农民组织化程度、增强农民市场竞争力的目的。而成立农民专业合作经济组织则是一条使分散的农民真正抱起团来联合闯市场，有效提高农民市场谈判能力的途径。在样本中，有9.2%的农户加入了生产资料供应合作组织，12.6%的农户加入了农机作业合作组织，7.2%的农户加入了水利灌溉合作组织，4.2%的农户加入了植物保护合作组织，1.7%的农户加入了产品购销储运合作组织，1.2%的农户加入了农副产品加工合作组织，1.5%的农户加入了金融信贷合作组织。农户希望加入合作组织的意愿比较强烈。37.6%的农户表示愿意加入生产资料供应合作组织，39.6%的农户愿意加入农机作业合作组织，29.5%的农户愿意加入水利灌溉合作组织，23.8%的农户愿意加入植物保护合作组织，22.3%的农户愿意加入产品购销储运合作组织，21.3%的农户愿意加入农副产品加工合作组织，35.9%的农户愿意加入金融信贷合作组织（详见表21）。

表21　　　　　　　　样本农户加入合作经济组织情况及其加入意愿

合作组织名称	加入该类合作组织的农户占样本总体的比重（%）	愿意加入该类合作组织的农户占样本总体的比重（%）
生产资料供应合作组织	9.2	37.6
农机作业合作组织	12.6	39.6
水利灌溉合作组织	7.2	29.5
植物保护合作组织	4.2	23.8
产品购销储运合作组织	1.7	22.3
农副产品加工合作组织	1.2	21.3
金融信贷合作组织	1.5	35.9

在愿意加入生产资料供应合作组织的农户中，节省成本是愿意加入生产资料供应合作社的农户最重要的理由，有的认为加入合作组织"没有假货"或者"可以得到优质的种子"，有的则是为了更方便地购买生产资料。愿意加入农机作业合作组织的农户最重要的理由是"节省开支"，另外，有的农户认为加入农机作业合作组织可以"减轻负担"，有的因为可以"集中作业或者包村作业"而愿意加入合作组织，还有的认为加入合作组织可以"省时"、"增收"。多数愿意加入水利灌溉合作组织的农户认为此举可以节省开支，而不愿意加入水利灌溉合作组织的农户认为根本不需要成立这种组织，自己单独或与其他农户合伙就可以完成。愿意加入植物保护合作组织的农户把可以"增加（农作物）产量"、可以"得到技术指导"等作为加入合作组织的理由，而不愿意加入此种合作组织的农户认为自己不需要加入。愿意加入产品购销储运合作组织的农户的理由也主要集中在"增收"、"节支"两个方面，愿意加入农副产品加工合作组织的农户有的认识到组建这样的合作组织可以使农产品"增值"，从而有利于增收。愿意加入金融信贷合作组织的农户，其理由基本都是为了能够方便地获得信贷，以便有资金用于生产或投资。

从样本农户加入合作组织的情况以及加入合作组织的意愿来看，被调查地区的各种专业合作组织类型都已经起步，但覆盖面还比较低，还远没有成为带动农业经济发展的主导力量；农民具有一定的合作热情，但是还远没有达到能够推动合作组织大发展的程度。而且，从样本农民对合作组织的认识来看，还有一部分农民对合作组织的认识还不清楚，不了解成立合作组织的意义，对加入合作组织积极性不高。

（八）生产经营中的困难和要求

1. 生产资料价格上涨快，是样本农户反映最多的问题

有的农户认为化肥、农药、柴油等生产资料"涨价太快"，导致农业生产成本太高。有的农户认为由于农产品价格比较低，"粮食和肥料价格不协调"，农业生产"投入与产出不成比例"，"种地不上算"。有的农户认为"农业补贴不如肥料价格涨得多"，直言"粮补不如肥落价"，也有的农户希望能够增加农业补贴。有的农户希望能够提高农产品价格，有的农户则希望"降低肥料价格"，增加收入，"保证农民生活水平提高"。有的农户认为生产资料价格变动太大，希望国家统一规定生产资料价格，严厉打假。一些农机户认为农用柴油价格高，供应紧张，希望柴油能够稳定供应，希望国家早日出台燃油税政策（调查时燃油税政策还未开始实行），有的希望能得到柴油补贴；有的农户反映"无法买到货真价实的农药化肥种子，希望国家政策多为农民考虑，制止化肥农药柴油等涨价和质量不稳定，特别是农机配件质量差别太大"。有的农机户担心由于柴油价格上涨、人工价格上涨，导致农机作业价格上涨，农户不接受，从而影响机械化耕作。

2. 土地问题也是农户反映较多的一个领域

主要体现在三个方面：一是土地细碎化问题；二是土地经营规模小的问题；三是土地流失问题。农民看待土地细碎化问题的角度主要是考虑对农业生产和机械化作业的影响。有的农户认为，"田地规划不好，地块太小"，或者"土地分散，不成片"，从而导致"机械化程度低，不能规模作业"；有的认为，"地块分散不利于种植"；有的希望"将零碎土地合并以利于机械化作业"；有的认识到由于土地分散，在农业生产中存在着"农艺、农机不配套，不适合大马力机械作业"的问题，他们希望解决问题的途径

是"加大农机补贴，适当进行油料补贴，实行大块土地调整"。实际上，样本农户对土地细碎化的认识，体现了两种不同的农业机械化发展思路：一种观点是坚持发展大型农机，持有这种观点的农户希望"国家加强大型机械调度"来解决"大型机械供不应求"的问题，或者在"个人无力购买大型机械"的情况下希望"国家能够补助集体购买"，有的甚至希望国家"每村发一台先进的大型小麦、玉米收割机"。另一种观点是希望小型农机也应该得到补贴和发展，持有这种观点的农户建议"国家加大对小型机具的补贴范围和力度，包括手扶拖拉机、小犁子、小水泵、小型植保机械"。

虽然一些农户反映土地经营规模小，家庭收入少，但几乎没有人提出希望耕种更多土地的要求，大都只是希望国家加大对农业的支持和投入。有的农户反映乱占耕地的现象严重，呼吁"国家应出台政策，保护耕地"；有的农户认为占用农民土地补贴太少，希望不要随便占用农田，对农村土地应进行保护。由此可见，虽然国家制定了比较完整的耕地保护法律法规，但是农民至少是部分农民对此知之甚少，因而才呼吁国家加强对农村土地的保护。如果农民不知道自己拥有何种土地权益以及该如何保护自己的土地权益，就无法从根本上解决农村土地乱占乱用的现象。

3. 不少农户反映一些国家的优惠落实不到位，希望能够加强监督，减少政策实施过程中的中间环节，避免优惠政策"跑冒滴漏"

有的农民认为良种补贴不合理，没有考虑农民的意愿，"想要的种子不补贴，不想要的种子却补贴"；有的反映"种粮直补不到位，农民得不到实惠"；有的农户反映作为补贴依据的土地面积比家庭承包地面积小，还有的认为农业补贴应该是"谁耕种谁受益"，而不能"谁拥有谁受益"，对农业补贴是否应该随土地承包经营权的流转而发生转移的问题表明自己的态度。有的农户指出国家对其他粮食作物没有补贴，希望增加补贴项目；有的指出希望国家能减免农民创业税金；有的希望种粮补贴发放过程中减少中间环节，直接发到农民手中；有的希望国家的优惠政策一步到位，避免流失；有的农民反映当地基本没有任何对农民的培训项目，希望开展各种技术培训，提供技术服务。

另外，缺少资金、贷款困难，市场信息不及时，农产品销路不畅，农村教育、医疗费用高等问题，都是困扰农民生产经营的重要问题，样本农户希望政府能够帮助解决。

三　农业政策实施情况

近年来，"三农"问题受到社会各界的高度重视，政府出台了许多惠农、强农政策，以推动农业、农村发展，对农业进行补贴和对农民进行培训是其中的重要内容。按照政策设计，国家对农业的补贴和对农民的培训要惠及农村千家万户。经过几年的探索，各项农业补贴政策的执行越来越规范，农民对这些政策的满意度比较高。然而，根据调查，农民培训工程似乎并没有达到预期效果，调查对象对于由政府主导的、针对农民的培训的认知程度很低。

（一）农业补贴

根据调查，普惠性质的农业补贴——种粮直补和农资综合补贴，在2006 年、2007 年补贴的发放方式主要是补贴到村、农民在村里领取，其次是补贴到乡镇、农民到乡镇领取[①]；对于非普惠性质的农业补贴——农机购置补贴和良种补贴，凭购买凭证减免是农机购置补贴最主要的发放方式，而良种补贴在 2006 年、2007 年主要是补贴到村，农民在村里领取，另外凭购买凭证减免也是一种重要的发放方式。从调查对象对这几项农业补贴的满意程度来看，种粮直补深入人心，调查对象对此表示满意或基本满意的比例在 80% 左右，而且 2007 年的比例要高于上一年；群众对农资综合补贴的看法分歧较大，表示满意或基本满意的比例只有 60% 上下，主要原因是当时农资价格普涨，补贴金额并不能有效缓解农资价格上涨带给农业生产成本的压力，农资综合补贴在农民心里的效用大打折扣。两个年份得到良种补贴和农机购置补贴的农户，对于这两种农业补贴的满意程度比较高，基本上都在 80% 以上；然而，这种满意度没有随着时间的推进而提高，反而都有不同程度的降低，比如调查对象中对 2006 年良种补贴表示满意或者基本满意的比例达到 92%，对 2007 年良种补贴表示满意或者基本满意的比例下降到 89%，对农机购置补贴表示满意或者基本满意的比例也从 2006 年的 88% 降低到 2007 年的 79%。这表明这两项补贴

---

① 　课题组在 2009 年 5 月底到河南周口、驻马店地区进行实地调查时，通过走访农户了解到，当前种粮直补、农资综合补贴等基本都是通过银行直接发放到农户账户上。

在执行过程中还存在一定的问题。通过问卷调查和实地走访，农户对良种补贴的意见主要是希望扩大补贴范围、自主选择作物品种（比如有的农户反映"想种的品种不补贴，不想种的反而补贴"），对农机购置补贴的意见主要是进入农机购置补贴目录的农机价格都有不同程度的上涨（这一点与农资综合补贴的情况相似），农户得不到真正的实惠。

（二）农民培训

在样本农户中，只有 9 人次接受过免费或者部分免费的农业生产技能、打工技能等方面的培训。在河南省实地调查的 6 个村庄中，接受访问的 50 个农民均表示自己和自己家人没有接受过政府组织的免费、部分免费或者其他方式的任何培训，自己也没听说本村或周围其他村庄有人接受过此类的培训。样本农户中有超过 66% 的人表示希望能够得到种植、养殖、农机等方面的技术培训，其中 58% 的人希望这种培训是免费的；有53% 的人希望能够得到打工技能培训，其中超过六成的人希望这种培训是免费的。这表明，一方面，农民当中确实存在农业生产技术和务工技能培训的需求；另一方面，现实中农村中得到此类培训的人很少，同时这也反映出现有的各种农民培训工程的普及程度与预设目标还有很大差距[①]。

四　农户生产经营的实证分析

前面的统计分析为我们展示了农业生产中的一些有趣现象，比如影响农作物单产的各种因素、各项收入之间的相互关系及影响因素等。本部分将通过建立计量模型，进一步深入研究这些变量之间的关系，以期发现当前小农经济发展的特点。

（一）农作物单产影响因素分析

我们首先检验户主个人特征（年龄、受教育程度）、家庭特征（家庭劳动力）、职能专业化程度（农业、打工、农机作业服务收入占家庭总收

---

① 比如，按照计划，到 2010 年，"绿色证书"培训工程要达到每 8 户农民中有 1 人参加过培训的目标，跨世纪青年农民科技培训工程基本达到每个村民小组有 1—2 名优秀青年农民参加培训的目标，等等。

入的比重）、是否加入合作组织、土地经营规模、农机投资（农机总值）、区域差异等情况对土地生产率的影响。土地生产率作为因变量，用小麦或玉米的单产来衡量，其他作物在样本中的种植比例较低，不适宜用来检验这种经济关系。用小麦和玉米分别检验这种关系，可以验证其中专业化程度、是否加入合作组织、土地经营规模等重要变量对农业生产的影响是否是一致的。自变量中土地经营规模用家庭承包地面积与转入土地面积之和表示；农机总值衡量了农户拥有农机的数量和规模；是否加入合作组织是一个二值变量，加入合作组织值为 1，否则值为 0，我们取未加入合作组织的农户为基准组；另外，在模型中加入表示区域的两个虚拟变量：河南、河北，基准组为山东。变量描述如下：

表 22　　　　　　　　　　　变量定义及调查数据

		变量名称	变量定义及解释	平均值	标准差
因变量		小麦单产（斤/亩）	2007 年小麦的平均亩产量	768.4	161.0
		玉米单产（斤/亩）	2007 年玉米的平均亩产量	874.9	196.8
自变量	户主个人指标	年龄（岁）	户主年龄	46.0	8.4
		受教育年限（年）	户主受教育年限	8.3	2.1
	家庭指标	家庭劳动力（人）	家庭劳动力数量	2.5	1.0
	专业化指标	农业收入比重（%）	2007 年农业收入占家庭总收入比重	35.4	24.9
		打工收入比重（%）	2007 年家庭成员打工收入占家庭总收入比重	36.6	32.2
		农机作业收入比重（%）	2007 年农机作业服务收入占家庭总收入比重	12.9	26.8
	是否加入合作组织		1 = 加入，0 = 未加入	0.2	0.4
	土地经营规模		家庭承包地与转入土地面积之和	7.9	15.7
	农机总值（万元）		农户购置农机价格的总金额	4.13	9.66
	区域指标	山东	1 = 山东样本，0 = 非山东样本	0.5	0.5
		河南	1 = 河南样本，0 = 非河南样本	0.3	0.4
		河北	1 = 河北样本，0 = 非河北样本	0.3	0.4

表 23 农作物单产影响因素模型 FGLS 估计结果

因变量	小麦单产的自然对数		玉米单产的自然对数	
自变量	系数	T 值	系数	T 值
年龄	0.001	(0.73)	0.0010	(0.86)
受教育年限	-0.001	(0.18)	0.0073	(1.48)
河南	0.04	(1.05)	-0.1351	(3.51)***
河北	0.10	(3.59)***	-0.0274	(0.97)
家庭劳动力	-0.002	(0.24)	0.0064	(0.72)
土地总规模自然对数	-0.01	(0.62)	-0.0045	(0.30)
农业收入比重	0.0001	(2.22)**	0.0007	(1.32)
农机作业收入比重	0.006	(3.48)***	0.0058	(3.24)***
农机作业收入比重平方	-0.00006	(2.64)***	-0.00005	(2.40)**
打工收入比重	-0.00007	(0.17)	-0.0002	(0.42)
农机总值	0.003	(1.83)*	-0.0010	(0.52)
合作组织成员	0.06	(2.00)**	0.0198	(0.50)
常数项	6.50	(73.66)***	6.6389	(73.49)***
观测值个数	308		309	
R^2	0.186		0.207	
调整 R^2	0.153		0.175	
回归整体显著性的 F 统计量	5.612		6.453	

注：括号内为 t 统计量的绝对值。* 表示在 10% 的水平上显著，** 表示在 5% 的水平上显著，*** 表示在 1% 的水平上显著。

在模型设定方面，考虑到表示专业化程度的农机作业收入占家庭总收入的比重在统计中显示出对农作物单产具有非线性影响，因此，在模型中增加该变量的两次项；土地经营规模以自然对数的形式出现，其余自变量均采用水平形式。通过检验，因变量无论采用自然对数形式还是水平形式，虽然都不存在模型错误设定的问题，但是异方差性问题却总是存在；纠正异方差性的 FGLS（可行的广义最小二乘）估计显示，对数形式模型的解释能力更好，其拟合优度达（R^2）到 0.186，调整的 R^2 也达到了 0.153，而水平形式模型的 R^2 为 0.164，

调整的 R^2 只有 0.13。因此，我们只报告对数形式模型的 FGLS 估计结果。详见表 23。

从回归结果看，农作物单产模型回归整体显著性的 F 统计量数值都比较大，表明所有的自变量在整体上是显著的，对因变量具有一定的解释能力。但是，模型的拟合程度不高，R^2 分别达到 0.186 和 0.207，说明自变量只能解释小麦、玉米单产自然对数变异当中的一小部分。这是容易理解的，毕竟影响小麦、玉米单产的许多重要因素，比如土壤肥力、作物品种等，我们并没有加以控制，而自变量中的专业化指标、农机总值等因素只能看作是在农业生产中人力、物力投入的一种相对简单的替代。但是，总的来说，模型还是揭示出一些我们感兴趣的关系。

第一，以各项收入占家庭总收入的比重衡量的农户职能专业化程度对农业生产率的影响在统计上大部分是显著的，并且与前面统计分析所反映出来的现象是一致的。农业收入比重提高 1 个百分点，小麦单产就会提高 0.01 个百分点，玉米单产就会提高 0.07 个百分点（对玉米单产的影响在统计上不显著）。虽然打工收入比重对小麦、玉米单产的影响不显著，但是其系数显示，打工收入比重越高，小麦、玉米单产水平就越低。农机作业收入比重对小麦、玉米单产的影响是非线性的，农机作业收入比重小于 50% 的农户，对外提供农机作业服务不但不会降低反而能提高自己的小麦单产；农机作业收入比重大于 50% 的农户，对外提供农机作业服务会降低自己的小麦单产。同样，以 58% 为分界点，农机作业收入比重对玉米单产具有先提高后降低的作用。但是，从经济意义上来说，职能专业化程度对农业生产率的影响比较微小。收入比重变动一个百分点，单产只有百分之零点几甚至是千分之零点几的增加或者降低，从平均单产情况看，也就是几斤甚至零点几斤的增减。

第二，不管加入合作经济组织对农业生产效率的影响在统计上是否显著（对小麦单产的影响在统计上显著，而对玉米单产的影响在统计上不显著），它从经济意义上看却比较明显。根据统计结果，合作组织成员比非合作组织成员的小麦单产平均高 6%，玉米单产平均高 1.98%，按照小麦单产和玉米单产的样本均值计算，平均高 45 斤和 17 斤。

第三，农户经营的土地规模越大，农作物单产就越低。虽然这种现象在统计和经济意义上都不十分显著，但是却具有一定的启示作用。这表明农户土地经营规模的扩大从根本上不利于提高土地生产率。户主年龄和受教育年限对农作物单产没有显著的影响，这与前面统计分析的结论是一致的。家庭劳动力数量对农业生产率没有明显的影响。农机总值对小麦单产具有显著的促进作用，但从经济意义上看这种促进作用不十分明显。

第四，区域之间农作物单产水平存在差异明显。就小麦单产而言，河北省样本农户平均比山东省样本农户高 10%，并在统计上显著；河南省样本农户与山东省样本的差异虽然在统计上不显著，但是前者比后者平均高 4%，这从经济意义上看却不是微不足道的。就玉米单产来说，山东省样本农户平均比河南省样本高 13.5%，在统计上显著；比河北省样本平均高 2.74%，在统计上不显著，在经济上较为明显。

另外，把样本限定在小麦、玉米当年播种面积占土地总面积 90% 以上的那部分农户，在模型中增加土地块数及其平方项，通过检验，发现土地块数及其平方项对小麦单产确实存在统计上联合显著的非线性影响，运用 FGLS 估计，可以看到拐点出现在土地块数在 2 块的时候，也就是说当土地块数在 2 块时，小麦单产达到最大。由于样本容量的限制，根据玉米单产对数模型不能估计出土地块数对玉米单产的非线性影响。

（二）土地流转影响因素分析

前面的统计分析显示，户主年龄、受教育程度、家庭承包地面积或人均承包地面积、收入比重等因素对农户土地流转（转入土地）意愿有所影响。本部分我们通过建立回归模型，定量分析农户转入土地的影响因素。根据样本农户有没有土地转入的情况构造一个二值变量，有土地转入的农户赋值为 1，没有土地转入的农户赋值为 0，以此作为因变量，建立一个线性概率模型。自变量包括户主个人特征变量（年龄、受教育年限）、家庭特征变量（人均承包地面积）、职能专业化变量（农业、农机作业收入、打工三项收入比重）、农机投资变量（农机总值）、是否为合作组织成员以及区域变量（河南、河北，基准组为山东）。

在模型中除了农业收入比重的平方项，其他变量都以水平形式出现。

模型误设的 RESET 检验的 F 统计量为 0.16，证明模型不存在错误设定的问题。由于线性概率模型一般都存在异方差性问题，所以我们运用可行的最小二乘法进行估计。表 24 给出了模型估计结果。

表 24　　　　　　　　　　影响土地流转概率的 FGLS 估计结果

因变量	是否转入土地	
自变量	系数	T 值
常数项	0.238	(1.34)
年龄	−0.001	(0.34)
受教育年限	0.002	(0.14)
河南	−0.104	(1.89)*
河北	0.031	(0.57)
人均承包地面积	0.041	(3.10)***
农业收入比重	0.011	(3.87)***
农业收入比重平方	−0.0001	(3.56)***
农机作业收入比重	−0.003	(2.15)**
打工收入比重	−0.004	(4.44)***
农机总值	0.001	(0.17)
是否为合作组织成员	0.006	(0.10)
观测值个数	311	
R²	0.615	
调整 R²	0.601	
回归整体显著性的 F 统计量	43.45	

注：括号内为 t 统计量的绝对值。* 表示在 10% 的水平上显著，** 表示在 5% 的水平上显著，*** 表示在 1% 的水平上显著。

从回归整体显著性的 F 统计量和模型的拟合优度看，自变量对农户是否转入土地具有比较强的解释能力，回归整体的显著性也比较高。从自变量回归系数的 t 统计量看，人均承包地面积、农机作业收入比重、打工收入比重、农业收入比重及其平方项、表示河南省样本的虚拟变量对于转入土地概率具有显著影响，而户主年龄、受教育年限、农机总值、是否为合作组织成员以及表示河北省样本的虚拟变量虽然不显著，但与前面统计分析的结果是一致的。回归结果说明：

第一，人均家庭承包地面积越大的农户，转入土地的概率越高；而农机作业收入比重或打工收入比重的提高，会降低农户转入土地的概率。人均承包地面积衡量了一个地区土地资源丰富程度，人均承包地面积越大，土地资源越丰富，潜在的可供流转的土地就越多，发生土地流转的概率相应提高。这可能反映出土地流转的一个基本规律，就是土地资源相对丰富的地区，发生土地流转的概率比较高。这与前面河北省城郊村样本与非城郊村样本在人均承包地面积上的差异以及两类样本发生土地流转比例的差别是相吻合的。农机作业收入比重或打工收入比重对农户转入土地概率的影响不难理解：对外提供农机作业服务或外出务工在家庭经济中越重要，农户所拥有的资源禀赋向农业生产倾斜的可能性就越小，其转入土地扩大农业经营规模的可能性也就越低。

第二，农业收入比重对于土地流转发生概率的影响是边际递减的。在农业收入比重等于55%时，土地流转发生的概率最大；当农业收入比重小于55%时，土地流转发生的概率逐渐增大；当农业收入比重大于55%时，土地流转发生的概率逐渐减小。

第三，河南省样本发生土地流转的概率比山东省样本要低，这与前面的统计分析是一致的；河北省样本与山东省样本相比，发生土地流转的概率没有显著区别。河南省样本的一个突出特点是种植结构相对单一，主要以粮食作物生产为主，经济作物生产比较薄弱。在这种情况下土地流转的需求不足，除了因为外出务工农户自愿流转土地以外，缺少外来力量推动土地流转。因此，河南省样本农户土地流转发生的概率比山东要低。

（三）分工专业化对非农收入的影响

农机跨区作业的蓬勃发展，使农机作业服务走上了产业化的道路，由此形成了一个新兴的农业生产型服务行业，大幅提高了农机作业服务专业化程度，同时也促进了农业生产的分工：一部分农民从农业生产环节中分离出来，专门提供农机作业服务；与此相对应，另一部分农户放弃农机作业的自有自用（或自给自足）模式，成为无机户，完全从市场上雇用农机作业服务。①

如果无机户雇用农机作业服务的行为可以看成是农业分工的一种表现，那么无机户把生产环节"外包"给农机作业服务提供者的程度——即无机户农业生产过程中的分工程度，可以用无机户农业生产的机械化程度表示。我们认为，无机户雇用农机作业服务的交易行为，可以使交易双方都能获利。首先，对于农机作业服务提供者来说，在交易中可以获取农机作业服务收入；其次，对于无机户来说，使用农机作业服务，可以降低农业劳动强度，节省和替代劳动，为农业劳动力的非农转移创造条件，从而增加家庭非农收入（打工收入与其他收入之和）。

我们选择小麦生产来考证农机作业服务专业化对无机户非农收入的影响。这种处理基于两点考虑：其一，小麦生产对农民的生活具有特殊重要的意义。小麦是样本农户的主要食物来源。虽然粮食的市场化程度已经比较高，但是目前农民粮食消费还是以自给自足为主，"手里有粮，心中不慌"的传统观念还普遍存在。小麦生产关乎农户一年的口粮，整个家庭对其重视程度很高，以至于在小麦收种等农忙季节，家中从事非农经济活动的成员需要返乡帮忙。其二，小麦生产的机械化程度比较高，机械替代劳动的现象比较容易观察。特别是在小麦耕种收三个环节是否使用农机作业以及使用多少农机作业，是决定家庭非农就业劳动力是否需要中途返乡帮忙以及返乡时间长短的关键环节。因此，我们的研究视点主要集中于小麦耕种收三个环节机械化程度对于农户非农收入的影响。

---

① 这是农机作业服务专业化推动农业生产分工的一种理想模式：整个农业生产环节由两部分人共同完成，一部分人专门提供农机作业服务；而另一部分人不再对农机投资，成为无机户，完全使用农机作业服务，这部分农业劳动力可以实现非农转移。比如，山东省菏泽市就把农机专业合作社作为土地流转载体的一套完整构想："现阶段，可以实行合作社以村为单位与农民签订耕种收、植保在内的订单式作业合同，与之相关的一切费用由农民承担；随后，当双方有了稳固的信任基础后，农民可以将土地全权托管给合作社，并向后者收取约定的收益；第三步是土地所有者与合作社签订长期的土地流转合同，实现土地承包权与经营权的彻底分离。"（见王均新：《山东菏泽：基于农机合作社的土地流转猜想》，《山东商报》，2009 年 5 月 19 日）另据报道，目前菏泽市共有 152 个村的 45 万亩土地由农机专业合作社提供经营服务（见中国农业机械化信息网，http：//www. amic. agri. gov. cn/DesktopModules/Infos11/Infos/ThisInfo. aspx？c = 1& ItemID = 78299）。当然，现在还有一部分有机户在一些生产环节中雇用农机作业服务，在另外一些环节使用自有农机进行作业。为了研究方便，我们把研究对象限定在无机户范围内，考察农机服务专业化对无机户非农收入的影响。

无机户小麦耕种收环节的分工程度可以用三个环节的机械化程度来度量，而耕种收环节的机械化程度可以用单位面积农机耕种收作业成本表示，也可以用耕种收环节综合机械化程度表示。前者是在农机作业服务市场发育较完善的条件下对无机户在耕种收环节使用农机作业服务程度的一种近似计量，单位面积小麦农机耕种收作业成本越大，表明农户小麦耕种收环节机械化程度越高，替代出劳动越多，小麦耕种收环节的分工程度越高。后者是在确定耕种收环节农机作业对劳动替代强度的基础上，利用机械作业面积占小麦面积的百分比，进行加权计算出来的综合机械化程度[1]。耕种收环节综合机械化程度越高，表明农户小麦耕种收环节的分工程度越高。从理论上讲，两者都是连续型变量，但实际上，后者的观测值是一个离散型变量，只有 4 个取值。因此，我们在计量分析时采用前者代表农户耕种收分工程度，而用后者来验证前者回归结果的真实性。

除了农业生产的分工程度，农户非农收入还受到其他许多因素的影响，比如从事非农经济活动的劳动力数量及其素质（如受教育年限、有无工作经验等）、所从事的行业类型、一年中从事非农经济活动的时间，等等，这些因素都能在一定程度上决定农户非农收入的多少。虽然上述因素是影响农户非农收入的关键变量，但是它们不是本研究主要的关注点，在调查中没有设计此类问项，因此在计量分析时也就无法将其纳入模型，由此带来的影响是计量模型的拟合程度比较低。

令 y 为农户非农收入，g 为小麦耕种收环节分工程度（以单位面积耕种收机械作业成本表示），m 是其他影响农户非农收入的因素。则 y、g、m 有下面的函数关系：

$$y = f(g, m)$$

对 y 求全微分得

$$\mathrm{d}y = \frac{\partial y}{\partial g}\mathrm{d}g + \frac{\partial y}{\partial m}\mathrm{d}m \qquad (1)$$

---

[1]   小麦耕种收环节机械作业替代劳动的作用不完全相同。为了客观反映这一事实，我们将耕种收环节机械作业赋予不同的权重。如果将小麦生产全过程的劳动投入设为 100，那么耕种收三个环节所占有的劳动投入可占到 90，而耕种收分别占 30、20、40。小麦耕种收环节综合机械化程度 $= \dfrac{4 \times 机收面积 + 3 \times 机耕面积 + 2 \times 机播面积}{9 \times 小麦播种面积} \times 100\%$。

方程（1）两边同除以 y，整理得

$$\frac{\mathrm{d}y}{y} = \frac{\partial y}{\partial g}\frac{g}{y}\frac{\mathrm{d}g}{g} + \frac{\partial y}{\partial m}\frac{m}{y}\frac{\mathrm{d}m}{m} \qquad (2)$$

其中，$\frac{\partial y}{y}\frac{g}{\partial g}$、$\frac{\partial y}{y}\frac{m}{\partial m}$ 是非农收入对小麦耕种收环节分工程度和其他影响因素的弹性，定义为 α_1、α_2。

对方程（2）两边求不定积分，得

$$\ln y = \alpha_1 \ln g + \alpha_2 \ln m \qquad (3)$$

可以预测，g 对 y 具有正向影响，也就是说 α_1 应该是正值。因为 m 是没有观测到的因素，我们把 m 对 y 的整体影响 $\alpha_2 \ln m$ 定义为 μ。利用调查数据，在方程（3）的基础上，建立一个一元弹性模型，以检验农业生产分工对非农收入的影响。

$$\ln y = c + \alpha_1 \ln g + \mu \qquad (4)$$

其中 c 为常数项。

运用 SPSS 软件对模型进行处理。经过检验，模型不存在误设问题，也没有异方差问题。因此，可以直接采用最小二乘法（OLS）进行回归，回归结果如下：

表25　　　　　　小麦耕种收环节分工程度对无机户非农收入的影响

自变量	因变量：非农收入（ln y）	
	系数	T值
常数项（c）	6.08	$(4.25)^{***}$
小麦生产分工程度（ln g）	0.70	$(2.19)^{**}$
观测值个数	70	
R^2	0.066	
调整 R^2	0.052	
回归整体显著性的 F 统计量	4.803	

注：括号内为 t 统计量的绝对值。* 表示在10%的水平上显著，** 表示在5%的水平上显著，*** 表示在1%的水平上显著。

与预想的一样，小麦生产耕种收环节分工程度只能解释无机户非农收入（自然对数）变异程度的 6.6%，拟合程度比较低。我们没有观测到的其他因素决定了无机户非农收入（自然对数）差异性的其余 93.4%。然而，回归结果同时也揭示出小麦生产耕种收环节分工程度对无机户非农收入确实存在统计上显著地促进作用：小麦生产耕种收环节机械作业投入增加 1%，无机户非农收入就会相应增加 0.7%。因此，方程（4）的估计形式为

$$\ln y = 6.08 + 0.702 \ln g$$

图 30 给出了小麦耕种收环节分工程度与无机户非农收入的拟合曲线。

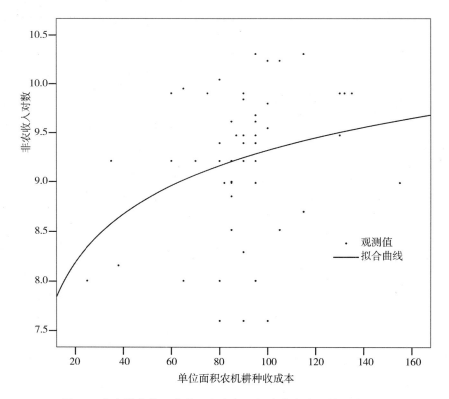

图 30　小麦耕种收环节分工程度与无机户非农收入的拟合曲线

从拟合曲线图也可以看出，拟合程度不高的主要原因：一是样本中无机户样本数量较少，且如本报告一开始对样本取样的地区分布情况的介绍

也可以看出，样本地区分散度比较高，如果有足够的样本数量，或者地区相对集中一些，拟合度必定会相对提高；二是样本的调查数据填写得不够完整，影响我们使用更准确的数据进行分析；三是目前我国农业的分工专业化水平还不够高，所以我们只能用小麦耕种收三个主要环节进行分析，这也在很大程度上影响检验拟合程度的。基于以上分析结果和三点原因，我们认为，这个检验结果是可以成立的。

　　如果将非农收入换成打工收入或者其他收入，上述结论仍然成立，只是在具体影响程度上存在一定差别。详细结果见表 26。从回归结果看，小麦耕种收环节分工程度对打工收入变异程度的解释能力甚至超过了其对非农收入的解释力（前者的拟合优度达到 0.079，而后者只有 0.066），并且两个模型中小麦耕种收环节分工程度的回归系数基本相等；而对其他收入的解释能力更弱，在统计上的显著程度比较低（小麦耕种收环节分工程度回归系数 t 检验的 p 值为 0.186）。这也表明上述模型比较稳健。

表 26　　小麦耕种收环节分工程度对无机户打工收入、其他收入的影响

自变量	因变量：打工收入（ln y）		因变量：其他收入（ln y）	
	系数	T 值	系数	T 值
常数项（c）	6.06	(4.13)***	3.37	0.94
小麦生产分工程度（ln g）	0.71	(2.16)**	1.09	1.36
观测值个数	56		29	
R^2	0.079		0.064	
调整 R^2	0.062		0.03	
回归整体显著性的 F 统计量	4.654		1.857	

　　注：括号内为 t 统计量的绝对值。* 表示在 10% 的水平上显著，** 表示在 5% 的水平上显著，*** 表示在 1% 的水平上显著。

　　利用小麦耕种收综合机械化程度作为表示分工程度，重复以上过程，得到如下回归结果：

表 27　　　　　　　小麦耕种收综合机械化程度对无机户非农收入的影响

自变量	因变量：非农收入（ln y）		因变量：打工收入（ln y）		因变量：其他收入（ln y）	
	系数	T 值	系数	T 值	系数	T 值
常数项（ln g）	7.84	(3.78)***	7.04	(3.63)***	4.46	0.74
小麦耕种收综合机械化程度（ln g）	0.30	0.67	0.48	1.12	0.83	0.63
观测值个数	70		56		29	
R²	0.006		0.023		0.014	
调整 R²	-0.008		0.005		-0.022	
回归整体显著性的 F 统计量	0.445		1.260		0.395	

　　注：括号内为 t 统计量的绝对值。* 表示在 10% 的水平上显著，** 表示在 5% 的水平上显著，*** 表示在 1% 的水平上显著。

　　从回归结果上看，受其数据性质的影响，虽然小麦耕种收综合机械化程度对无机户非农收入及其构成都不存在统计上显著的影响，但是与前面的分析类似，其回归系数都是正值，这表明小麦耕种收的分工程度对无机户的非农收入（特别是打工收入）存在程度不同的促进作用的结论是可信的。我们检验的只是小麦生产耕种收环节上的分工程度，如果完全实现耕地承包权与经营权的分离，把耕地经营权交由农机作业服务组织，而耕地承包者保留相应的收益权，更加有利于其提高非农收入。相应地，由于农机作业服务市场容量的扩大，这种情形对于农机作业服务提供者来说也是有利可图的。所以，农机作业服务专业化引领的这种农业生产组织形式的变革可以实现帕累托改进。

　　　　　　　　　　李汝莘　樊祥成　徐光平　王新志　许英梅等

　　　　　　　　执笔：樊祥成

　　　　　　　　2009 年 12 月 22 日

现代农业发展方式的国际比较与借鉴

纵观当今世界，按照自然资源禀赋的差异，发达国家农业可以粗略地分为三类：以美国、加拿大为代表的地多人少国家；以荷兰、日本、韩国为代表的人多地少国家；介于二者之间的法国、德国等多数欧洲国家。上述发达国家创造了各自不同的农业发展方式，在农业现代化建设方面取得了突出的成就，农业已由资源依附型转化为智能依附型的高效率、高附加值、高效益的现代产业。分析、研究这些发达国家农业发展的规律和经验教训，可作为我们走具有中国特色的农业现代化道路的有益借鉴。

一 土地资源丰富国家的比较

我们主要对高度分工专业化的美国和以大规模农场"大而全"方式为主的加拿大两个典型国家进行研究和分析。

（一）美国发达的农业社会化服务体制

美国的农业在世界经济中具有重要的地位和影响，其以不到全球 3‰ 的农业劳动力，产出全世界绝大部分农业产品，其中黄豆产量占全世界总产量的 53%，柑橘占 64%，玉米占 40%，芦粟占 31%，青豌豆占 23%，牛肉占 23%，乳制品占 15%，猪肉占 13%，蛋类占 19%。美国的农业生产所以拥有如此巨大的生产规模，并不仅仅是因其现代化生产水平极高，从组织和经营角度看，美国农业的高度现代化，是与其高度完善和发达的农业社会化服务体系分不开的。

美国农业社会化服务体系产生于 20 世纪 30 年代，"二战"以后得到了快速发展，经过近 80 年的发展形成了"公共服务体系＋合作服务体系＋私人服务产业"三足鼎立式的美国农业社会化服务网络组织体系，三者之间相辅相成，相互协调，优势互补，自我发展。（1）公共农业服务体系主要通过农业教育、农业科研和农业推广三个方面进行，其中包括两套体系：一是农业部农业研究局、合作推广局等联邦农业服务机构；二是各州赠地大学农学院及其附属机构农业试验站和合作推广站组成的农学院综合体，由此而形成公共性质的农业服务系统。该体系主要在政府财政的支持下，负责研究和探索有利于美国农业发展的知识和信息，并尽快将其传送到农民手中，使之以最快的速度转化为现实生产力。（2）合作服务体系主要由两部分构成：一是农场主合作社；二是合作农业信贷体系。农场主合作社是农场主为消减外部性的不利影响，保护自身利益，对抗商业垄断组织而成立的各种非营利性农业经济合作组织。其种类主要有生产合作社、销售合作社、购买合作社和服务合作社等，对其成员的服务一般按保本微利原则，对非社员则按市场价格进行交易。农业合作信贷体系包括 12 家联邦土地银行及其下属 284 个联邦土地银行协会，12 家联邦中期信贷银行及其下属 200 多个生产信贷协会，还有 3 家合作社银行，其主要任务是向农场主和合作社提供廉价农业信贷服务。（3）私人农业服务体系主要由私人农业服务企业包括独立经营的家庭企业、合伙企业和股份公司构成。对农业的服务范围几乎涉及所有领域，从农机、化肥、农药、种子、农膜等农用生产资料的生产供应，到农业生产所有环节的机械化作业，到农产品的储运、销售、加工，等等。这些私营农业服务企业完全按市场价格机制和交易原则进行经营性服务，即它们在追求自身效益最大化的过程中，以公平的市场交易来实现为农业的社会化服务。

美国农业社会化服务体系主要由四部分内容组成：（1）农业生产环节专业化服务。美国有大批农机租凭公司以及直接向农场主提供各种生产性服务的专业公司，比如耕翻土地公司、播种公司、中耕公司、施肥公司、植保公司、收获公司、仓储公司、运输公司等。这些专业服务公司从备耕、播种、施肥、洒药、收获、储运等生产作业全都能为农场主提供优质的专业化服务。这种分工、专业化服务的生产方式，可以大大节约农场的资本、劳务投入、降低各项成本，使农场的生产效益递增。（2）植保和防疫服务。农业社会化服务不仅包括在对粮食生产的专业服务，还扩展到蔬菜、果树的病虫害防治和家禽、畜牧业的卫生防疫等领域。农场主根据县农业技术推广站提供的虫情、疫情通报和科普宣传、咨询，及时发现虫情、疫情，通知专业服务公司或合作社，就会得到及时有效的防治，若防治不当造成损失，农场主可以得到合理赔偿。(3)新技术的推广和应用。美国农业的优势地位与其他产业一样，靠的是技术的不断更新和快速广泛应用，其技术发展速度之快，即使美国素质相对较高的农场主也无法跟上。因此，必须依靠不断地取得有关服务。比如县推广站经常为推广某项新技术举办培训和示范活动，教农场主尽快理解和掌握新技术的机理和操作方法。(4)管理技术的咨询服务。美国农场表现出的日益增长的高效率，在很大程度上还取决于社会为其提供的管理经营咨询服务。如信息服务、财务管理和审计咨询服务、管理服务、法律及其他服务等。

应当说，美国的农业社会化服务体系是当今世界分工最合理，专业化水平最高，对现代化农业的可持续发展提供基础性支撑功能发挥得最有效率的服务体系。在这个体系的发展过程中，呈现以下几个突出特点：(1)社会化服务体系已经成为农业生产不可缺少的基础和保障。在美国这种高度市场化和资本技术密集的国家，分工、专业化本身就意味着资本技术利用的高效率和低成本。这些自然就成为刺激农业技术产品生产供应、代耕代种代收服务、储运、加工、销售服务业分工、专业化发展的驱动力。而在利益机制的驱动下，传统农业产前、产中、产后能够分工、专业化操作的环节和项目都已经被不断地分离出去，随着农业分工、专业化程度的不断提高，农场主的职能基本上只剩下经营决策和部分的管理。因此，离开了发达的服务业，美国农业的大规模、高效率的生产经营将无法进行。(2)私人服务产业是社会化服务体系的主体。在美国，直接为农场主提供产前、产中、产后系列化服务的主体是农场主的合作社和私人服务产业。在以市场为导向的服务领域，私人服务产业与合作经济比较而言，前者无论是从规模、实力、产值还是效率方面，都是占主体地位的。私人服务产业不仅包揽了产前、产中、产后服务的绝大部分，甚至还提供某些教育、科研和推广方面的服务。其实，许多机械化生产技术专业服务公司，同时也是产前生产资料供应商和产后储运、购销、加工企业，美国很大一部分专业生产技术服务公司是由农业生产资料制造或供应厂商发展而来的，也有私人靠几台联合收割机和汽车跨地区甚至跨国服务起家的。这部分为农业提供服务的私人企业的日益发展，使美国的"食物纤维体系"中直接从事农业生产的劳动力大量减少，而农场以外为农服务产业的就业人口急剧增加。1960 年农场就业的劳动力为 700 万人，而为农场服务的就业人口则高达 1600 万人；1975 年两者分别为 300 万人和 1720 万人；到 1986 年，两者的人数就分别达到了 200 万人和 1820 万人。[①]（3）合作社是抑制垄断保护农场主利益的竞争性主体。合作社的主要功能是以合作社的组织优势与私人资本的行业垄断——把产前供应做成卖方市场，把产后销售做成买方市场——进行竞争和抗衡。美国合作社的经济组织色彩仍然比较浓厚，农场主与合作社之间的关系比较松散，日常关系主要以商品交换为基础，以单纯的业务往来为主要内容，不存在社员对合作组织的依附或依赖关系。因此，美国的合作社基本上都是服务性质的合作组织，而少有农工商一体化的组织形式。（4）政府有所为有所不为。在农业服务体系的组织构成和具体运作中，国家、利益集团、私人企业三位一体的格局，分工非常合理。政府只需要维持一个良好宽松的市场环境，做必要的指导、调控和扶持。特别在合作社发展过程中，政府在发展初期的介入和扶持，在合作社具有自我运行能力时逐步退出；在合作社和私人企业发展中，给他们提供的法律保护、信贷支持；政府不直接干预经济事务的"放任自流"的"没有政策"的产业政策，为私人企业和合作社的快速健康发展，提供了一个宽松的经营环境。同时，为保护家庭农场的合法权益，防止农业中的私人垄断，美国一些州对私人服务公司一体化经营实行了一定程度的限制。如 1981 年共有 11 个州制定了限制公司直接介入农业活动的法律，这些法律在不同程度上对公司拥有土地面积、公司直接从事农业生产作了限制性规定，甚至完全禁止某些类型的公司介入农业。因此，美国农业一体化综合实体发展比较缓慢，1960 年其农产品产值比重由 4.8% 增加到 1980 年的 6%，其中种植品由 6.3% 上升到 7.2%，畜牧产品由 3.6% 上升到 4.8%。但资料显示，涉农服务公司通过合同制实行的专业化基础上的

[①]　美国农业部经济研究局：《农场经济指标：农场部分概览（1987）》，转引自樊亢、戎殿新著：《美国农业社会化服务体系——兼论农业合作社》，经济日报出版社 1994 年版，第 157—158 页。

松散一体化的产值比重，却由 1960 年的 25%，上升到 1980 年的 31%。①

（二）加拿大的纵向分工一体化

加拿大农业已发展到高度发达的水平。2000 年，加拿大总人口为 3075.7 万人，农村人口 704 万人，占总人口的 22.9%；可耕地面积 6800 万公顷，占国土面积的 7%。作为最主要的产业之一，加拿大农业以农场经营为主，全国有 28 万个农场，其中 98% 的农场是家庭经营，每个农场每年生产足够供应 120 人消费的食品。2000 年农业创造的国内生产总值占全国国内生产总值的 8.5%，全国农产品出口额为 232 亿加元。主要构成为：大宗谷物 44 亿加元，占 19%；大宗油料作物产品 20 亿加元，占 8.6%；肉类及副产品 39 亿加元，占 16.8%；活畜出口 17 亿加元，占 7.3%；蔬菜出口 17 亿加元，占 7.3%；水产品出口 25 亿多加元，占 10.8%。

1. 充分利用农业信息化带动农业现代化

加拿大农业信息服务体系非常健全，已形成政府、协会、公司、大学等多元化、多层次协调运作的格局。加拿大联邦政府和省级政府农业部均设立农业信息中心，采取公益性、无偿的方式向农场主、乡村居民、农产品经销商和加工企业等提供农业法规、政策、标准、自然灾害、经营管理、农产品市场供求信息等信息服务。如向农民发布政府出台的新法规、新政策，告诉农民如何建设农场、牧场及办农场的政策规定和费用、环境信息、水资源信息、农业经营管理的信息、粪便处理和作物秸秆处理的信息等。

2. 创新发展新一代农民合作社

加拿大新一代农民合作社具有明显的有限责任公司化倾向，但与普通有限责任公司有很大的不同，新一代农民合作社坚持了合作社投资主体和业务利用者相统一、而不是相分离的本质特征。即，合作社的宗旨是为农民社员服务，新一代农民合作社的社员不仅仅是一个投资者，更重要的是要利用新一代合作社延长农产品的产业链条、拓展农产品新的市场空间。

---

① 樊亢、戎殿新：《美国农业社会化服务体系——兼论农业合作社》，经济日报出版社 1994 年版，第 162、171 页。

在保留经典合作社的一人一票、按照社员与合作社的交易量向社员返还盈余的基本原则外，新一代农民合作社在社员资格、社员交易额和社员股金三个基本方面实现了重要突破：（1）社员资格不开放、限制社员规模。社员资格仅提供给向合作社交售产品的社员，不再实行自由开放原则，如果社员退社，必须将自身的股本金转让出去、不可直接从合作社抽回股金，从而保证了合作社注册资本的稳定性。（2）社员与合作社通过现代契约关系联系在一起。社员入社时，与合作社签订供货合同，合同对社员产品的数量、质量、品种均明确加以规定。如果社员不能履约，合作社有权自我组织货源以弥补原料不足，但是由此发生的一切费用均由违约社员承担。（3）社员按照与合作社的交易额缴纳入社股金，两者之间呈正比例，并且社员的平均股金规模较大。由于多数合作社以建立企业实体为目标，因此投资规模普遍较大，合作社的投资额除了向银行贷款、在社区成员间融资等外，主要依靠社员。社员股金通常占合作社总投资额的 30%—50%，每个社员的股本金平均在 1 万加元以上。

3. 完善的农业技术推广体系

加拿大的农业技术推广在中央政府和各省之间有着不同但明确的分工：农业科研由中央政府承担，具体主要由农业与食品部及其分布在全国的各个研究机构承担；农业教育和推广则是各省政府的职责范围，也是在省农业部的领导下开展工作。其农业推广体系具有以下几个特点：（1）政府主导。农业技术推广本质上是一种具有某种公益性的活动，政府应该承担农业生产的公益性中的义务，政府的这种作用是无可替代的。加拿大政府正是深刻认识到这一点，确立了以政府为主导的农业推广体系。当然，政府为主不等于政府包揽一切，而是抓住主要的、核心的产品和环节，对于一些不关乎大局和地位不十分重要的农产品或环节，政府可以放开由私人经营。（2）以无偿性为主。从理论上讲，农业推广的无偿性来源于其公益性特征。在政府为主导的农业推广体系下，推广工作的基本理念应是以提供优良服务为主，而不是营利性。加拿大政府部门从事的各种推广工作都是无偿的，无论是省政府还是中央政府都是如此，从而不仅减轻了农民负担，而且大大提高了工作效率。（3）形式多样、手段灵活。加拿大的农业推广形式和手段多样，既有现场展示，也有电话、互联网、告示、小册子等。不同的推广形式可以满足农民的不同需要。对于连接互联网的用户而言，充分发挥现代通信手段作用可以为农民提供更多更好更快的服务。（4）人员结构合理，服务全面。农民是独立的市场主体，他们生产经营的核心目标就是利润最大化。因此，在农业推广工作中，无论是多么先进的技术，都必须切实从农民的经济利益出发，离开这个宗旨，推广工作就会失去它本来的意义。加拿大各级政府的推广机构在人员组成上都非常合理，既有从事技术的专家，如植保、园艺、栽培、畜牧、兽医专家，从事具体技术方面的咨询和推广，也有经济学家，帮助农民进行市场分析和提供农场内部经济管理咨询。

二　土地资源紧缺国家的比较

我们主要对日本的高水平的产前、产后服务与高投入低产出的产中小农经济，荷兰的高效率的产前、产中、产后分工专业化的大农业进行分析和比较。

（一）日本的农业协同组织体制

日本农业社会化服务体系也可以说是三位一体的组织结构，但是，它的私人企业部分基本上只限于农业生产资料的生产供应厂商，其他服务除了教育、科研推广等公共领域由政府负责外，农业生产整个过程的服务基本上由集政府与合作组织服务功能于一体的"农业协同组织"（简称农协）承担。农协作为日本政府的粮食管理附属机构，是一个在金融、经济、仓库、指导经营农业等多方面综合经营的经济团体。此外，还是一个以农村村落为基础，与町村行政为一体的农村社团组织。它是依据日本政府 1947 年颁布的，模仿欧美做法的《农业协同组合法》，以战前农村普遍存在的"产业组合"为基础建立和逐步发展起来的，1950 年代不断完善，1960 年代进入大发展时期，到 1980 年代已经发展成为农民与政府、农民与市场、农民与厂商之间不可缺少的纽带和桥梁。

日本农协作为日本农业社会化服务的主要组织，介于官方和民间组织之间。其服务内容非常广泛，几乎无处不在，与农业生产技术服务相关的大致有以下几方面：（1）提供农用生产资料供应保障。日本的现代农业是以高度机械化、化学化、水利化、良种化为突出特征的，只有现代农业生产资料供应有可靠保障、育种育秧、水利排灌等设施可资利用的条件下，农户的生产经营和整个农业生产过程才能得以顺利实施。于是保证各种农资的及时供应和物美价廉，便成为各级农协组织服务活动的重要内容。(2)提供农业生产共同设施及服务。日本农协对于农业生产过程中共同利用的基本设施，也提供各种必要的服务。尤其是一些大型农业机械的应用方面，由于日本农户经营规模小而产生的购买全套农业机械投资和应用成本太高的矛盾，和维修保养方面存在技术和能力等方面的困难日益突出，因此，从80年代开始，许多农协纷纷设立了农机站，购置必要的农业机械供农户使用，配备技术人员负责所有农业机械的维修和保养，并收取一定的费用。(3)代办农产品加工、储运和销售。日本农业虽然属小农经济结构，但其农产品的加工程度和商品化程度都很高。农产品的商品率1965年已经达到79.2%，1975年达88.1%，1986年高达92.1%。因此，农产品加工、储运、销售就成为农业生产过程的重要环节。而这些环节都是小农户无法承担，或承担不经济。于是，这便成为农协为农户提供社会化服务的重要内容。(4)提供金融保险服务。日本的农业素以高投入著称世界。1950年日本农户年投入农业经营费用为4.8万日元，1985年竟达到183.1万日元，之后虽略有减少，但1988年仍为172.5万日元。如此巨额的农业投资，一般农户单纯依靠自身积累都很困难。而商业性金融机构，因农业投资周期长、收益低、风险大等特点，一般缺少向农业放贷的积极性。因此，为农业筹集资本金的业务，便由农协承担了起来。(5)农业经营指导和教育。为适应现代化农业发展的需要，日本农协还形成了十分完善的"营农指导事业"系统。1954年后由"全国农协中央会"和各都道府县的"农协中央会"直接承担，基层农协设营农指导部。营农指导主要包括：农田水利基本建设指导，农作物品种指导，农业机械操作使用、农业设施和化肥农药的使用指导，农作物栽培技术和家禽饲养指导等。农协还以"农协教育"为中心来发展农业教育。

日本农协除了前面已经提到的诸如政府自上而下推进、半官方半民间、以及经济社团组织合一等突出特点外，进入20世纪70年代后，主要又出现了以下新特点：(1)日渐脱农化。20世纪70年代以后，伴随着日本农业生产的停滞，尤其是农村工业化、城市化和农户兼业化的进展，农协开始出现明显的"脱农化"趋向。主要表现为在农业组合成员的构成上，来自农民的正组合员比重下降，来自非农民的准组合员比重迅速提高，在农协的经营业务上越来越向那些与农业活动本身关系不太紧密的领域和部门延伸和倾斜，农协的金融机构已经随着农民兼业化和城市化而逐步变为百姓消费性金融机构。还有，在城市和近郊兴办的城市农协已占农协总数的40%，它的兴起及其在系统农协中的地位的日渐提高，使农协农业服务的特色大打折扣。（2）逐步企业化。无论从农协这种合作组织本身的性质出发，还是从日本农协的组建目标出发，它的主要目标都应当与以追逐利润为目标的一般企业存在着本质的不同。但20世纪70年代后，种种迹象表明日本农协愈来愈向企业化的方向转变。一是一些经营效益较高的农协组织已不再把经营收益返还给其成员，而是留在组织内部用于资本规模的扩大，以谋取更多的经营利润；二是一些农协组织通过购买股票、联合投资等方式，逐渐与私人资本及其企业合作，以取得红利和利润；三是许多农协组织越来越热衷于经营非农业信贷，甚至动员其成员购买不必要的农业生产资料，以收取更多的手续费。（3）趋向大型化和综合化。20世纪70年代后，在经营环境趋于恶化、内外竞争日益激烈的情况下，各级农协组织为求生存和发展不得不采取有效措施来进一步扩大其规模，增强其生存竞争能力，从而强化了大型化的趋向。其主要措施有：农协组织合并，农协在保持独立的基础上建立联合事业，加大自身积累率，等等。综合农协集各种专业事务于一体，易于统一协调配合与合作，降低组织之间以及市场交易的环节和成本，从而有利于增强组织的应变能力和竞争能力。同时，它几乎承担了与农户生产和生活有关的所有服务，因此，很受农民们欢迎。同时，这种由专业化趋向综合化的趋势与大型化的趋向也是基本一致的，所以，一些专门农协也开始从事一些综合性服务经营项目，从而更接近于综合农协。综合农协的比重从1970年的35.1%提高到1989年的48.5%。（4）注重资本技术装备大型化、应用社会化。在日本，由于小而全的农机装备方式，形成了日本高昂的农业生产成本，因此，日本自1972年起开始推行农业机械银行，旨在促进国家、地方和农业劳动者团体一体化，高效率地使用农业机械，降低成本，确保高度机械化体系不断完善。20世纪80年代，为强化和扩大农机银行的职能，又实施了新的培育办法，增加了农机行业的委托中介人，引进出租农业机械、培养受委托者小组等新的职能。在此基础上，1988年，又开始推广了新的农机租赁方式，并为在更广大的区域内实行农机委托作业形式，完善了信息网络。同时，在缺乏合作的地区，搞农业机械合理利用模范试点，即以农业劳动者自愿为前提，将个人拥有的农机由农协等组织进行集中管理，从而提高农业机械的利用率。

（二）荷兰分工高效的集约农业体制

荷兰又称"低洼之国"，全国人口 1500 多万，农业人口占 4.9%；国土面积 4.1 万平方公里，其中农业耕地 201 万公顷，人均可耕地面积仅有 0.86 亩，是一个典型的人多地少国家。就是这样一个土地十分珍贵、农业资源相当贫乏、在 20 世纪 50 年代末尚未解决温饱的小国，经过十几年的努力探索，走出了一条适宜本国国情的农业现代化发展之路，到 60 年代后期出口净值列世界第四，1989 年以来已稳居世界第三位，1998 年每公顷耕地的农产品净出口量就达 15008 美元，单产创汇稳居世界前列。荷兰农业以不足世界 0.02% 的人口、不到世界 0.07% 的耕地，以占本国国民生产总值 4% 的农业产值创造了占全国出口创汇 1/4 的奇迹，为人多地少国家发展集约高效农业树立了典范。"低洼之国"的农产品何以能独步世界，其背后的成功经验值得我们去思考和借鉴。

1. 荷兰奇迹的发生很大程度上归功于农业分工、专业化服务体系的建立——"农业组织结构的变化"

一方面，荷兰农业的分工专业化是建立在欧盟经济区域层面上，按比较优势选择的农产品结构，即农业内部主要是三大产业：一是畜牧业。据 2002 年统计，荷兰共饲养 150 万头奶牛，110 万头肉牛，140 万只羊，690 万头猪，3889 万只蛋鸡，5466 万只肉鸡，其产值占农业总产值的比重为 54.8%。二是园艺。其中，温室大棚生产扮演了重要角色，2002 年，温室大棚生产了价值 11.8 亿欧元的蔬菜，21.3 亿欧元的切花，12.9 亿欧元的盆栽植物。三是耕作业。荷兰耕作业在农业生产中居次要地位，其产值占农业生产总值的比重为 8.1%，2001 年大田种植面积为 79.8 万公顷，主要作物为饲料玉米、马铃薯、小麦、甜菜、大麦、花卉球茎。荷兰实行"大进大出"的"贸易立国"战略，通过进口粮食和饲料，用紧缺的耕地发展园艺和畜牧业，使每公顷耕地的生产率名列世界第一。另一方面是建立在农业整个生产过程纵向环节层面上的专业化生产、服务组织结构，即由合作社成员（可以是农民也可以是非农民）集资兴办的为农业生产服务并对社员承担无限责任的合作社。在荷兰农业发展历史上，农业合作社为荷兰的农业和农村经济社会的发展做出了重要的贡献，而且在其农业发展过程中占有重要地位。这些农工商综合体的合作社高效运转，从生产资料的采购供应、农业生产、农产品加工，到农产品销售和出口，实现了一体化经营，解决了农民为市场而生产的问题，提高了农业生产部门的效率，在荷兰农民收入中，至少 60% 是通过合作社取得的。这些合作社主要分五大类：第一类是信贷合作社，主要功能是为农民购买生产资料、更新设备、发展生产提供及时的充足的资金保障，如荷兰著名的拉博银行就是从农民信用合作社发展起来的农业信贷银行，也是农民自己的合作银行，该银行扎根于农业与食品部门，成为荷兰农工商综合体最大的贷款者，为农民提供了 90% 的农业贷款，为中小企业提供了 40% 的资金，现已发展成为欧洲最具实力的银行之一。第二类是供销合作社，专门提供各种农业生产资料。第三类是产中服务合作社，包括 680 家农业机械工具合作社，200 多家收割服务合作社，和 250 家农业保险合作社。第四类是农产品收购、销售合作社。第五类是农产品加工合作社。荷兰的这些农业合作社均具有独立的法人地位和完备的立法，每个合作社都有自己的章程，确定合作社的名称、成员来源、组织形式、行为准则和责权利关系等。农业合作社具有很强的独立性和自主性，不受政府的干预，农民入社完全出于自愿，一般情况下，农民可以同时参加 3—4 个合作社，以缴纳会费的形式确定与合作社的联盟关系，并从合作社获得个体户难以实现的帮助和服务，使自己的利益得到有效的保护。

2. 荷兰的农业是知识密集、资金密集的高投入、高产出、高效益的农业产业

荷兰地势平坦，降雨充足，但光照不足，全年光照时间只有 1600 小时左右。荷兰政府为使有限的土地得到高效的利用，采取了一系列符合国家气候特点和国情的农业发展战略及政策：避开需要大量光照和生产销售价位低的禾谷类作物的生产，充分利用地势平坦、牧草资源丰富的优势大力发展畜牧业、奶业和附加值高的园艺作物。20 世纪 60 年代，荷兰政府以节约土地，提高土地劳动生产率为目的调整农业结构和生产布局，使农业生产向产业化、集约化和机械化发展。至 20 世纪 70 年代在全国实行了

用资金替代土地，发展高效农业的重要措施。温室农业通过从私人银行和国外贷款中获得大量资金，迅速发展起来。在 7% 的耕地上建立起 1 万公顷面积由计算机自动控制的现代化温室，大力开发适宜温室生产的高产值的作物品种，使园艺作物基本上摆脱了自然气候的影响，也使有限的土地产生了可观的经济效益。

3. 完整齐备的科研推广系统和多层次、多形式的农牧业教育为荷兰农业现代化提供了先进科学技术和专业技术人才，奠定了农业高生产率和农产品高竞争力的基础

农业技术推广人员除进行调查、访问外，还采用开会、放映电影、举办讲座、发印刷品、组织农业展览会等形式传授新技术，使农业科研成果很快被农民所接受并应用到生产中去。为了节省耕地，荷兰大力推行温室农业，利用温室进行农业工厂化生产，该国的蔬菜、花卉、水果等大部分农产品采用温室栽培。温室采用无土栽培方法，室内温度、湿度、光照、施肥、用水、病虫害防治等都用计算机监控，作物产量很高。荷兰还用温室养鱼，不仅产量高，而且节省了大量水面。荷兰农业部门特别注重遗传工程的投资，采取优选适合于本国环境的世界各地的家畜家禽、农作物良种，依靠遗传工程进行改良，同时注意采用生物方法和遗传方法防治病害，替代对人体有害的各种化学药剂的使用，这不仅取得了显著的经济效益，而且有效地保护了自然生态环境。

三　土地资源适中国家的比较

这是资源禀赋介于以上两种极端状况之间的典型国家。

（一）法国的农业一体化

法国农业资源非常丰富，耕地面积 1833 万公顷，农业劳动力 126 万，人均耕地 4.7 亩。法国是欧洲第一大农业生产国、世界第二大农业和食品出口国、世界食品加工产品第一大出口国，近几年甜菜产量居第一位，肉类和油菜籽的产量居第四位，谷物产量居世界第五位，保持在 6000 多万吨左右。法国的农业也经历了一个从弱到强的发展过程：从第二次世界大战结束到 1960 年，法国粮食短缺，实行配给制；为解决温饱问题，20 世

纪 60 年代法国大力推进技术进步并调整产业结构，粮食产量大幅度提高，20 世纪 60 年代末已基本实现自给自足；从 1971 年起，农业生产开始出现剩余；20 世纪 80 年代农产品质量成为法国农业政策调整的主要指标；从 20 世纪 90 年代起，法国农业走上了可持续发展之路。

1. 政府高度重视与大力支持

法国能一跃而发展成为世界上主要的农产品出口国，农业政策起了决定性的作用。法国政府通过国家预算对农业进行财政支援，1962—1986 年期间，政府的农业预算拨款增加了 14 倍，由 76 亿法郎增加到 1137 亿法郎，占国家民用预算总支出的 13%。法国政府还通过农业金融制度来促进农业发展，其农业信贷银行早在 19 世纪就已成立，10 名农业工作者中，其中 9 名就是农业信贷银行的顾客。农业每年可以得到由国家补贴的约 120 亿法郎的中长期贷款（平均利率为 5%）和设有补贴的 180 亿—200 亿法郎贷款（利率约为 7%）。其主要贷款是：街年务工者立业贷款、现代化工作贷款、畜牧贷款和新栽培贷款、农业灾害补贴贷款。另外，从 1993 年开始，在"共同农业政策改革"的范围内，农民实行限定种植面积，可得到直接补贴（1993 年前为间接补贴）。

2. 实行农业生产一体化，走农工商联合经营之路

为了促进农业互助合作组织的发展，法国政府采取了一系列政策措施，比如给予合作组织税收优惠，其纯收益用于扩大再生产的资金，免征所得税等。在政府的政策支持下，农业互助合作组织得到了飞速的发展，为农业生产提供产前、产中、产后服务，实现了农业生产的专业化和一体化经营，促进了整个农业生产的发展。其中最重要的是农工商综合体，它是在专业化基础上发展起来的农业与工业及其他产业部门紧密结合的农业生产组织形式，是适应农业技术发展要求的现代生产组织。农工商综合体将工业、商业、金融等与农业有关的部门用合同或经济控股形式组成农工商联合体，它通过商业合同关系使农业生产单位及合作组织的各种工业性或销售、运输等作业环节，分别由农工商综合体的各种专业公司来完成。法国约有四分之一的农户与私人公司、合作社或国家机构签订此类合同。其类型有：生产综合体（包括农产品加工业）、生产前综合体（包括能源、设备工业、生物工业、农业化学和其他工业、服务业）、销售综合体和国际贸易综合体。这些综合体的经营范围很广，组织领导者大都为一些

大公司或集团。同时，农民自身也组织多种类型的农业合作社，其组织形式远比上述农工商综合体松散，由于其灵活有效，加上自愿组织，退社自由，因而深受法国农民欢迎。

3. 全面实现农业机械化

"二战"以后，法国政府把农业装备现代化摆在极其突出的位置，鉴于国内生产资金极度匮乏，法国政府抛掉"既无内债，又无外债"的理财观，大胆向国外借款，利用价格补贴和国家担保提供长期低息贷款等方式先把农业机械化搞上去。1950 年代曾规定，凡购置新的农机具按原价优惠 15% 出售，购买农机零件可降价 20%，差价由国家补给。1960 年代，规定农场主购买拖拉机，政府可以给予投资额 20%—30% 的补贴。此外，对农民兴建的水利工程、道路、电气化工程和土地整治等农村基本建设工程给予 10%—20% 的国家补助金。据统计，从 1948 年 7 月到 1952 年 12 月，法国政府发放的农业工程津贴额达 50911 亿法郎。另外，由政府出面担保，银行提供长期低息的贷款。在 1960 年代，银行商业贷款利息一般为 7%—8%，购买农业机械的贷款利息可降为 3%—4%，贷款年限为 5 年以上，贷款金额占自筹资金的一半以上。根据农民的需要，农业贷款逐年增加，1974 年与 1960 年相比，国家发放的农业贷款增长了 7 倍，农用内燃机和燃料全免，农业用电也远比工业便宜。为保证农业机械质量及方便使用政府颁发"特许权证"，指定专门企业在各地建立销售服务网点。不论哪个厂家哪一年的产品，其零部件都能随处买到。法国《农机法》规定，农机产品停产 10 年后还要保证零部件供应。农业机械物美价廉，售后服务有保证，深受农民欢迎。到 1970 年，各农场拖拉机的占有量已达到 170 万台，10 公顷耕地有差不多一台拖拉机，完全可以满足耕作等作业项目的需要。联合收割机增至 10 万台，植保、排涝等其他农业机械也很快得到普及。2003 年，法国的农业机械销售总额达到 36.2 亿欧元，其中拖拉机销售 3.6 万台，平均每台功率超过 115 马力，拖拉机销售资金占农业机械总销售额的 30%。

4. 塑造多元信息服务主体，大力发展农业信息化

法国农业信息化的发展特点是多元信息服务主体共存，在法国农业部的《农业网站指导》中收录的具有代表性的涉农网站就有 700 多个。在服务内容上，有各自的侧重点，在服务对象上，有各自的群体，具有良好

的互补性，成为推动本国农业信息化的主要动力。国家农业部、大区农业部门和省农业部门，负责向社会定期或不定期地发布政策信息、统计数据、市场动态等免费的农业信息服务。法国农业合作联盟等一些行业组织和专业技术协会，负责收集对本组织有用的技术、市场法规、政策信息，为组织本身及其成员使用，一般只收取成本费。粮食生产合作社、葡萄生产合作社等盈利性机构提供的农业信息服务，通常是在生产者价格和社会平均利润的范围内收费。信息网络和产品制造商也在推动农业信息化进程中发挥了重要作用。制造商以优惠的价格和周到的服务鼓励农民购买信息产品及网络设备，还以投资的形式来改善农村的信息基础设施条件。软件开发商瞄准农村市场，适时开发了一系列的应用软件，并将这些系统集成于袖珍计算机上，生产出各种便携式产品，深受农民的欢迎。

（二）德国的农业服务社会化

德国国土面积 3405 万平方公里，约一半用于农业生产。作为一个高度发达的工业国，德国的农业生产效率也非常高。农畜产品种类繁多，质量优异，主要农作物有小麦、大麦、燕麦、黑麦、马铃薯和甜菜等，畜牧业多饲养乳用、肉用牲畜，农产品可满足本国 90% 左右的总需求，自给率约 80%。尽管全日制务农人数由 1960 年的 240 万人下降到了 2002 年的不足 60 万人，但德国仍是欧盟国家中仅次于法国和意大利的第三大农产品生产国。德国政府重点采取以下措施来实现农业现代化。

1. 高度重视农业合作社建设

作为世界合作社发祥地，德国早在 1867 年就制定了第一部《合作社法》，后来又经多次修改完善。农业合作社在德国农业生产中占着举足轻重的地位，有的合作组织很大，如德国畜牧协会等，其会员遍及全国，95% 的畜牧养殖户都是其会员。主要原因是农民参加合作社可以从中获得很大的经济利益：一是在生产交易活动中减少中间损失；二是在资金融通方面能免除债息过高的风险；三是在农产品加工方面共同享受增值的好处；四是在共同使用大型农业机械和设施方面互通有无；五是通过农业产业内部分工，能享受和提供完善的社会化服务，如良种供应、病虫害防治、卫生防疫、机械维修技术培训、信息咨询等。20 世纪 70 年代以来，德国的大多数农业合作社为了扩大影响力，纷纷走上联合发展之路。许多合作社都加入了地区性合作社联盟、专业性合作社联盟和全国性合作社联盟，这些联盟在互通情报、控制市场方面发挥着重要作用。农场主投资开办的合作企业是合作化的第一层次，地区联盟或专业性联盟开办的企业就属于第二层次，而全国联盟或跨国联盟则算作高级层次。这三个层次的结合与发展，体现了现代德国农业经济结构和技术管理水平，是德国农业合作事业全面发展的结果。

2. 发展生态农业是德国改革传统农业的一项重要战略措施

既要发展生产，又要保护环境，维持农业生态系统的良性循环，走可持续发展道路，是德国农业的出发点。其意图是在确保农业基本自给的前提下，应用生态化、环保化的耕作和畜牧方法，避免由于外源物质污染或经营措施不当而造成对农田内外群落的破坏，注意对天然生物品种资源，特别是生态方面有价值群落的保护，保护风景名胜和自然景观。采用先进技术，提高"绿色农产品"的比例，其中一个量化指标是，要在 10 年内将德国采用"生态农业"方法耕作的农田，从当时占农田总量的 3.2% 增加到 20%。1998 年，德国拥有生态农业企业约 6500 家，占德国各大小农业企业总数的 1.2%；2002 年生态农业企业猛增到 10 万多家，占农业企业总数的 1/6。为了推动生态农业的发展，德国还成立了生态农业促进联合会。其成员的共同行为准则是，每个生态种植单位应把自己看作是其所处生态环境中的有机组成部分，要保护好自己生存环境里的生态平衡，要用农家肥来增加土壤肥力，用生物方法来防治作物的病虫害，自己饲养家畜，自己种植饮料作物或牧草，注意轮作，一块地里不应连续种植某一种作物；等等。总之，不能使用化肥、化学农药和除草剂。为此，德国政府按每年 450 马克/公顷的标准给予财政补贴。在德国政府的引导和限制下，德国农业磷肥、氮肥、农药用量分别比 10 年前减少了 60%、25%、30%。

3. 加大财政资金投入，积极实施农业支持政策

德国高度发达的农业是政府长期支持的结果，农业政策就是对农业实施高度的扶持和保护，力图在维持现有产业结构和经营模式的条件下提高农业生产者的收入。德国 2002 年的农业支出约为 100 亿欧元，欧盟补给德国约 80 亿欧元。这 180 亿欧元农业支出中，用于实施农业社会政策如支付农民的养老、医疗、失业保险等占 66%。对农业支出的另一方面是

大量的补贴、津贴。农民可以从欧盟、联邦和州得到津贴，政府也通过津贴对农业的发展进行干预。据有关研究表明，2002 年，德国农民收入的40％左右通过出售农产品从市场上获得，60％左右的收入来自各级政府补贴。

四　启示与借鉴

各国现代农业体制结构大都是以家庭经营为主体的合作经济体制，但路径与具体制度不同；资本与土地资源丰富不是农业竞争力强的根本原因，根源在是否选择完全的农业分工、专业化的路径和制度环境；农业产中的分工专业化对小农经济国家尤其重要。

（一）分工专业化是现代农业发展路径与制度的本质差异

当今世界尤其是发达国家，在传统农业向现代农业发展的历史背景下，现代农业的发展路径与制度，因各国历史和国情的不同呈现出明显的共性与个性，研究表明，共性与个性不仅仅与资源禀赋相关，更多地表现为经济规律导致的一致性和政策制度导致的差异性。

从发达国家农业现代化发展经验看，无论路径与制度存有多少差异、资源禀赋如何不同，其共性都表现为三点：一是以家庭为农业基本生产经营单位是绝大多数国家的共性，以色列、东德、俄罗斯等一些东欧国家，属于特例和历史遗留问题，即使是在这些国家和地方，也还有部分以家庭作为基本的生产单元；二是在资源整合路径和制度上，大多数国家都采取了土地赎买、集中，实行大中、小规模机械化农场（包括公有的集体农庄）的经营方式；三是在大、小农经济整合路径和制度上，无论农业生产分工水平如何（本质的区别是生产中的分工），都形成了农业合作组织体系，尽管这些组织体系也存在着许多差异。但是，我们看到，在现代农业的进程中，农机与农业分工、专业化水平高，农业专业服务组织发育健全的国家，无论是土地资源极其丰富的美国，还是土地资源比日本、韩国还要紧缺的荷兰，其农业现代化水平和农产品国际贸易竞争力都是世界一流的，而没有或较少农机与农业分工，专业化服务组织发育不健全的国家，无论是加拿大、法国、德国，还是日本、韩国，虽然实现了农业现代化，但都形成了"大而全"或"小而全"的小生产方式，其农业生产率以及农产品的国际竞争力都不是一流的。尽管日本和欧洲各国从 20 世纪 80 年代就已经开始寻找解决这个问题的出路，致力于建立和发展农业资本技术社会化应用的组织体系，但结果仍不能尽如人意。从这个意义上说，农业生产的分工专业化水平才是各国现代农业发展路径与制度的本质差异。

通过比较，我们可以清楚地看到，美国现代农业产业资源整合路径与制度模式是："农业生产专业化服务产业 + 分工专业化大农场 + 合作社"，荷兰是"专业化服务合作社 + 分工集约化农场"，日本是"半官方垄断式农协 + 机械化小农户"，德国、法国是"机械化中小农场 + 合作组织"，而我国小农经济整合路径与制度创新模式是"农业生产专业化服务实体 + 小农户 + 合作社"。可见，与日本、德国、法国等国家相比的区别在于，我们的农业生产分工专业化是完全的（即包括产中的分工专业化）、是市场化的，这与美国、荷兰的优势相似。但是，我们服务的对象和合作社的基础可以是分工专业化了的小农经济，这是我们与所有国家的本质区别，也是我们的创新之处。

（二）分工、专业化是现代农业快速发展的重要前提

农业社会化服务体系的实质，就是现代农业的分工体系。传统农业与现代化农业生产方式的根本区别之一，就是前者是封闭的自给自足的小农经济的生产方式；后者是生产分工越来越细，专业化、社会化生产程度越来越高，土地所有者、经营者越来越从生产的主导地位退化到从属地位的商品化、高效率的生产方式。可以说，农业分工、专业化水平越高，现代农业生产力水平就越高，农业资本技术投入回报率就越高。农业分工、专业化、社会化，以及由此而带来的现代化生产高效率和报酬递增，不仅体现在产前、产中、产后大的生产阶段的层面上，比如生产资料生产、销售，农产品的生产和农产品加工、储运、销售等；也不仅体现在各阶段内部生产的品种及在区域和组织的层面上，如产前阶段中的信贷合作社、种子公司、农机公司、农用化学公司等，产中阶段的小麦生产基地、大豆生产基地等，还有蔬菜合作社（协会）、奶牛合作社等，产后阶段的加工企业、销售合作社、储运合作社，等等；更高层次的分工、专业化还体现在

各生产阶段生产组织内部的分工和生产环节的分工、专业化和社会化，即企业或合作组织内部的各种劳动分工、生产环节和管理环节的分工、以及生产环节向外部分工的专业化。比如，美国的农业生产各个环节的农机作业，都分工成为专业化服务的外包产业，即农田作业的耕耙播收、灌溉植保都由专业服务公司承担，农场主的功能基本上也只剩下土地经营和管理了，他们既不需要很多的重复投资或高昂的代价，又能够及时分享高科技带来的农业生产高效率和报酬递增。同时，农业分工、专业化，尤其是产中阶段的分工、专业化本身还是把部分农业转变为工商服务业，把部分农业劳动转变为服务业劳动，把部分农业劳动力转变为服务业劳动力的过程。这个过程使美国直接从事农业生产的劳动力大量减少，而农场以外为农服务产业的就业人口急剧增加。据悉 1960 年农场就业的劳动力为 700 万人，而为农场服务的就业人口则高达 1600 万人；1975 年两者分别为300 万人和 1720 万人；到 1986 年，两者的人数就分别达到了 200 万人和1820 万人。① 也就是说，号称产业比重不超过 2% 的美国农业，是依靠约15% 的农业生产服务业支撑的。荷兰以其极为稀缺的土地资源，获取仅次于美国的世界农业出口大国和土地产出率世界第一的地位，除了产品高附加、技术高密度以外，其农业分工专业化、社会化以及在此基础上的合作化的高效组织制度体系，是不可忽视的。

（三）分工基础上的合作社是农业一体化的主要载体

从发达国家的经验中，我们也看到了现代农业一体化也在某种程度和某些领域中逐渐成为主流的倾向。但正常、健康、可持续发展的一体化必定只能是建立在农业高度专业化基础之上的。如果是按市场价值规律进行的具有市场竞争活力的一体化，一定是该领域的分工、专业化的市场交易成本大于一体化内部交易成本的结果，因为分工、专业化与高效率几乎是同义词，如果没有不等于零的交易成本，分工与专业化会一直进行下去。所以，对农业一体化经营，应当有一种清醒的认识，即一体化不是目的，

---

① 美国农业部经济研究局：《农场经济指标：农场部分概览（1987）》，转引自樊亢、戎殿新：《美国农业社会化服务体系——兼论农业合作社》，经济日报出版社 1994 年版，第 157—158页。

它只是为降低经营成本所采取的手段之一；市场经济主导条件下，一体化存在的唯一理由是交易成本专业化市场交易成本大于一体化内部交易成本，一体化的规模边缘是内部交易成本小于等于市场交易成本。以贸易立国的荷兰，支撑"大进大出"农产品贸易的是建立在农业整个生产过程纵向分工专业化生产、服务组织结构，即由合作社成员集资兴办的为农业生产服务并对社员承担无限责任的合作社。这些农工商综合体的合作社高效运转，从生产资料的采购供应、农业生产、农产品加工，到农产品销售和出口，实现了一体化经营，解决了农民为市场而生产的问题，提高了农业生产部门的效率，在荷兰农民收入中，至少60%是通过合作社取得的。这些合作社主要分五大类：第一类是信贷合作社，为农民购买生产资料、更新设备、发展生产提供及时的充足的资金保障，如荷兰著名的拉博银行就是从农民信用合作社发展起来的农业信贷银行，也是农民自己的合作银行，该银行扎根于农业与食品部门，成为荷兰农工商综合体最大的贷款者，为农民提供了90%的农业贷款，为中小企业提供了40%的资金，现已发展成欧洲最具实力的银行之一。第二类是供销合作社，专门提供各种农业生产资料。第三类是产中服务合作社，包括680家农业机械工具合作社，200多家收割服务合作社和250家农业保险合作社。第四类是农产品收购、销售合作社。第五类是农产品加工合作社。荷兰的这些农业合作社均具有独立的法人地位和完备的立法，每个合作社都有自己的章程，确定合作社的名称、成员来源、组织形式、行为准则和责权利关系等。农业合作社具有很强的独立性和自主性，不受政府的干预，农民入社完全出于自愿，一般情况下，农民可以同时参加3—4个合作社，以缴纳会费的形式确定与合作社的联盟关系，并从合作社获得个体户难以实现的帮助和服务，使自己的利益得到有效的保护。

美国的农业一体化的主要载体也是专业化基础上的合作社，真正内部一体化的企业，只占5%—6%，大部是以合同制为纽带的专业化企业与合作组织之间的松散一体化（当然，这也有制度限制方面的因素）。

日本农业的一体化（农协）除了与生产资料厂商之外，可谓严密周到，但它是建立在农业产中基本没有分工专业化的小农经济基础上的，是一种政府预先给定的半官方的组织模式，而不是市场经济发展水到渠成的必然产物，这是它及农业发展面临诸多困难和问题的根本原因。也是我们目前应当极力避免的经验教训。

（四）主体多元化是现代农业服务业发展的重要策略

在现代农业发展进程中，发达国家最成功的经验之一，就是以市场为导向，国家、集体（社团）、个体等多元主体互为依托、相互补充，协调发展。

国家承担公共服务领域，不仅为农业、农民、农村服务，还有为其他农业服务组织、厂商服务，不仅要提供政策、信息、教育、推广、咨询等方面的服务，还要承担重大科技开发的基础性投入和研究，比如，美国从1974年开展的应用卫星遥感技术于农业生产和管理技术方面的"大面积作物估产试验"，"空间遥感调查农业和资源计划"等开发研究，使美国的空间遥感技术对农作物的分类、种植面积测定和估产等技术达到实用化；通过建立"3S"系统（遥感系统RS，全球定位系统GPS，和地理信息系统GIS）确定土壤全部信息，用以预警灾害，确定具体精确的施肥、水、药方案等技术的实用化，不仅为美国的涉农厂商而且为包括美国在内的世界各国农业技术进步和可持续发展，提供了无可限量的技术储备和发展机会。

合作组织是农业生产者自我服务、自我发展、自我保护的经济联合组织，它既是政府与农民之间的桥梁和纽带，又是农民与私人垄断资本博弈抗衡的组织资源，因此，各发达国家政府都非常重视和支持农民合作组织的发展，合作组织在发达国家的现代农业发展进程和产业组织制度框架体系中，充当了"三足鼎立"有其一的重要角色，发挥了不可替代的重要作用。

私人企业是农业社会化服务体系中最具发展活力的生力军，特别是在美国，20世纪80年代后期，在2010多万涉农部门就业岗位中，私人企业就占75%左右，在食物和纤维体系中，非农场创造的附加值中，私人企业占70%左右。这对于我国目前的经济结构战略性调整以及现代农业及其服务体系的建设，都具有很重要的借鉴意义。

（五）恰当的政策与法规是现代农业发展的制度保障

从发达国家在现代农业体系的形成和发展过程中，各国始终在用"两只手"发挥着调节促进作用：一是依靠市场机制这只"看不见的手"进行引导调节；二是依靠政府这只看得见的手进行推动和保障。国家不仅承担公共物品领域的技术开发和有效供给，还提供合理有效的制度供给——以政策和法律的形式为农业服务合作组织和私人厂商的发展创造宽松良好的发展环境，并制定必要的行为规范。如欧美各国对各种农业服务企业都提供优惠的信贷和税收政策，吸引工商资本的注入；以法律的形式明确和保护农业合作经济服务组织的合法地位和应有权益，保护私人产权和中小企业的合法权益和地位，限制大资本垄断对农民家庭经营和中小企业利益的侵害；等等。为农业社会化服务体系的发展提供了必要的制度保障。比如美国一些州对私人服务公司一体化经营实行了一定程度的限制。如 1981 年共有 11 个州制定了限制公司直接介入农业活动的法律，这些法律在不同程度上对公司拥有土地面积、公司直接从事农业生产作了限制性规定，甚至完全禁止某些类型的公司介入农业。因此，美国农业一体化综合实体发展比较缓慢，1960 年其农产品产值比重由 4.8% 增加到 1980 年的 6%，其中种植品由 6.3% 上升到 7.2%，畜牧产品由 3.6% 上升到 4.8%。但资料显示，涉农服务公司通过合同制实行的专业化基础上的松散一体化的产值比重，却由 1960 年的 25% 上升到 1980 年的 31%。[①] 这方面，我国目前还没有引起足够的重视，包括国家在川渝的改革试验。

　　总之，美国、荷兰与日本，属于发达国家现代化农业发展进程中非常典型的发展模式。美国是建立在高度分工、专业化、产业化基础之上的市场主导的合同制为主的发展方式，然而由于资源禀赋等种种差异，我们无法复制美国的农业发展模式，但我们可以借鉴其分工专业化的发展方式和制度。荷兰的高度专业化与集约高效的农业，创造了农业发展史上的一个奇迹，其资源禀赋和我国较为相似，也应是我们重点借鉴的模式。日本是建立在小农经济基础上的高度集中的社团组织主导的半行政体制为主的发展方式，但是其发展方式的高投入，高进口替代，高发展成本，是我国农业发展无法承受之重。

许锦英　王新志　卢进

2007 年 12 月 16 日

---

　　① 樊亢、戎殿新：《美国农业社会化服务体系——兼论农业合作社》，经济日报出版社 1994 年版，第 162、171 页。

河北省小农经济整合路径与模式的
调研报告

一般认为，小农经济是强调以家庭为生产生活单位分散生产，产品主要用于自己消费，带有自给自足特点的农业经济，我国的基本国情则是人地矛盾突出，农业以家庭承包经营为特征的分散生产，而且大部分农业人口仍然沿袭传统的农业生产方式，从整体上看，我国农业生产本质上仍然以小农经济为主，从时间上看这种小农经济将长期存在，只不过土地更少，资源更紧张。简而言之，我国的农业是处于资源禀赋和小农家庭经营体制的双重约束之下，在这个双重约束之下，寻求小农经济整合路径与制度将是中国现代农业发展的重点之一，我们在河北西部平原的两个村对种粮农户作了综合性问卷调查，从微观的角度切入，对河北省近些年由传统农业向现代农业迅速迈进的过程中取得的成绩和存在的问题进行分析，进而从全国范围内对我国小农经济可能的整合路径与制度做一简单的探索。

一 河北省小农经济发展现状

1. 河北省基本概况

河北省地域广阔，地貌复杂多样，总面积为 18.77 万平方公里，耕地面积 9474 万亩，人口 6943 万，平原区是华北大平原的一部分，全区面积 81459 平方公里，占全省总面积的 43.4%。2007 年，全省生产总值实现 13863.5 亿元，比上年增长 12.9%。其中，第一产业增加值 1971.2 亿元，增长 4.0%；第二产业增加值 7252.5 亿元，增长 14.2%；第三产业增加值 4639.8 亿元，增长 14.6%。农民人均纯收入突破 4000 元，达 4293.4

元，比上年增长12.9%，增速同比提高3.7个百分点[1]。

2007年粮食播种面积609.7万公顷，比上年减少1.7%；粮食单产302公斤，创历史新高；总产量2762.0万吨，比上年增长2.2%，为1999年以来最高水平。棉花生产平稳增长，播种面积63.8万公顷，比上年增长2.4%；总产量65.0万吨，增长3.5%。油料播种面积55.4万公顷，增长3.1%；总产量147.8万吨，下降1.6%。蔬菜播种面积110.6万公顷，减少1.5%；总产量6623.9万吨。农业机械总动力9134.5万千瓦，比上年增长3.9%。实际机耕面积达486.0万公顷，占年末常用耕地面积的比重达82.5%，比上年提高1.4个百分点；当年机械播种面积547.3万公顷，占农作物总播种面积的比重达63.2%，提高1.8个百分点；机械收获面积268.2万公顷，占农作物总播种面积的比重达31.0%，提高0.9个百分点[2]。

2. 河北省小农经济现状问卷调查

（1）调查基本情况简介。本次调查在河北省西部的两个乡镇中分别选择了不同类型的村子，A村位于县城的郊区，发展相对较快，B村则位于县域的北部，三县交界边缘，发展相对较慢。两村共随机选择了100户农民，采取问卷调查的方式，共发放问卷100份，收回100份，其中部分是无效问卷？份，问卷按农户基本情况、农户对政策制度意愿分为两大部分，农户基本情况部分设计了家庭情况、农户承包土地、2007年种植情况、拥有农用机械情况、生产费用、政府补贴、2007年家庭收入等8类问题，对政策制度意愿部分则设计了2006年、2007年补贴情况、培训及补贴情况，土地承包耕种意愿、生产经营合作情况、合作组织参与情况与意愿、服务的享受与意愿情况、困难与要求7大类问题。

（2）调查结果总体分析和基本判断。农村农用土地流转率呈增加趋势，而且流转方向分布不同。在被调查的100个农户中，共有人口472人，劳动力279人（此劳动力标准为能够参加农村劳动的人，并非统计口径的劳动力标准），100户农民原承包土地453.73亩，目前共有31户农户通过承包集体土地，转包他人土地等方式承包土地168.9亩。流转土地面积占总耕种面积的37%。流转的趋势是城郊附近的农村是由个人到个人，而远离城市的农村流转趋势则主要是由集体到个人，个人之间的流转相对较少，造成这种不同的主要原因一是城郊地区的农村由于土地人均较少而且近年来征占较多，集体土地多年前已经征占用或出租完毕。二是由于城郊地区打工不仅方便，而且收入相对较高，所以农户个人出租土地的意愿较强。

农产品的产量呈增长趋势，但农业收入占农民总收入的比例却呈下降趋势。在被调查的100个农户中2007年共种植小麦399.43亩，总产量310730斤，平均亩产为778斤，种植玉米396.33亩，总产量351280斤，平均亩产887斤。种植花生211.1亩，总产量76030斤，平均亩产360斤。绝大多数的农民认为比上年的产量有所增加，比十年前的产量增加幅度普遍高于3成。但在被调查的100个农户中2007年的农田收入为620270元，但打工收入则为1115000元，打工的收入远远高于农田收入，为农田收入的1.8倍，而且普遍比10年前增加一半以上，增速也远高于农田收入。其他收入则为484000元，其他收入中则包括养殖与其他种植业收入以及经商、运输等第三产业收入，这个收入也相当于农田收入的78%。造成这种现象的主要原因一是农业技术的提高尤其是化肥、种籽、农药的进步带来作物单产的提高，但同时也使得农产品的生产成本也大幅提高，加之农产品价格的长期低位徘徊，导致农业种植收入在农民收入结构中的逐年下降。二是由于现代化进程的加快，第二、三产业对劳动力的需求，使得农村的劳动力大量流出，尤其是城市郊区农村劳动力主要打工在外，比其他地区农村劳动力自己创业从事第二、三产业的人数也相对较多。三是在传统的粮食种植之外，由于人均土地和经济效益的差别，城郊附近的种植业当中，专业的蔬菜种植要明显多于其他地区，而离城市较远地区的油料等经济作物则相对较多。

（3）机械化水平的高低与农业收入在总体收入中的比例明显相关。根据调查，城郊的A村每50户农机的拥有台数为15台，而位于边远地区的B村则只有10台，在生产费用当中，A村机械作业使用率远远高于B村，但相关费用也远远高于B村，与此相对应，B村的帮工人数要远远高于A村，这一方面是由于种植结构的不同（B村的花生种植难以使用机械）；另一方面也是由于本村及附近农村劳动力比例不同而导致的寻找帮工难易不同。在此由百户农机拥有率、农业机械作业使用率较高，帮工比例较低所简单代表的机械化水平来看，农业机械化水平越高，则农业收入在农户总体收入中所占的比例越低，农户对农业的依赖性越低。造成这种现象的原因主要是由于城郊农村的劳动力流出较多，从其他产业带来较多的资金投入到农业当中，以资金密集为特征的农业的劳动生产率明显提高，但由于成本的增加，产品的价格相同，从而导致单位土地的产出率降低，与此相反则是，边远的农村劳动力流出较少，从其他产业带来的资金投入到农业当中也较少，农业从而成为大部分农户的重要收入来源，以劳动力投入密集的农业的劳动生产率明显降低，在产品的价格相同条件下，投入资金成本的减少，单位土地的产出率反而提高，但农户对农业的依赖程度也增加了。

3. 问卷调查发现的主要问题

（1）以粮食直补为主的农业补贴对农业发展的促进作用有限。根据有关资料及调查 2006 年及 2007 年本地农业补贴亩均分别为 37.2 元和 58元，与农户亩均 500 元左右的种植利润相比看起来是不少，但农户对这些补贴的满意程度却比较低，在被调查的 100 户农户中，对补贴不满意的有43 户，比较满意有 56 户，满意的则 1 户也没有，导致农民对农业补贴满意程度较低的主要原因一是因为农业补贴基本上是以标准亩确定的，而在许多农村当中却是以自然亩发放的，一般自然亩的数值要大于标准亩，所以发到农民手中的亩均补贴要低于这个标准。二是与农资上涨的幅度相比，农业补贴的上涨幅度远不能抵消农资上涨带来的种植成本上涨，在对国家的政策与服务要求的调查中，被调查的 100 户农民，绝大部分都要求降低化肥、种子、农药等农资价格。三是农业收入与其他行业相比的持续减少，加之可以扩大的种植面积有限，农民对农业的预期收益下降，导致农民对农业种植的积极性急剧下降，因此单一的低标准的农业补贴对农业发展促进作用有限。

（2）以土地使用权流转为主要形式的土地规模经营途径难以实现。通过土地使用权流转形式来实现规模经营的实质就是通过增加单个劳动力耕种土地的规模来提高劳动生产率，这种形式目前还没有较大的发展空间，一是在土地仍是农民最后生存保障的情况下，农民单一的打工收入低、不稳定，农业仍旧是农民的生活重要来源，让农民放弃土地存在很多困难，在调查中，有 64 户农民因不赚钱不愿意再耕种更多的土地，但同时却又有 22 户农民认为不能通过流转的方式耕种更多的土地，而且这 22户中有 18 户集中在打工收入和经商收入较多的 A 村。就是在能够承包到土地农户较多的 B 村，其承包土地的来源也主要是村集体到期的土地，而不是农户个人的土地，可见土地使用权真正地流转起来并非易事。

（3）农民在农业生产中的合作程度非常低，合作意愿并不高。在本次的调查中，所调查的两个村中参加农业合作组织的农户为零，而农民之间的合作也主要集中在农业浇灌中以地块为中心的浇灌设备合伙购置上，其他合作也非常少，接下来的关于农民合作意愿的调查中，愿意参加各类合作组织的农户占到了被调查农户的近一半，共有 43 户，但其参加合作组织主要原因却是希望提供金融信贷，其他只有少量关于是农资供应、产品购销储运等方面，可见农民真正的合作意愿并不是很高，只是因为缺少相关的金融信贷渠道，才选择了合作组织，选择了合作。

（4）政府提供的农业生产经营服务与农民的要求差距过大。一是在本次调查中，关于培训只有极少数的农民得到过农业技术或者打工技能培训，不足调查总数的 10%，但是希望得到这些技术培训的农民则都超过了一半，尤其是农业技术培训的要求为 80 户。二是在农业生产经营活动中得到服务则更少，只有几户农民得到过关于农业技术示范指导或者机械、浇灌、植保等服务，满意度也比较低，绝大部分的农户则从未得到过任何服务。但是在希望得到的服务调查中，希望得到产前服务的有 95 户，得到产中服务的有 79 户，希望得到产后服务的有 16 户，与目前得到的服务相比差距非常大。三是在被调查的农户当中，无论是已经提供的服务还是希望得到的服务，农民对服务提供者的选择都是以集体经济为代表的县乡地方基层政府和村级集体组织，可见在农民心目当中，基层政府仍然是最重要的服务提供角色，基层政府和村级组织的职能亟待转变，弱化基层职能甚至是取消基层政权趋势的改革都会对农村的发展带来负面的影响。

二　小农经济整合路径与模式述评

1. 小农经济可能的整合路径

对小农经济的整合，有多种途径，每种途径之下，又有多种模式，而且这些途径与模式又相互交叉，很难明白地完整区分，但是以小农经济的生产要素来区分就相对清楚和完整，也基本上能找出小农经济所有可能的整合路径。基本上小农经济可能的整合路径有以下几种：一是土地整合，即以增加土地种植规模为主要手段的整合路径。二是技术整合，即以增加现代科技支撑为主要手段的整合路径。三是劳动力整合，即以劳动力的高度组织化为主要手段的整合路径。四是资本整合，即以大量资本支撑为主要手段的整合路径。五是产业整合，即以扩大农业外延分享其他产业利润的整合路径，其实质是一种综合整合路径。

2. 小农经济整合路径及基本模式述评

（1）土地整合：这种以增加土地种植规模为主要手段的整合路径。是比较传统的整合路径，国际上具有代表性的是以美国、加拿大等为代表的土地、山林、水面等农业资源丰富，人均占有量大的资源主导型国家采取的路径。在资源的硬约束下，此路径我国明显没有更多的借鉴意义，但在国内则仍然有"土地股份制""土地合作制"等通过土地使用权流转而实现一定程度规模经营的整合模式，问题是现有的各类股份制或者合作制等模式一是流转方法缺少政策依据和法律的规范，尚处于不成熟的试验阶段，其效果未经时间的考验，可操作性如果放在全国的层面上没有普适性，因此上也无法全面推广。二是即使以这些方式实现了土地的规模经营，大量的农村剩余劳动力如何在短时间内被其他产业全部吸收，并做到稳定的生存也是一个难以解决的问题。

（2）技术整合：以增加现代科技支撑为主要手段的整合路径在国际上比较有代表性的是以英、法、德等资源相对不很富裕的西欧国家，在工业基础较好，科技发达的前提下，通过产学研一体化以及机械化与化学化并进方式的技术主导型。这种方式虽然我们可以借鉴，但是我们科技优势很有限，国内目前的"专家大院""科技示范园区"等模式，局限太多，尚未具备全国普及的可能，我国无论从科研投入还是从科技推广的投入与体系建设上，要真正做到科技对农业的有力支撑尚需时日。

（3）劳动力整合：国际上是以日本、荷兰为代表的地少人多、资源匮乏的国家，通过各类协会将农民高度组织化，实现了在较小的劳均土地条件下，农业相对收益提高和稳定的劳动力整合主导型。这种方式我们可以有所借鉴，我国相对成功的经验是在人民公社时期国家主导的组织化模式在农田基本设施建设上的成就，但问题一是这种由国家强制主导的组织化模式难以再次实现，而且经过实践证明其在劳动率的提高上有着难以克服的缺陷，目前其他由政府主导的协会等组织化模式也因为农民的认可程度低多数名存实亡。二是我国现有的以农民为主体的农民合作社模式或协会模式受到人才和资金两个因素的制约，多数存在着生存基础差、运作不规范、淘汰率较高等诸多问题，难以担当将农民高度组织化的重任。

（4）资本整合：严格来讲以大量资本支撑为主要手段的整合路径很难单独作为一种路径，国际上的各种整合路径背后都有着巨额的资本支持，但是反观我们国内农业税的取消才仅仅三年，不仅国家财力有限，金融信贷的去农业化倾向未能扭转，而且相关的支农资金使用与落实措施也存在诸多问题，农业发展中资金严重匮乏的问题未能缓解。

（5）产业整合：以提高与农业相关环节的专业化程度扩大农业外延或者说延长产业链条来分享其他产业利润的整合路径，其实质是一种综合整合路径，其实国际上目前的各种整合路径基本上都是以一种或两种要素为主导的综合整合，这点是我们最应当借鉴的，但是我们国内的许多地方性经验或创新，大多数是以某种要素的整合路径为主，缺乏其他要素整合配套和政府相关政策整合配套的单一性的整合，从而呈现整合效果不佳，可普及性差、难以制度化等特点。

3. 小农经济整合制度创新述评

在小农经济整合的制度层面，我国从改革开放以来，虽然出台了一系列关于加快土地流转、加大对农业的信贷支持、财政支持、加强农业科技推广体系建设等政策和制度，也取得了一些成效，但总体看来，一是这些制度除近几年取消农业税和农业补贴制度落实较好外（虽然很快被农资上涨抵消了大部分效果），其他政策和制度的落实都不够理想，许多措施和效果只是落实在会议和总结当中。二是这些制度相互之间的关联和配套不够，多数由相关的部门分别落实，成为单兵突进或撒胡椒面式的落实，不仅难收实效，更难形成长效的、制度化的模式。三是在整合的制度上，地方政府创新的动力不足，这不仅是因为在以 GDP 为核心的考核体系下，农业超低收益弱质产业的本质难以获得青睐，更是因为国家条块分割体制导致地方政府尤其是直接参与农业管理的基层政府无权力、无财力进行相关的制度创新，相关的制度只能存在于宏观层面，难以有效具体化到地方，更谈不上对宏观制度的发挥与创新。

三　河北省小农经济现有整合路径与模式分析

1. 现有小农经济整合路径与模式分析

（1）土地整合：除农村当中农民之间简单的土地承包、互换、代种等方式外，单一地通过加快土地使用权流转实现土地种植规模增加而提高农业经济效益的整合路径，目前在河北省已经很少见，许多地方的土地规模整合往往都是其他整合方式的基础，如河北省隆尧县华龙食品集团的"股田制"模式（华龙食品集团是一家股份制民营企业，主要产品为"华龙牌"方便面）。该集团 2000 年与隆尧县西范村签订了 1000 亩土地的长期租赁合同，让农民以"股田制"的形式将连片的土地入股，涉及农户 1443 家。此模式的特点是农民报酬固定，不参与经营和管理，不承担风险，企业与农户的合作是通过代表农民利益的中间合作经济组织进行的，对企业和农民双方都具有约束作用。"股田制"的实施有效地解决了土地规模经营问题，通过农民合作经济组织，把分散的土地组织起来进行规模经营，实现了集约化生产，科学化管理。[3]其他如石家庄成立不久的紫藤农民专业合作社，通过村民拿承包的土地入股的办法，已拥有 130 亩土地的承包权，合作社将主要合作经营无污染的项目。[4]但这种整合方式的背后仍然离不开资本、技术和劳动力的整合。

（2）技术整合：在河北以技术整合为主要手段比较突出的是保定市普融新农公司创建的"学产合一"多元化精致农业示范园区模式，普融新农公司通过给农民提供精致化农业技术培训，提供种子和种苗，和农户定协议，提供优质有机肥、生物农药、销售产品；为农户提供农业贷款担保；提供农产品加工服务；提供小型农业机械和工具等途径，使教育与产业组织相结合，使文盲、科盲型农民转化为知识型农民，突破了传统的农业科技推广服务模式，实现了以科技为主，以资本、劳动力、土地等配套的综合性整合。[5]当然其他地方以技术整合为主的模式，如河北农垦柏各庄农场的农业科技示范区，河北藁城"三电一厅"四位一体的独特的农业科技信息服务模式等，都具有一定的特点和优势，但总体来看，河北省小农经济以技术为主的整合仍然处于相对落后的地位，不仅以农业科技服务推广体系制、机制建设为代表的科技支撑在农业发展中存在不足，而且由于各类主体、各种资源、各个要素之间的配套整合不够，没有产生整体优势，导致技术整合在小农经济整合过程中的作用发挥不够。

（3）劳动力整合：在河北省以劳动力为主的整合模式相对较多，而且综合性的整合占有很大的比例，其中单一性整合比较有代表性的是建于1997年的遵化市马兰峪板栗合作社，入社农户已发展到了1000多户，其职能是组织当地栗农进行板栗产品的销售。很好地解决了小农户在进入大市场过程中的权利问题，农民自身利益得到有效保护。但由于大多数的专业合作社规模还比较小，经济实力还不强，加之运转的规范程度不够，所以单一性的劳动力整合方式在河北发展相对较慢。以劳动力为主的综合性整合由于其他各种生产要素的配套整合较为合理，加之国家的政策支持力度较大，所以目前发展比较迅速，并且取得了较好的经济效益和社会效益。这类整合有代表性的经验很多，如平山县供销社牵头组建的农资流通协会，通过实行中心统一采购、统一价格、统一市场准入，统一向服务站配送的经营方式，确保了农资质量稳定、价格统一。灵寿县采取农村"两委加协会"的运作模式成立的烟叶协会，为农民提供技术服务和统一供应农资方面都起到了积极的作用，并且在一定程度上提高了农民种植养殖的效益。无极县万鸿塬蔬菜种植专业合作社采用统一授课技术指导，统一采购地膜等农资，统一产地编码，实施无公害蔬菜生产。很大程度上解决了社员的卖难问题。辛集市黑马农业产业合作社，在组织社员发展优质麦产业方面同样取得了可喜的成绩。[6]另外，这些整合当中有一个很特殊的模式要单独地提出来，这就是晋州市（县级市）周家庄乡，该乡辖6个自然村，自1958年以来，仍保留原10个生产队的行政体制，一直采取以乡为基本核算单位的集体经营管理体制，工农业生产蓬勃发展，在全国农村独树一帜、绝无仅有。[7]其实质也是一种以劳动力整合为主，其他各种生产要素和产业整合配套完备合理的综合性整合，无论是平山县的农资流通协会，还是灵寿县的烟叶协会，无论是无极县的蔬菜种植专业合作社，还是晋州市的周家庄乡，虽然各自存在着一定的不足，但仍然充分展示了在现有人均土地约束条件下，以劳动力整合为主综合性配套的巨大优势。

（4）资本整合：因为农业的高风险和低利润原因，在河北省，单独以资本支撑为主要手段的整合路径很少，比较有代表性的是天津蓟县，一些来自工业的资本开始在当地政府的支持下租用农民的土地建立起蔬菜大棚，建好大棚后这些人并不自己直接使用生产蔬菜，而是通过租赁的方式把这些蔬菜大棚出租给当地的菜农种菜，菜农在卖掉蔬菜之后再向大棚的产权持有人交付租金。这样，建大棚的人得到了一笔稳定的投资回报，而缺乏建大棚资金的菜农在连续缴纳5—6年的大棚租金后就可以取得大棚的所有权。[8]但这种模式是否具有可持续性，是否可以大面积推广，还仍然需要时间的检验。

（5）产业整合：产业整合是目前小农经济整合的一个主要发展方向，而且在发展过程中逐步呈现区域化、专业化的倾向，在河北省有代表的经验很多，如以"农作物秸秆喂牲畜—牲畜粪便变沼气—沼液沼渣还田种植农作物—农作物秸秆再用来饲养牲畜"为主要特征，实现种植、养殖产业整合、良性循环的"藁城模式"；[9]昌黎县以酿酒企业、酒葡萄种植业等产业整合为主，葡萄酒企业协会、酒葡萄种植协会、种植农户等配套整合而形成的"主导产业型发展模式"[10]。唐山、石家庄一些地区利用第二、三产业发达的优势，加强资本的整合，在农产品生产与销售方面提供项目较多的社会化服务，加之农民组织化的程度较高，形成高密集型的专业商品市场，已经逐步形成了产业整合中的"区域型发展模式"。这些模式大多数从本地实际出发，以产业整合为主，对部分生产要素进行了配套性的整合，并取得了一定的成绩，但根据近年的经验来看，一些地方的产业整合模式存在着经济效益不理想，可持续性不强，普适性差等不足，各种产业整合模式总体上仍然存在着生产要素配套整合不够，政府相关政策配套滞后等问题需要进一步探索和改进。

2. 关于小农经济整合的制度创新分析

近年来，河北省在小农经济整合的制度层面，进行了一些有益的改革和尝试，有代表性的创新如河北省从2006年开始实行的农业财政专项资金整合改革，在逐步建立政府领导下的部门分工协作机制，建立"职责不变、渠道不乱、项目整合、资金打捆、各计其功"的资金整合和运行工作机制的基础上，将农业、水利、林业、农业综合开发、扶贫、土地治理等方面的资金在规划期内集中向优势产业、立县产业投放，实现了集中财力办大事的目标，推进了"一县一业"和农业产业的快速发展。[11]其他如农行河北分行，以产业链条较长，规模优势明显的农业主导产业当中龙头企业为核心和平台，以其上下游客户及辐射范围内农户为服务对象，积极探索面向三农服务模式，着力化解制约和影响整个产业发展的瓶颈问题，进一步延伸、稳固农业产业链，增强对农业产业整合的支持力度，也取得了一定的成效。[12]但总体上来看，这些创新仍然只是小范围内制度探索，还存在制度涉及和覆盖的范围较小，制度本身不够成熟，稳定性不足，以及配套的制度创新不够等问题。

四　河北省小农经济整合路径及制度创新的对策及建议

作为农业大省的河北，无论从地理结构状况，还是在农业结构现状上，都与全国有着较高的一致性，因此对河北省的小农经济整合路径及制度创新的探讨，对于国内的小农经济整合有着较高的参考作用。

1. 小农经济整合的几个前提

（1）对农业本质的再认识：纵观国际上农业已经达到所谓现代农业基本要求的国家，没有任何一个国家的农业可以具有独立参与市场经济条件下市场竞争的能力，都是在国家财政大量的补贴下通过各种生产要素整合实现所谓的现代化的，其本质仍然是弱质的基础产业[13]。

（2）小农经济的整合是一种综合整合：目前国际上已经有的无论是哪一种整合路径或者模式基本上都是以一种或两种要素为主导，其他要素整合配套和政府相关政策整合配套的综合整合。我们关于小农经济整合路径与模式、制度创新应当借鉴这种思路。

（3）基本国情的前提约束：从资源禀赋来看，我国人多地少的硬约束将长期不可改变，从农业的经营体制来看，我国从改革开放以来以家庭承包经营为主、统分结合的双层经营体制对经济和社会的发展具有强大的稳定作用，短期内不可变更，因此，我们关于小农经济整合路径与模式探索、制度创新应当在这个基本国情的双重约束下进行。

2. 河北省小农经济整合可行的路径与配套制度

（1）从生产要素角度应当实行以劳动力整合为主、技术和资金配套、土地规模经营做补充的综合整合，提高小农经济的合作化程度。一是根据现实的农业基础与小农经济发展现状，我省的小农经济整合重点应当放在劳动力的整合即农民合作组织的发育和壮大上，不能把小农经济的整合寄托在以利润为最终大追求的企业上，要重点发挥基层政府和村级组织的引导作用，对农民为主体的农村合作组织从宣传到指导、从资金到技术、从人员到组织上大力扶持，将这些扶持措施具体化、制度化，并不断改进，通过提高农民的合作化程度，提高分散的小农生产与现代化大市场的对接能力，减少小农经济发展中的市场风险。

二是从农民个人和农民组织两个层面对小农经济的整合加以技术和资金的配套支持，在农业基础设施建设、制度化的农业补贴、农村金融信贷支持、农资市场规范、农业保险、农业技术推广体系的改革与完善等方面与农村合作组织配套起来，将农民合作组织作为国家引导农业经济发展的一个重要抓手和媒介，强化和发挥农民合作组织的作用，提高小农经济生产自身的抗风险能力。

三是在有条件的地方，可以采取试点或试验的方法，逐步探索适合本地实际的土地使用权流转方式和规律，重点探索土地流转的操作规范和通过土地规模经营来实现农业劳动力向其他行业逐步有序转移的长期制度。

（2）从产业整合角度应当探索以区域化、专业化为主提高农业获取其他产业利润能力的整合途径。一是市场经济在某种意义上是一种差异经济，虽然农业从整体上来看是一种低收益的产业，但是从区域角度来看，具有一定差异的产品仍然具有获取较高收益的能力，加之地理差异的存在，农业生产的区域化可以作为小农经济产业整合的一个重要路径，因此，我省可以在目前已经基本形成的"粮、棉、油、菜、果"等区域化农业基础上，在生产要素综合整合的前提下，按不同的类型出台不同的政策或实行不同的制度进行扶持，对"粮、油"等刚性产品，要从保障国家粮食安全的战略高度进行扶持，对"棉、菜"等消费需求度刚性较强的品种，在扶持引进新技术、开发新品种的基础上，可以适当引入市场调节，对"瓜、果"等可以采取以市场调节为主，政府扶持引导为附的策略，提高其在市场当中获取利润的能力。

二是以提高与农业相关环节生产的专业化程度来扩大农业外延，延长农业产业链条的产业整合路径是小农经济对市场经济条件下专业分工要求的适应，也是目前国际上比较成功而且可以借鉴的经验之一。我省目前农业产业化经营率虽然达到53%左右，但仍然存在产业链条延伸不够，产业间结合松散等问题，最大的问题则是在实际的农业生产当中，由于资金、技术、土地等要素的缺乏，大多数的农民要么将农业作为兼业投入较少，要么沿袭传统的粗放经营方式，无法通过提高相关环节的专业化程度来实现小农经济的产业整合，因此，今后应当在农业区域化的基础上，重点对区域内的农业在"生产、储存、加工、销售"等相关环节出现的专业性较强的企业或组织，尤其是农民合作组织大力扶持，可以采取政策指导、组织规划、税费优惠、培训补贴、信贷支持等多种方式，增强其对区域内农民的带动和聚集能力，提高区域内小农经济的专业化程度。

（3）在制度创新上要注意制度间的配套、重点是激发基层政府的制度创新热情。一是要重点激发地方基层政府的创新热情，作为大多数国家农村方针政策实际的落实和操作者，基层政府直接面对广大的农民，对农村的实际情况最为了解，对政策和制度的长处与不足也最有体会，对制度创新最有发言权、最有动力、最有热情的也应当是他们，但由于我们多年来的体制弊端，导致基层政府对制度创新的热情和动力不足。因此今后应当在改革条块分割体制的基础上，要重点实现基层政府的责、权、财一致，提高基层政府制度创新的能力，并通过创造宽松的创新环境，加大对创新成果的激励等方法，激发基层政府对制度的创新热情，实现小农经济整合过程中相关制度的制定、修正、发挥、创新的良性循环。二是一项好的制度如果缺少相关配套的制度或执行方法，在执行中往往会出现较多的问题，因此在对小农经济整合当中创新制度的论证、完善、推广过程中不仅要注意其地区性差异，更要注意与其他制度相互的配套问题，从而发挥新制度的最大效用，减少新制度在执行过程中的相互冲突和各种负面影响。

贾建友

2008 年 7 月 23 日

参考文献

［1］河北省办公厅：《2007 年河北省国民经济形势新闻发布稿》，河北省人民政府，2008 年。

［2］河北省统计局：《河北省 2007 年国民经济和社会发展统计公报》，河北省人民政府，2008 年。

［3］大名县经济发展战略研究课题组：《大名县经济发展战略研究》，河北省大

名县：大名县政府公众信息网，2007 年。

［4］高利锋：《农民专业合作社省会现身》，《燕赵都市报》2008 年 10 月 29 日（32）。

［5］李漫博、杨彬：《采取"学产合一模式"，建立普融农民大学》，农博网，2005 年 12 月 9 日。

［6］潘双清、杨伟、王欣、林青：《把分散的小农整合起来》，《石家庄日报》2007 年 3 月 24 日（1）。

［7］刘增玉、王盛秋：《周家庄之路》，河北大学出版社 1993 年版。

［8］李鹏岳、史悦、杜洋洋：《蓟县蔬菜大棚"以租代售"破解农民三难》，《致富天地》2008 年第 11 期。

［9］张桂春、刘宇鹏、阎岭：《河北省发展循环农业的模式选择与体系构建》，《商场现代化》2007 年第 32 期。

［10］大名县经济发展战略研究课题组：《大名县经济发展战略研究》，河北省大名县：大名县政府公众信息网，2007 年。

［11］赵红梅：《3 亿多元农业资金今年起整合使用》，《河北日报》2007 年 5 月 11 日（7）。

［12］张明亮、齐朝辉：《农行河北分行探索面向三农服务模式》，《金融时报》2008 年 4 月 9 日（6）。

［13］贾建友：《湖湘三农论坛 2008》（长沙），北京：红旗出版社 2008 年版。

附件1

调查样本主要数据表

编号	年龄（岁）	受教育年限	省份	家庭人口（人）	家庭劳动力（人）	家庭承包地面积（亩）	转入土地面积（亩）
1	46	11	河南	4	2	3.5	0
2	52	—	河南	5	2	10	0
3	42	8	河南	5	2	4	0
4	43	8	河南	4	3	10	5
5	41	7	河南	5	2	5	20
6	50	5	河南	4	3	0	0
7	45	8	河南	6	2	5	5
8	41	8	河南	4	2	4	0
9	60	10	河南	5	2	10	0
10	52	10	河南	6	4	2	0
11	53	10	河南	5	3	10	2
12	52	8	河南	4	2	11.3	0
13	50	10	河南	5	4	6	0
14	50	9	河南	4	2	5	0
15	44	11	河南	4	2	6	50
16	62	7	河南	3	0	5	0
17	43	8	河南	5	2	5	0
18	46	8	河南	5	2	4	0
19	53	7	河南	4	0	8	0

编号	年龄（岁）	受教育年限	省份	家庭人口（人）	家庭劳动力（人）	家庭承包地面积（亩）	转入土地面积（亩）
20	42	3	河南	4	2	3	0
21	52	11	河南	6	2	9	0
22	50	10	河南	6	3	8	0
23	46	10	河南	4	2	3	0
24	48	10	河南	4	3	3.2	0
25	42	11	河南	5	2	4	0
26	46	8	河南	3	2	2	0
27	45	11	河南	4	1	4	0
28	54	11	河南	5	2	15	0
29	55	8	河南	5	2	11	0
30	52	11	河南	5	3	4.5	0
31	53	8	河南	4	2	4	0
32	45	8	河南	5	2	6	0
33	53	8	河南	4	2	6	0
34	46	8	河南	4	2	4.8	0
35	42	5	河南	4	2	5	0
36	53	8	河南	5	4	3.6	0
37	42	5	河南	4	3	6	0
38	52	11	河南	4	2	10	2
39	50	9	河南	3	1	2.5	0
40	41	8	河南	7	3	8	0
41	47	5	河南	7	6	12	0
42	45	11	河南	5	3	1.8	0
43	51	6	河南	4	2	4	1
44	54	1	河南	4	2	3.9	0
45	45	8	河南	3	2	3.6	0
46	50	11	河南	4	2	6	0

编号	年龄（岁）	受教育年限	省份	家庭人口（人）	家庭劳动力（人）	家庭承包地面积（亩）	转入土地面积（亩）
47	47	10	河南	6	2	10	0
48	46	8	河南	4	2	4	0
49	53	3	河南	5	2	7	0
50	49	11	河南	4	2	12	2
51	48	11	河南	5	4	4	0
52	55	7	河南	4	2	7	0.8
53	49	2	河南	5	2	5	0
54	50	8	河南	5	3	14	3
55	46	10	河南	4	2	10	0
56	40	5	河南	3	2	3	0.8
57	45	14	河南	5	2	5	0
58	51	10	河南	7	3	10	0
59	43	8	河南	4	2	5	0
60	54	8	河南	7	4	7	0
61	43	6	河南	5	2	8	0
62	43	7	河南	4	2	7.5	0
63	46	8	河南	4	1	3.75	0
64	47	11	河南	4	3	4	900
65	45	11	河南	6	5	4	0
66	47	11	河南	4	1	2	0
67	52	5	河南	4	2	3	0
68	46	7	河南	4	4	1	0
69	45	6	河南	4	2	3.3	0
70	46	11	河南	4	2	5	0
71	50	14	河南	4	2		0
72	43	11	山东	3	1	0.7	0
73	42	8	山东	4	2	2	0

编号	年龄（岁）	受教育年限	省份	家庭人口（人）	家庭劳动力（人）	家庭承包地面积（亩）	转入土地面积（亩）
74	48	8	山东	4	2	1	0
75	45	8	山东	4	3	2	0
76	32	11	山东	3	2	1	0
77	52	8	山东	4	1	2	0
78	50	5	山东	5	4	2	0
79	55	6	山东	2	2	4.6	0
80	51	5	山东	5	2	11.5	0
81	42	5	山东	4	1	5	0
82	35	11	山东	3	2	—	0
83	44	8	山东	4	2	1	0
84	43	8	山东	3	2	1	0
85	52	10	山东	5	2	4	1.4
86	47	—	山东	3	2	3.2	10
87	44	7	山东	3	1	2.4	6
88	49	—	山东	4	1	3.2	
89	47	5	山东	3	2	5	1.5
90	52	5	山东	3	3	1	
91	52	8	山东	4	3	1	
92	47	7	山东	3	2	4	
93	44	5	山东	3	1	12	
94	44	7	山东	3	1	3	
95	52	—	山东	3	1	5.1	
96	63	—	山东	2	0	2.7	
97	63	8	山东	2	1	1.7	
98	37	8	山东	4	2	1	
99	44	5	山东	5	2	6	2
100	29	8	山东	6	2	8.5	

续表

编号	年龄（岁）	受教育年限	省份	家庭人口（人）	家庭劳动力（人）	家庭承包地面积（亩）	转入土地面积（亩）
101	30	8	山东	3	2	—	
102	57	5	山东	2	2	2	
103	38	8	山东	4	2	1.4	
104	39	5	山东	3	3	6.9	2.3
105	38	8	山东	4	3	9.2	
106	40	5	山东	3	3	6.9	
107	54	—	山东	3	2	5	
108	40	7	山东	3	1	5	
109	52	8	山东	4	3	4.7	
110	49	8	山东	5	4	8	
111	30	5	山东	2	2	3	
112	49	7	山东	5	5	5	3
113	48	10	山东	5	3	5	
114	54	7	山东	5	2	4.5	
115	41	5	山东	3	2	3	2
116	49	8	山东	5	5	6	
117	35	9	山东	3	2	4	
118	33	8	山东	3	2	5	
119	32	8	山东	3	2	4	2
120	48	10	山东	3	3	4	2
121	37	10	山东	5	3	5	1
122	52	11	山东	4	4	4	2
123	41	8	山东	4	3	4	1
124	55	8	河南	2	2	2	
125	29	8	河南	4	2	—	
126	54	8	河南	5	3	6	
127	49	11	河南	3	2	4	

编号	年龄（岁）	受教育年限	省份	家庭人口（人）	家庭劳动力（人）	家庭承包地面积（亩）	转入土地面积（亩）
128	49	7	河南	3	2	6	
129	56	8	河南	3	3	1	1
130	45	8	河南	5	5	6	
131	32	4	河南	4	2	4	
132	50	11	河南	5	4	4	
133	62	11	河南	5	3	6	2
134	64	4	河南	5	3	8	
135	47	8	河南	5	4	5	
136	50	8	河南	4	2	4	1
137	51	10	河南	4	3	4	1
138	52	11	河南	4	2	4	1
139	56	8	河南	4	2	3.97	1
140	54	4	河南	4	3	4	
141		11	河南	5	2	5	
142	33	8	河南	6	2	4	
143	38	11	河南	4	2		
144	35	11	河南	4	4	4	
145	50	7	河南	5	4	5	3
146	46	10	河南	5	4	4	
147	35	8	河南	4	2	4	
148	52	10	河南	4	3	6.5	
149	30	11	河南	3	2	3	
150	62	8	河南	4	4	5	
151	36	8	河南	5	2	7	
152	45	8	河南	4	2	3.97	
153	56	8	河南	5	3	5	
154	50	8	河南	4	2	4	3

编号	年龄（岁）	受教育年限	省份	家庭人口（人）	家庭劳动力（人）	家庭承包地面积（亩）	转入土地面积（亩）
155	30	4	河南	3	2	2.974	
156	53	8	河南	4	2	4	
157	33	8	河南	3	2	3	
158	51	4	河南	4	2	4	1
159	46	11	河南	4	2	12	8
160	59	—	山东	6	4	3	0
161	38	9	山东	3	2	5	0
162	38	8	山东	5	2	3	0
163	45	8	山东	5	2	4	0
164	45	10	山东	3	3	4	0
165	39	—	山东	4	2	4	0
166	46	10	山东	4	1	7	0
167	36	8	山东	5	3	4.5	0
168	45	8	山东	4	1	8	0
169	43	—	山东	4	3	5	0
170	37	11	山东	7	4	14	0
171	52	11	山东	5	3	6	0
172	46	11	山东	5	2	8	0
173	45	7	山东	4	2	5	0
174	37	8	山东	4	2	2.8	0
175	43	8	山东	3	2	4	0
176	42	8	山东	4	2	3.5	0
177	39	11	山东	3	2	8	0
178	36	8	山东	4	2	6	0
179	42	11	山东	4	3	6	0
180	38	8	山东	4	2	3	0
181	44	8	山东	4	2	5	0

编号	年龄（岁）	受教育年限	省份	家庭人口（人）	家庭劳动力（人）	家庭承包地面积（亩）	转入土地面积（亩）
182	42	8	山东	4	4	5.5	0
183	43	8	山东	3	2	5	0
184	38	11	山东	4	2	5.6	0
185	37	—	山东	6	4	10.2	0
186	52	7	山东	5	3	7.5	0
187	40	—	山东	5	3	8	0
188	30	8	山东	3	2	9	
189	29	8	山东	3	2	8	
190	50	11	山东	3	2	20	0
191	41	10	山东	4	2	4	0
192	33	8	山东	4	2	6	0
193	46	10	山东	4	4	9	0
194	48	11	山东	5	3	6	0
195	51	7	山东	4	3	60	0
196	37	7	山东	3	2	4	
197	66	3	山东	2	0	3	0
198	49	7	山东	4	2	50	0
199	43	8	山东	5	2	—	183
200	45	10	山东	4	2	11	0
201	53	7	山东	4	2	5	160
202	37	—	山东	3	25	4	8
203	42	8	山东	4	1	5	6
204	41	—	山东	4	2	2	0
205	45	10	山东	4	3	5	
206	36	11	山东	5	4	20	3
207	46	8	山东	3	1	4	1
208	52	7	山东	4	3	20	0

编号	年龄（岁）	受教育年限	省份	家庭人口（人）	家庭劳动力（人）	家庭承包地面积（亩）	转入土地面积（亩）
209	50	8	山东	5	1	4	
210	66	2	山东	2	2	100	
211	36	8	山东	6	4	11	7
212	36	8	山东	3	2	2	3
213	47	7	山东	4	2	3	3
214	45	8	山东	5	2	12	0
215	43	11	山东	6	5	10	0
216	37	8	山东	4	2	9	0
217	44	7	山东	4	4	7	0
218	53	11	山东	3	3	5	0
219	37	8	山东	3	2	4	0
220	36	8	山东	3	2	10	10
221	37	11	山东	3	2	12	
222	58	7	山东	6	4	9	2
223	40	7	山东	3	2	6	0
224	43	8	山东	3	2	7	7
225	39	11	山东	6	2	20	0
226	40	8	山东	3	3	6	0
227	30	8	山东	5	4	12	13
228	53	7	山东	8	4	16	0
229	31	8	山东	4	2	6	16
230	53	7	山东	5	2	10	0
231	69	6	山东	2	1	4	0
232	45	8	山东	3	2	9	0
233	46	8	山东	4	2	2.5	0
234	37	11	山东	4	2	1.6	0
235	37	8	山东	4	2	4	0

编号	年龄（岁）	受教育年限	省份	家庭人口（人）	家庭劳动力（人）	家庭承包地面积（亩）	转入土地面积（亩）
236	65	5	山东	5	2	2.1	0
237	39	8	山东	4	2	3	0
238	49	11	山东	5	3	1	0.5
239	40	11	山东	5	2	10	20
240	47	8	山东	7	6	6	0
241	46	—	山东	4	4	6	3
242	35	—	山东	4	2	5	0
243	55	—	山东	5	4	1.2	0
244	57	—	山东	7	3	8	5
245	46	11	山东	4	3	8	0
246	41	5	山东	5	2	5	
247	39	8	山东	3	2	7	0
248	35	8	山东	3	2	15	2
249	46	10	山东	4	2	4	0
250	38	11	山东	5	2	7	0
251	58	7	山东	8	5	32	0
252	50	6	河南	4	3	10	2
253	62	8	河南	5	2	5	0
254	46	8	河南	4	3	4	0
255	58	6	山东	4	2	7.5	
256	38	8	山东	4	2	3	24
257	52	10	山东	5	2	4	
258	49	11	山东	4	4	8	
259	53	—	山东	3	3	5	
260	48	—	山东	4	2	6.8	
261	46	10	山东	4	4	7	
262	55	11	山东	3	2	6	

续表

编号	年龄（岁）	受教育年限	省份	家庭人口（人）	家庭劳动力（人）	家庭承包地面积（亩）	转入土地面积（亩）
263	54	11	山东	3	3	3	6
264	36	—	山东	3	2	3	
265	62	8	山东	2	2	2	
266	33	8	山东	3	2	3	2
267	36	8	山东	3	3	6.9	
268	46	11	山东	3	1	3	2
269	37	7	山东	4	2	3.6	
270	62	8	山东	2	1	1	
271	54	5	山东	5	2	1.5	
272	42	11	山东	3	1	1.5	
273	46	8	山东	5	2	5	
274	39	8	山东	3	1	2.5	
275	56	5	山东	2	2	2	1
276	31	8	山东	3	1	2	
277	47	8	山东	3	2	3	
278	42	8	山东	4	3	3	
279	31	11	山东	3	2	4	
280	57	0	山东	5	2	2.5	
281	51	8	山东	4	2	2.8	
282	42	8	山东	3	2	2.5	
283	52	10	山东	4	4	3	
284	42	8	山东	4	1	2	
285	46	—	山东	4	4	3	
286	50	8	山东	4	4	3	2
287	53	—	山东	3	3	3	
288	50	7	山东	4	4	4	2
289	55	—	山东	2	2	3	

编号	年龄（岁）	受教育年限	省份	家庭人口（人）	家庭劳动力（人）	家庭承包地面积（亩）	转入土地面积（亩）
290	44	—	山东	4	2	4	5
291	48	—	山东	4	3	3	
292	40	11	山东	4	2	4	
293	36	8	山东	4	2	3	
294	52	8	山东	2	2	3	10
295	56	10	山东	2	2	1	1
296	46	10	山东	3	2	2.7	
297	49	8	山东	2	2	1.9	
298	38	—	山东	3	2	3	
299	42	8	山东	3	2	3	
300	65	—	山东	3	3	3	
301	46	8	山东	3	2	3	
302	63	8	山东	2	1	2	
303	48	8	山东	4	2	4.5	
304	58	8	山东	5	3	6	
305	57	3	河北	3	2	3.5	4
306	45	—	河北	5	3	5.5	5
307	51	8	河北	4	4	5	3
308	50	11	河北	4	2	4.4	7
309	45	8	河北	5	2	6	5
310	47	8	河北	7	5	7	10
311	65	8	河北	4	2	6	0
312	40	11	河北	4	3	6	0
313	50	8	河北	4	4	6.5	0
314	38	8	河北	4	2	5	0
315	56	11	河北	4	4	5	0
316	39	8	河北	4	2	5	0

编号	年龄（岁）	受教育年限	省份	家庭人口（人）	家庭劳动力（人）	家庭承包地面积（亩）	转入土地面积（亩）
317	43	11	河北	5	3	6.3	0
318	65	8	河北	3	3	3.7	0
319	45	8	河北	5	3	6.2	3
320	57	—	河北	2	2	2.4	0
321	48	8	河北	4	4	7	6
322	53	11	河北	5	3	8	5
323	40	11	河北	4	2	6	5
324	54	11	河北	3	2	4.2	3
325	42	11	河北	4	2	4.8	3
326	41	11	河北	4	2	4.8	3
327	40	11	河北	4	2	4.8	3
328	39	11	河北	4	2	4.4	0
329	41	11	河北	4	2	4.4	0
330	50	11	河北	5	4	5.5	4
331	52	8	河北	2	2	2.3	5
332	45	11	河北	4	3	4.4	0
333	61	8	河北	6	4	6.6	0
334	66	7	河北	3	2	3.3	0
335	55	11	河北	6	4	6.6	0
336	47	8	河北	4	4	4.5	0
337	52	8	河北	5	3	5.8	0
338	40	—	河北	5	2	5.8	0
339	56	11	河北	5	3	5.8	0
340	35	8	河北	3	2	3.5	0
341	46	8	河北	5	3	5.8	5
342	33	11	河北	7	4	8.3	10
343	37	11	河北	4	2	4.6	0

编号	年龄（岁）	受教育年限	省份	家庭人口（人）	家庭劳动力（人）	家庭承包地面积（亩）	转入土地面积（亩）
344	35	—	河北	4	2	4.5	0
345	40	11	河北	6	2	7	0
346	61	8	河北	2	2	2.3	0
347	46	8	河北	4	2	5.6	0
348	30	8	河北	3	2	3.4	0
349	33	11	河北	4	3	4.6	3
350	38	8	河北	4	2	5.6	0
351	60	—	河北	4	2	4.6	5
352	47	8	河北	2	2	2.3	4
353	50	11	河北	5	4	5.7	3
354	47	11	河北	5	2	5.8	0
355	44	8	河北	4	2	1.8	0
356	41	5	河北	6	2	5	0
357	46	8	河北	4	3	2.7	4.3
358	37	8	河北	5	2	4.5	0
359	43	8	河北	5	2	3	
360	45	8	河北	6	4	5	0
361	37	8	河北	6	2	4.7	0
362	33	8	河北	4	2	4	0
363	40	8	河北	4	3	1.6	0
364	45	8	河北	4	4	3	0
365	51	5	河北	5	4	3.7	7
366	37	5	河北	5	2	4	0
367	30	8	河北	3	2	1.3	0
368	40	11	河北	4	1	1.3	0
369	63	8	河北	5	3	4.5	0
370	60	5	河北	2	2	4.6	2.6

编号	年龄（岁）	受教育年限	省份	家庭人口（人）	家庭劳动力（人）	家庭承包地面积（亩）	转入土地面积（亩）
371	44	5	河北	7	4	7	0
372	31	8	河北	4	2	7	0
373	37	8	河北	5	2	2.6	0
374	41	5	河北	4	4	1.2	0
375	44	8	河北	8	6	8	0
376	24	8	河北	5	3	2.3	0
377	55	5	河北	7	4	7	0
378	45	8	河北	5	4	3	3
379	45	8	河北	5	2	4	0
380	50	11	河北	6	5	4	0
381	46	11	河北	7	3	7	0
382	51	8	河北	3	2	3.53	0
383	40	8	河北	4	2	4.4	0
384	35	8	河北	6	3	4.5	12
385	55	8	河北	8	4	4	0
386	50	8	河北	7	4	4.2	0
387	57	5	河北	10	6	6	3
388	33	8	河北	4	2	3	0
389	46	8	河北	4	1	2.1	0
390	68	5	河北	6	2	6	0
391	44	8	河北	5	2	5	0
392	44	11	河北	7	2	6	0
393	74	3	河北	5	4	5	0
394	38	5	河北	4	2	1.6	0
395	45	10	河北	3	1	5	0
396	46	11	河北	3	2	1.6	0
397	46	11	河北	6	2	3.9	15

编号	年龄（岁）	受教育年限	省份	家庭人口（人）	家庭劳动力（人）	家庭承包地面积（亩）	转入土地面积（亩）
398	39	8	河北	6	4	1.8	14
399	33	8	河北	4	2	5	0
400	58	8	河北	10	5	3.5	0
401	35	8	河北	5	1	5	0
402	48	11	河北	6	6	6	0
403	37	5	河北	4	2	4	4
404	65	8	河北	7	4	6	0

附件 2

山东农机大户与农业大户样本情况
统计分析[*]

2005 年，课题组对山东省农机大户、种粮大户和一般农户家庭经营情况和农民意愿进行了问卷调查。本次问卷调查在省、部分地市县乡农业农机部门、农机合作组织、山东农业大学机电学院、莱阳农学院农机系部分师生的支持和帮助下，分别获得了农机大户（完全或大部分以提供农机服务获取收入的农户）、种粮大户（承包地面积达到一定规模并且以种植粮食为主的农户）、一般农户的有效调查问卷分别为 72 份、27 份、496 份，共计 595 份问卷，另外还有山东种粮大户经营情况简表 94 份，从中获得了大量关于农户农业生产经营、生产环境、农民意愿等方面第一手信息资料，课题组对这些资料进行了客观、深入、系统的数理统计分析和研究，现将分析研究的情况和结果报告如下。

一 农机大户样本的分析

（一）经营状况

在农机大户样本中，72 个农机大户（包括 5 个农机服务组织）分别来自 6 个地市 16 个县市区，平均每户人口为 4.31 人，土地规模最大的达到 250 亩，最小的仅为 1 亩，平均每户土地规模近 17 亩，但是有 57.6%

* 此系项目主持人主持和大部分课题组成员承担的山东软科学项目《山东粮食产区规模经营创新路径与对策研究》的抽样调查分析报告的一部分。作为本研究引用的备查资料。

的农机大户土地规模不足 7.5 亩，只有 27.1% 的农机大户土地规模超过 15 亩。被调查者受教育年限为 8.6 年，具体分布情况是：小学占 5.4%，初中占 66.1%，高中占 26.8%，中专占 1.7%。

表 1　　　　　　　　　　农机大户样本经营情况

	最小值	最大值	平均值	标准差	观测值个数
家庭人口（人）	2	12	4.31	1.74	67
土地经营规模（亩）	1	250	16.86	40.39	59
自有农用动力机械总台数	1	210	7.96	25.08	71
配套农机具台（套）数	0	554	13.75	65.28	71
农机原值（千元）	30	12600	433.18	1565.94	66
土地收入（千元）	0.5	300	15.3	40.43	47
农机收入（千元）	8	980	63.53	122.88	66
农机投资年收益率（%）	4	123.3	29.4	18.7	61
单位农机投资服务规模(亩/万元)	2.1	36.67	9.93	5.98	61

注：农机投资年收益率＝（年农机作业收入/农机原值）×100%；单位农机投资服务规模＝年作业面积/农机原值。

样本观测值中农机作业收入的分布情况见下图。从图中可以看出，农机作业收入比较集中的区间分别是：1 万—2 万元，28.8%；2 万—3 万元，15.2%；4 万—5 万元，12.2%；10 万元以上，10.6%。

超过 60% 的农户自有农用动力机械台数都在 1~3 台之间，10 台以上的农机大户有 10 户，占 14.1%，其余不到 1/3 的农户农机台数在 4 到 7 台之间。其中，济宁嘉祥的农机服务合作社成员拥有农用动力机械达到 210 台，是样本中最多的，而潍坊安丘的韩会友拥有 29 台动力机械，是样本中拥有农机最多的纯农户。

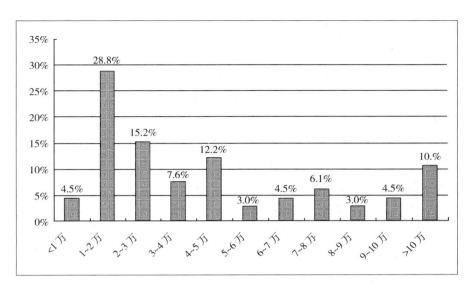

图1   农机大户样本农机作业收入分布情况

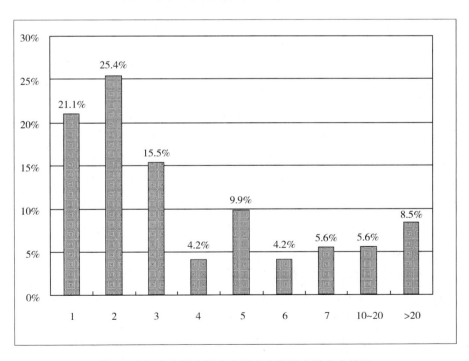

图2   农机大户样本拥有农用动力机械台数分布情况

农机台数与农机作业收入的关系在农机台数小于 10 之前总体上呈现

正相关的关系，在农机台数大于 10 之后呈现负相关的关系（因为我们调查得到的农机组织的收入不仅包括农机作业收入还包括其他收入，而我们无法确切知道其农机作业收入的具体数额，故将其排除在外，仅包括纯农机户的数据，具体情况见图 3）。如果调查数据完全准确，这应该是目前管理水平和管理方式前提下，农机大户的规模边界，由于样本数量有限，我们无法对此做出明确的判断，但有一点是可以肯定的，规模边界一定是存在的，只不过应当是群点而非一点。按施蒂格勒的生存法则说，第一，现实中厂商拥有的资源不是同质的，使用不同资源的厂商若规模相同，则效率会不同；若效率相同，则规模会是一个较大范围。第二，现实中一家厂商的发展能力并不仅仅、甚至不是主要取决于传统的由既定技术条件决定的生产成本条件，而是取决于许多难以观察并精确计量的因素，如企业家的能力、政府管制制度（如进入壁垒）、市场环境变化等等。① 因此，该结果的意义有两点：一是告诉人们农机服务业户规模是有边界的，并非规模越大收益就越高；二是农机服务业户的经济规模大小不仅取决于技术成本，还取决于业主水平、国家政策和市场环境等因素。

在机型分布上，有 41.7% 的农户至少有 1 台拖拉机和 1 台小麦联合收割机，有 52.8% 的农户至少有 1 台自走式小麦联合收割机，而同时拥有自走式小麦收割机和背负式小麦联合收割机的农户占样本总数的 23.6%。拥有小麦联合收割机的农机大户年平均农机作业收入为 7.58 万元，比样本平均值高 19.3%，两种小麦收割机都有的农户年平均农机作业收入为 11.03 万元，比样本平均值高 73.7%，而只有自走式小麦收割机的农户年平均农机作业收入为 6.23 万元，比样本平均值低 2%。这说明市场需求的梯次明显，背负式收割机的市场适应性还仍然存在，更新速度还不宜过快。

在资本规模分布上，农机原值在 5 万元以下（包括 5 万元）的占 3.5%，在 5～10 万元之间的（包括 10 万元，下同）占 36.8%，10～15 万元之间的占 19.3%，15～20 万元之间的占 8.8%，20～25 万元之间的有 8.8%，25～30 万元之间的占 7%，30～35 万元之间的占 7%，35～100

① G. J. 施蒂格勒：《产业组织和政府管制》，上海人民出版社、上海三联书店 1996 年版，第 6 页。

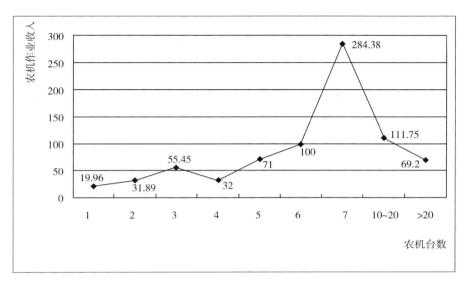

图3　农机台数与农机作业收入的关系

万的占8.8%。考察农机大户的资本规模和农机作业收入中间的关系可以看出，农机原值与农机收入之间总体上呈正相关关系，见图4。这里我们将5个农机服务组织（包括烟台的盛祺川和宋德福，在问卷中统计了他们创办的农机合作组织的情况，在下面的分析中根据需要我们有时也将他们排除在外）的数据排除在外。

　　农机大户土地年收入少于1万元的占74.5%，土地年收入在1~2万元之间的占8.5%，2~3万之间的占12.8%，超过3万元的只有2户，收入分别达到6万元和30万元。样本农户的土地收入与农机作业收入之间也呈现出先上升后下降的关系。（见图5）这说明农机服务与农业分工专业化的趋向已经十分明显，25.5%土地收入万元以上的农机大户既是农机服务业主，又是种植大户。

　　我们根据年农机作业收入与农机原值、年作业面积与农机原值的比值，分别计算出农机投资收益率、单位农机投资年作业规模两个指标。农机投资收益率衡量了农机投资或者说农业资本技术的投资效益，单位农机投资年作业规模反映了农机装备的专业效益，单位农机年作业规模则反映了农机的利用程度。农机投资收益率的样本均值为29.4%，最小值为3.79%，最大值达到123.3%。其中农机投资收益率小于10%（包括

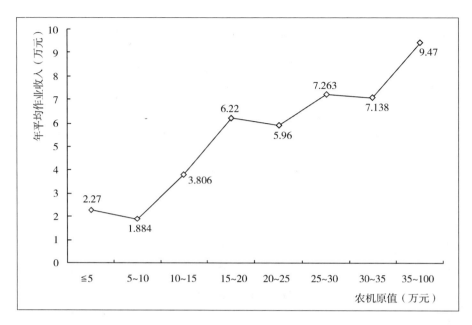

图4　农机原值与农机作业收入之间的关系

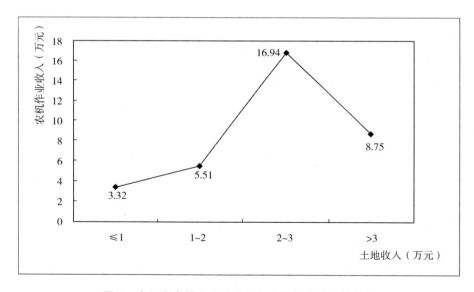

图5　农机大户样本土地收入与农机作业收入的关系

10%）的农户占 6.6%，10% ～ 20% 之间（包括 20%，下同）的占
21.3%，20% ～ 30% 之间的占 36%，30% ～ 40% 之间的占 23%，40% ～

50%之间的占4.9%，超过50%的占8.2%，具体分布见图6。在农机大户中，单位农机投资收益最高的是济宁的司学青。

从各地区农机大户的农机投资收益率情况来看，济宁、烟台、潍坊三地农机大户的农机投资收益率居于前列，都超过了样本均值的水平；而淄博、日照、德州的都低于样本均值。

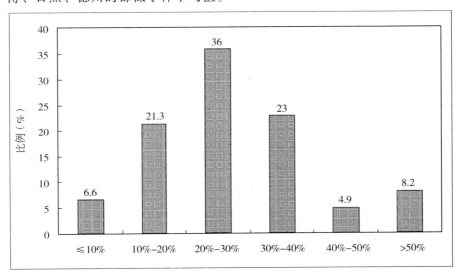

图6　农机大户样本农机投资收益率分布情况

农机大户单位农机投资年平均服务规模为9.93亩/万元，其中最大的为36.67亩/万元，最小的为2.1亩/万元。具体分布情况是：年服务规模在5亩/万元（包括5亩/万元）以下的占21.3，年作业规模在5~10亩/万元（包括10亩/万元）的占32.8%，10~15亩/万元的（包括15亩/万元，下同）占32.8%，15亩/万元以上占13.1%。

农机大户基本经营情况和经营水平按地区分布状况，见表2。表中的数据是各地区样本农户经营情况的平均值。从各地区的农机大户经营平均情况来看，潍坊、济宁、日照三个地区的农机大户的土地收益率较高（烟台缺少土地规模的数据），淄博和德州两地农机大户的土地收益率较低；对于农机作业收入情况而言，烟台的农机大户农机平均收入水平最高，潍坊次之；但就农机投资收益水平而言，济宁最高，烟台次之，淄博第三。很显然，经营收入和规模水平与组织化程度紧密相关（详情参见

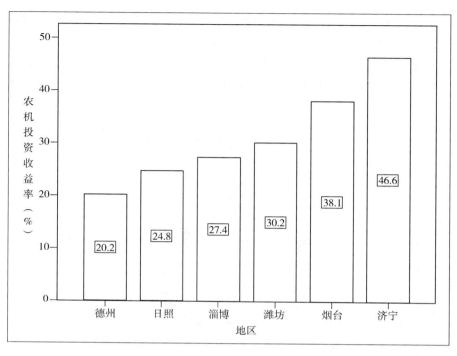

图 7　各地区农机大户样本农机投资收益率情况

专题报告），规模与收入的差异与地区机型结构有关。

表 2　　　　　　　　各地区农机大户样本经营情况

地区	家庭人口	劳动力	土地规模	农机台数	配套机具台数	农机原值	土地收入	农机收入	农机投资收益率(%)
淄博	5.6	3.8	2.4	2.8	3.6	131.8	6.1	33.8	27.4
德州	4.8	2.6	8.2	3.6	5.2	213.4	11.6	40.4	20.2
烟台	6	5	—	11.2	14.5	1084.8	27.7	378.8	38.2
潍坊	4.2	2.1	31.9	10.4	8.9	328.8	44.9	75.7	30.2
济宁	4	2	6.5	24.7	63.4	90.6	7.4	34.8	46.6
日照	3.9	2.6	4.3	2.3	4.1	124.7	4.7	25.3	24.8

（二）农机大户"农业三项补贴"情况

表3　　　　　　　　　农机大户样本农业三项补贴情况

	种粮直接补贴		良种补贴		农机具购置补贴	
	2004 年	2005 年	2004 年	2005 年	2004 年	2005 年
样本农户获得补贴的比例	75%	72.2%	10%	21%	13.9%	36.1%
得到补贴的农户：						
1. 在村里领取补贴的比例	78.7%	80%	100%	84.6%	37.5%	—
2. 到镇上领取补贴的比例	19.1%	16%	—	7.7%	—	—
3. 到县上领取补贴的比例	—	—	—	—	50%	11.5%
4. 买卖时凭证减免的比例	—	2%	—	—	12.5%	84.6%
5. 从税费中扣除的比例						
6. 以其他方式领取补贴的比例	2.2%	2%	7.7%	—	3.9%	
得到补贴农户的满意程度：						
1. 回答"满意"的比例	89.6%	76.6%	100%	75%	66.7%	100%
2. 回答"比较满意"的比例	10.4%	23.4%	—	25%	33.3%	—
3. 回答"不满意"的比例	—	—	—	—	—	—

　　从上面的统计数据可以看出，两个年度之间，农机大户样本中得到种粮直接补贴的比例基本持平，而得到良种补贴和农机具购置补贴的比例则有较大程度的增加，尤其是农机具购置补贴的发放范围更加分散。从三项补贴发放的方式看，这两个年度，前两项补贴的发放方式基本上都采取补贴金直接发放到村，农户到村里领取补贴的形式，有一部分采用了到乡镇上领取的方式，还有的在2005年发放种粮直接补贴的时候采取了在买卖时凭证减免的方式。农机具购置补贴的发放方式在这两年间调整较大，04年到县上领取是主要的方式，在村里领取也占了较大比例，少部分采取买卖时凭证减免的方式；而05年，买卖时凭证减免成为发放该项补贴的主要方式，少部分仍然采取到县上领取的方式。从得到补贴的农户的满意程度来看，多数农机大户对三项补贴的政策是满意的。1户因是市农机大户而得到市财政补贴3.11万元。也有一部分未得到补贴的农机大户希望能

扩大补贴发放范围获得补贴。

（三）农机大户培训补贴情况

在 72 个农机大户中得到技术培训的只有 8 户，占 11.1%，在所有被调查的农机大户中没有人得到务工培训，这应当与他们不属于潜在的可转移劳动力有关。有 13.8% 的业主希望得到技术培训，有超过 80% 的被调查者因为油价高而希望得到柴油补贴，有的希望按照农机作业量进行补贴，有的希望按照农机动力进行补贴，有的则希望依据凭证进行减免。有的还提出希望得到农机具维修补贴。

（四）农机大户租地情况

在 72 个农机大户中能租到土地的有 22 户，占 30.6%，38.9% 的农机户因为当地人均土地少或者其他原因不能租到土地，40.3% 的农机户认为种地经济效益好或者因为本身拥有的农机可以自我服务表示愿意租种土地，12.5% 的农机户认为种地经济效益低或者因为专注于农机作业服务而不愿意租种土地。

（五）农机大户获得产前、产中、产后服务情况

在样本中，有 54.2% 的农机大户至少得到一项产前服务，其中有 59% 的农户得到了生产资料供应，46.2% 农户得到信贷服务，25.6% 的农户得到了市场供求信息或者订单；有 52 个农机大户至少得到一项产中服务，占样本总数的 72.2%，其中 39 个得到了农业（机）技术的示范指导，占到产中服务农户的 75%，26 个得到了机械、灌溉或植保服务，占 50%，14 个得到了中介、仲裁或培训服务，占 26.9%；有 24 个农机大户至少得到一项产后服务，占样本总数的 33.3%，其中 5 个农机大户得到了农产品的储运、保鲜服务，占到产后服务农户总数的 20.8%，8 个农机大户得到了产品加工服务，占 33.3%，17 个农机大户得到了农产品销售服务，占 70.8%。分别有 33 人、28 人、15 人对希望得到的产前、产中、产后服务三个问题作了回答，在对希望得到的产前服务的回答中，有 42.4% 的人希望得到市场供求信息或致富信息，有 27.3% 的人希望得到金融信贷服务。从当前产前、产中、产后服务的满意程度看，对产前服务

表示满意的比例占 17.1%，不满意的比例占 20%；对产中服务表示满意的比例占 19.4%，不满意的比例为 6.5%；对产后服务表示满意的比例为 17.2%，不满意的比例为 27.6%。

　　各地区农机大户获得产前、产中、产后服务的情况见表4。从统计情况看，日照、潍坊两地的农机大户在产前、产中、产后各环节得到社会化服务的情况较好，这可能与两地社会化服务组织发展情况有关系。但是两地农机大户在土地收入上出现很大不同：潍坊地区农机大户的平均土地收入在 6 个地区中是最高的，而日照地区农机大户的平均土地收入则是最低的，这应当与农机大户经营的土地规模有关，或者说是农机大户的专业化程度有关，如果考虑单位土地收益，日照虽比潍坊、济宁低，但是比淄博、德州的要高。

表4　　　　各地区农机大户样本获得产前、产中、产后服务的情况

	得到产前服务的比例(%)			得到产中服务的比例(%)			得到产后服务的比例(%)		
	生资供应	信贷	市场信息、订单	技术示范指导	机械、灌溉、植保服务	中介、仲裁、培训	产品储运、保鲜	产品副产品加工	农副产品、加工品销售
德州	0	11.1	0	7.7	0	35.7	0	0	5.9
济宁	17.4	5.6	10	7.7	11.5	21.4	0	0	0
日照	47.8	27.8	10	43.6	42.4	14.3	20	25	47.1
潍坊	26.1	44.4	70	25.6	26.9	7.2	80	50	35.3
烟台	8.7	11.1	10	7.7	3.8	0.0	0	0	5.9
淄博	0	0.0	0	7.7	15.4	21.4	0	25	5.9

　　注：各地区农机大户获得产前、产中、产后服务的比例是指各地区获得产前、产中、产后各项服务的农户数占获得该项服务的农户总数的百分比。

（六）农机大户加入合作组织的情况及其意愿

　　在 70 个农机大户中（不包括农机服务合作社和农机作业中心），有 34 户是农机作业合作组织成员，占农机大户样本总数的 48.6%，有 1 户生产资料供应合作组织成员，1 户金融信贷合作组织成员，除此之外没有其它类型的农业合作组织成员。农机合作组织成员较多，可能与调查对象的经营方向有关，但其它服务性合作组织及成员极少的结果，也从一定程

度上反映了其发育不足的现状。

从农户就加入各类合作组织的意愿来看，有13%的农户愿意加入生资供应合作组织，未加入农机合作组织而愿意加入的有33户，占未加入农机合作组织农户总数的91.7%，愿意加入水利灌溉合作组织、植物保护合作组织、产品购销合作组织、农副产品加工合作组织的农户分别只有7.1%、5.7%、8.6%、5.7%，有28.6%的农户愿意加入金融信贷合作组织。可以看出，农机大户对加入农机合作组织的意愿比较强烈，对金融信贷合作组织的兴趣也比较大，此外生资供应方面的合作也有一定的需求。这说明，一方面，农机合作组织和金融信贷合作组织的发展现状还远不能适应农机大户及农业生产力发展的客观要求；另一方面，农机大户在水利灌溉、植物保护、产品购销、农副产品加工等方面的合作需求还不强烈，这与农业5927户在这些方面具有强烈的合作需求形成了鲜明对比。但是农业大户与不少农机大户对金融信贷合作都有需求。这表明由于分工专业化的发展，导致农机大户和农业大户需求的明显差异，而资金困难是他们在生产经营活动中共同的难题。

（七）农机大户跨区作业情况

在72个农机大户样本中，有46户从事跨区作业活动，占样本总数的63.9%，其中最早的从1997年开始从事跨区作业，有超过70%的农机大户从事小麦收割作业，有将近60%的农机大户到河南进行农机作业，还有的作业范围涉及浙江、陕西、内蒙古等省份。在45户回答了作业收入信息的样本中，年作业收入最多的为60000元，最少的1000元，平均每户年作业收入为19617.8元。在37个回答了外出作业方式的农户中，有18个近50%是由农机合作组织、农机部门等统一组织的，安全、方便是他们选择这种外出方式的最主要的原因。

（八）对农机大户农机作业收入相关因素的实证分析

我们利用通过烟台、淄博等7个地市收集的72户农机经营大户的基本信息，建立简单的线性回归模型定量考察农机大户农机作业收入的影响因素。自变量包括农机当年折旧或农机台数、农户受教育年限、配套机具台数、土地收入以及农户是否加入农机作业合作组织。利用 spss13.0 得出如下的回归结果：

表5　　　　　　　　　　农机大户农机作业收入回归结果之一

因变量：农机作业收入（千元）

自变量	模型1		模型2	
	系数	T值	系数	T值
农机当年折旧（千元）	1.78	(7.227)***	—	—
农机总台数（台）	—	—	10.114	(3.728)***
			[11.095]	[5.07]***
是否为农机合作组织成员	20.319	(3.31)***	20.636	(2.538)**
			[14.308]	[2.845]***
受教育年限（年）	3.879	(1.978)*	6.18	(2.449)**
			[7.025]	[4.667]***
配套机具台数（台）	1.735	(1.792)*	1.051	(0.622)
			[-0.005]	[-0.003]
土地收入（千元）	-0.183	(-2.748)***	-0.239	(-2.646)**
			[-0.274]	[-4.94]***
常数项	-37.799	(-1.954)*	-50.479	(-2.113)**
			[-52.282]	[-3.542]***
观测值个数	44		44	
R²	0.782		0.621	
			[0.605]	
回归整体显著性的F统计量	27.306		12.477	
			[11.633]	
RESET统计量	1.4		0.91	
			[0.81]	

注：圆括号内为运用OLS计算的统计量，方括号内是利用WLS计算的自变量系数和统计量。*表示在10%的水平上显著；**表示在5%的水平上显著；***表示在1%的水平上显著。

对回归结果的解释：

对两个模型分别进行异方差性的 BP 检验，得出的异方差性的 F 统计量分别为 1. 56 和 4. 06。而 $F_{0.01}$（5，38）的值介于 3. 51 和 3. 70 之间，这表明模型 1 不存在异方差性，而模型 2 存在需要处理的异方差性。对模型 2 进行纠正异方差性的 WLS 方法来重新估计。模型 2 经过纠正异方差性处理以后，各变量对农机作业收入的影响程度有所加强（是否加入合作组织的影响程度降低，方向不变；配套农具影响方向发生变化，而且影响程度也有所降低），而且这种影响的显著性也都有所加强。

模型 1 和模型 2 均采用线性回归模型，两者的回归整体显著性的 F 统计量分别为 27. 306 和 11. 633，就是说两个模型的回归整体显著性的 F 统计量远远大于 $F_{0.01}$（5，38），这是模型中的解释变量有助于解释样本中农机作业收入差别的良好的证据。两个模型的 RESET 统计量分别为 1. 4、0. 81，就是说两个模型的 RESET 统计量远远小于 $F_{0.01}$（2，44），因此上述模型在 10% 的显著性水平上不能断定存在函数误设的问题，这说明线性回归模型可以很好的描述变量之间的关系。两个模型的 R^2 分别达到了 0. 782 和 0. 605，表明模型的拟合程度是相当令人满意的。

从两模型自变量的 t 统计量来看，各自变量都在一定的水平上是显著的（在以农机总台数为解释变量时，配套农机具台数是不显著的）。从自变量的系数看，农机当年折旧、农机总台数、被调查者是否为农机合作组织成员、被调查者的受教育程度、配套机具台数对农机作业收入具有正向的影响，其中在其他条件不变的情况下，平均每年增加一千元的农机投资就会增加 1780 元的农机作业收入，每增加一台农机，农机作业收入增加 11095 元。这表明农机作业专业化服务具有明显的规模效应，更多的农机投资和农机规模能够带来更多的农机作业收入。利用对数模型估计的农机投资对农机作业收入的弹性为 0. 817，农用动力机械总台数对农机作业收入的弹性为 0. 611。从回归结果看，农机投资和农机台数对农机作业收入的弹性都是小于 1 的，所以农机作业服务从其收入水平上看是规模不经济的。也就是说，其效益提高的潜力空间还是很大的。

两个模型的分析结果都显示是否加入农机合作组织对农机大户的农机作业收入影响重大，农机合作组织成员比非成员在农机作业中分别多收入 20319 元和 14308 元。农机大户户主的受教育程度对农机作业收入也有一定的影响，模型 1 表明如果其他条件保持不变，农机大户户主受教育年限每增加一年，其农机作业收入就会增加3879元，模型2表明这一数字是7025元。配套机具台数在模型1中在10%的水平上是显著的，而在模型2中不显著。农机作业收入对土地收入具有替代作用，模型1和模型2表明农机大户来自土地的收入每增加一千元，他从事农机作业的收入就会分别减少183元和274元。两模型中常数项的估计值均为负值，但是考虑到在44个观测值中不存在所有变量均为0的情况，所以农机作业收入的估计值并不一定为负值。44个观测值的平均受教育年限为8.61，平均配套机具台数为4.34，平均的农机原值为176.7，平均农机总台数为2.95，平均的土地收入为14.9，19户是农机合作组织成员，25户不是农机合作组织成员，因此根据模型1的估计量计算这44个观测值的平均农机作业收入为：

$1.775 \times 17.67 + 20.319 \times 0.41 + 3.879 \times 8.61 + 1.735 \times 4.34 - 0.183 \times 14.9 - 35.799 \approx 42$ 千元

根据模型2的估计量计算这44个观测值的平均农机作业收入为：

$11.095 \times 2.95 + 14.308 \times 0.41 + 7.025 \times 8.61 - 0.005 \times 4.34 - 0.274 \times 14.9 - 52.282 \approx 42$ 千元

而样本中这44个观测值的农机作业收入的均值是42.08，这与根据两个模型计算的预测值十分接近。

从前面的分析我们知道农机台数、土地收入与农机作业收入之间并不是简单的线性关系。我们将农机作业收入取自然对数作为因变量，在上述线性模型中增加农机台数的平方项和土地收入的平方项，建立半弹性模型。通过回归计算，模型1在建立半弹性模型以后（因变量为农机作业收入的自然对数，增加土地收入的平方项），除了农机当年折旧和是否为合作组织成员之外的变量即便是在10%的水平上都不显著了，对土地收入及其平方项的联合显著性检验的统计量为2.65，大于 $F_{0.01}$（2，37），这就是说虽然土地收入及其平方项都不能通过t检验，但是两者在10%的水平上还是联合显著的。但是由于土地收入的平方项的系数非常小，而且土地收入的系数为负，与预期相反，所以我们根据这个半弹性模型不能判断土地收入对农机作业收入作用的拐点出现在哪里。回归结果如下：

表6　　　　　　　　农机大户样本农机作业收入回归结果之二

因变量：农机作业收入的自然对数		
自变量	系数	T 值
农机当年折旧（千元）	0.036	(5.519) ***
是否为农机合作组织成员	0.467	(2.549) **
受教育年限（年）	0.081	(1.488)
配套机具台数（台）	−0.002	(−0.051)
土地收入（千元）	−0.002	(−0.179)
土地收入平方	−6.3E−006	(−0.161)
常数项	1.978	(3.869) ***
观测值个数	44	
R^2	0.636	
回归整体显著性的 F 统计量	10.783	

注：括号内为 t 统计量的数值。* 在 10% 的水平上显著；** 在 5% 的水平上显著；*** 在 1% 的水平上显著。

模型 2 在建立半弹性模型以后（因变量为农机作业收入的自然对数，增加农机台数的平方项和土地收入的平方项），虽然土地收入及其平方项都不显著，但是检验其联合显著性的 F 统计量为 3.96，大于 $F_{0.05}$（2，36），所以在 5% 的水平上它们是联合显著的。但是，由于土地收入平方项的系数非常小，无法准确判断土地收入对农机作业收入作用的拐点。这是因为在这 44 个观测值中土地收入的平均值不到 1.5 万元，最大值为 3 万元，从前面的分析可以知道土地收入对农机作业收入作用的拐点出现在 3 万元以后，所以从模型中看不到土地收入对农机作业收入有明显的拐点。但是，由于土地收入平方项的系数为负，所以土地收入对农机作业收入的影响（确准的说是对农机作业收入自然对数的影响，近似于对农机作业收入变动率的影响）是递减的，虽然这种递减的作用非常小（土地收入及其平方项的系数很小）。另外，农机台数对农机作业收入作用的拐点出现在 9.9 台处。也就是说当自有农机台数等于 9.9 台时，农机作业收入的变动率达到最大；当农机台数小于 9.9 台时，随着农机台数的增加，农机作业收入的变动率是递减的；比如，农机台数从 1 台增加到 2 台会使农机作业收入提高约32%，而农机台数从2台增加到3台会导致农机作业收入提高约28.4%，增幅减少3.6%。当自有农机台数大于9.9台时，增加农机台数，农机作业收入的变动率为负，也就是农机作业收入开始下降。这与前面的分析基本一致。但是，在44个观测值中只有1个农户的农机台数超过10台，占样本的2.3%。二次项在9.9左边的部分如此小，以至实际上可以被忽略。

表7　　　　　　　　**农机大户农机作业收入回归结果之三**

因变量：农机作业收入的自然对数		
自变量	系数	T 值
农机总台数（台）	0.356	(3.793) ***
农机台数平方	− 0.018	(− 2.132) **
是否为农机合作组织成员	0.543	(2.549) **
受教育年限（年）	0.133	(2.171) **
配套机具台数（台）	0.03	(0.621)
土地收入（千元）	0.007	(0.481)
土地收入平方	− 4.16E − 005	(− 0.872)
常数项	1.162	(1.847) *
观测值个数	44	
R^2	0.535	
回归整体显著性的 F 统计量	5.908	

注：括号内为 t 统计量的数值。* 在10%的水平上显著；** 在5%的水平上显著；*** 在1%的水平上显著。

二　农业大户样本情况分析

为便于比较，我们从全省表彰的94个种粮大户中随机抽取了40个，对他们进行政策意愿的补充调查。收回有效问卷27份，有效率达到67.5%，为便于比较和区别，我们在这里称之为农业大户。

（一）样本经营情况

样本中 27 个农业大户分别来自全省 13 个地市的 24 个县（市、区），平均每户 4.3 口人，土地经营规模 213.4 亩，自有农用动力机械 6.7 台，配套农机具 6.9 台（套）。被调查者平均受教育年限为 11.4 年。与农机大户相比，农业大户样本的受教育程度要优于农机大户，有超过一半的农业大户受过高中教育，而超过 66% 的农机大户只受过初中教育，并且有相当比例的农业大户受过高等教育，而受过中等教育的农机大户的比例则很低。农业大户与农机大户受教育程度分布情况见图 8（农业大户中有部分人不是农民）。

表 8　　　　　　　　　　农业大户样本经营情况

农业大户	最小值	最大值	平均值	标准差	观测值个数
家庭人口	2	6	4.3	1.2	25
土地经营规模	60	965	213.4	208	26
自有农用动力机械总台数	0	45	6.7	9.6	27
配套农机具台（套）数	0	35	6.9	6.9	27
农机原值（千元）	6	1290	150	261.5	24
土地收入（千元）	8.7	1040	135.8	209	24

在样本中，农业大户土地经营规模分布情况如下：100 亩以下的占 26.9%，100~200 亩的占 46.2%，200~300 亩的占 11.5%，300 亩以上的占 15.4%。样本中农业大户的土地经营规模主要集中在 100~200 亩之间，不同农业大户之间的土地经营规模的差别非常大，标准差达到 208，是农机大户土地经营规模离散程度的近 5 倍。

在农用动力机械方面，有的农业大户完全依赖于社会化农机组织提供服务，有的则拥有大量农业机械，有 22.2% 的农业大户至少拥有 1 台拖拉机和 1 台背负式小麦联合收割机，有 36% 的农业大户拥有至少 1 台小麦自走式收割机，而同时拥有小麦自走式收割机和背负式小麦联合收割机的农户占 22.2%。有的农业大户的农业机械在满足自己使用的同时，也参与跨区服务。相对于农机大户而言，农业大户的农机拥有量更加平均，

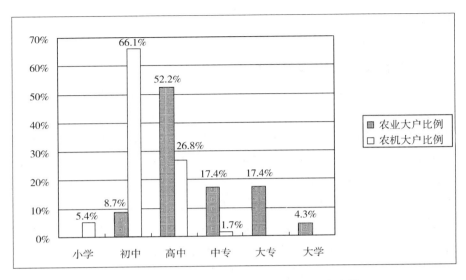

图 8　农业大户与农机大户样本受教育程度比较

其标准差只是农机大户农机拥有量标准差的 1/3 强。在配套农机具和农机原值方面的情况亦是如此。

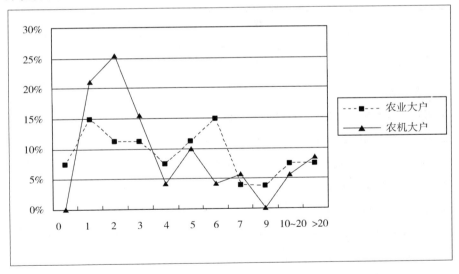

图 9　农业大户与农机大户拥有农用动力机械数量分布情况比较

　　在土地收入方面，有 62.5% 的农业大户土地收入不超过 10 万元，有 20.8% 的农业大户土地收入在 10 万 ~ 20 万之间，土地收入在 20 万以上的占 16.7%。

（二）样本农业三项补贴情况

从农业大户 2004、2005 年得到农业三项补贴的比例情况来看，得到种粮直接补贴的比例基本稳定，而 2005 年获得农机具购置补贴的比例比 2004 年有较大幅度的降低，2005 年得到良种补贴的农户是 2004 年的 5 倍，政策的导向性还是很明确的。从农业三项补贴领取的方式看，种粮直接补贴的领取方式在 04、05 年变化不大，都主要是在村里领取，并且与 04 年相比，05 年在村里领取的比例还有所增加，相应的到镇上和到县里领取的比例有所减少。这与农机大户的情况基本是一致的。2005 年，农业大户良种补贴的领取方式与农机大户的情况有很大不同，农业大户主要在村里和到县里领取补贴，且途径多样，而农机大户则主要在村里领取补贴。由于只有很少的农业大户得到了农机补贴，所以农机补贴的情况不具代表性。从得到补贴的农业大户的反映看，大部分农户对三项补贴是满意的，具体见表 9。

表 9　　　　　　　　　　　农业大户农业三项补贴情况

	种粮直接补贴		良种补贴		农机具购置补贴	
	2004 年	2005 年	2004 年	2005 年	2004 年	2005 年
样本农户获得补贴的比例	88.9%	81.5%	11.1%	55.6%	18.5%	7.4%
得到补贴的农户：						
1. 在村里领取补贴的比例	83.3%	86.4%	—	33.3%	—	—
2. 到镇上领取补贴的比例	12.5%	9.1%	50%	6.7%	—	—
3. 到县上领取补贴的比例	4.2%	4.5%	—	33.3%	75%	100%
4. 买卖时凭证减免的比例	—	—	—	13.3%	25%	—
5. 从税费中扣除的比例	—	—	—	—	—	—
6. 以其他方式领取补贴的比例	—	—	50%	13.3%	—	—
得到补贴农户的满意程度：						
1. 回答"满意"的比例	87.5%	86.4%	33.3%	62.5%	75%	50%
2. 回答"比较满意"的比例	12.5%	13.6%	16.7%	12.5%	25%	50%
3. 回答"不满意"的比例	—	—	50%	25%	—	—

（三）样本使用农机服务情况

在农业大户样本中，有 76.9% 的农户使用农机服务。在使用农机服务的农户中，有 75% 的农户认为使用农机服务更省钱，有 80% 的农户认为使用农机服务更省力，认为农机服务的作业质量更好的农户也有 80%。有 55% 的农户因为缺少劳动力而使用农机服务，有 85% 的农户因为赶时间而使用农机服务。可以看出，促使农业大户使用农机服务的最重要的原因是农忙季节需要赶时间，为了更省力气和为了得到更好的作业质量也是农业大户选择农机服务的重要原因，换句话说，能够更快更好更省力地完成任务是使用农机服务的农户最为看中的。

（四）样本培训补贴情况

在农业大户样本中，只有 14.8% 的农户得到了农业技术培训，获得培训的方式有"免费发放技术材料"、"农业部门请专家讲课"等。但是从样本农户的需求来看，他们希望得到农业技术培训的要求还是非常迫切的。在回答"希望得到的培训项目"时，几乎所有的人都选择了农业技术培训，农机操作、农机技术和科技信息也是农户希望得到的。在样本中，没有人得到务工培训，这也应该与农业大户不是潜在的劳务输出对象有关。

（五）农业大户样本租地情况

在样本中，有 85.2% 的农业大户是通过承包（转包）的方式获得土地经营权的，其余的则是通过租赁的方式取得的。所有的农业大户都表示愿意经营更多的土地，有 71.4% 的农户希望通过转包的方式得到更多土地的承包经营权，同时有的人提出希望签订 10 年以上的承包合同，因为这样"便于安排种植计划"；有人则希望承包费能够一年一交。有 21.4% 的农户信赖租赁的方式，还有的农户希望通过转让的方式取得土地承包经营权。

（六）样本获得产前、产中、产后服务情况

在样本中，有 88.9% 的农业大户至少得到一项产前服务，其中有

58.3%的农户得到了生产资料供应，有25%的农户得到了信贷服务，有58.3%的农户得到了市场供求信息或订单。在产前服务的意愿调查中，有57.9%的农户表达了对信贷服务的渴望，有47.4%的农户希望得到质优价廉的生产资料供应，有42.1%的农户则希望得到市场供求信息或订单。可见对信贷服务的意愿最强烈，这可能是现实中农业大户得到信贷服务的比例比较低的一种正常反应。调查显示，有62.5%的农业大户是通过合作组织得到这些产前服务项目的，有25%的农业大户通过集体经济组织得到产前服务。在得到产前服务的农业大户中，有42.9%的人表示满意，有50%的人基本满意，有7.1%的人不满意。

有77.8%的农业大户至少得到一项产中服务，其中51.9%的农户得到了农业（机）技术示范、指导，有76.2%的农户得到了机械、灌溉或植保方面的服务，有14.3%的农户得到了中介、仲裁或培训服务。在产中服务意愿调查中，有60%的农户希望得到农业（机）技术示范和指导服务，有46.7%的农户希望得到中介、仲裁、培训服务，有33.3%的农户希望得到机械、灌溉或植保方面的服务。有71.4%的农户通过合作组织获得产中服务，各有14.3%的农户分别通过集体经济组织和其他组织获得产中服务。在得到产中服务的农业大户中，有35.7%的人表示满意，有50%的人基本满意，有14.3%的农户不满意。

对于产后服务，有66.7%的农业大户至少得到一项服务，其中没有农户得到有关产品储运保鲜方面的服务，有5.6%的农户得到了农副产品加工服务，所有的农户都得到了农产品销售方面的服务。在产后服务意愿调查中，有80%的农户希望加强农副产品销售方面的服务，比如采用订单农业的方式进行生产，有60%的农户希望得到农副产品加工服务，有26.7%的农户希望得到农产品储运保鲜方面的服务。可见农户对储运保鲜方面的服务需求不是特别强烈，其原因大概跟大部分的样本农户都是以粮食生产为主，没有从事蔬菜、水果生产的，产品基本上不需要保鲜、储运。对于产后服务获得的渠道，有66.6%的农户通过合作组织取得服务，各有16.7的农户分别通过集体经济组织和其他组织得到服务。在得到产中服务的农业大户中，有33.3%的农户表示满意，有41.7的农户基本满意，有25%的农户不满意。

与农机大户获得产前、产中、产后服务的情况相比，无论在哪个环节农业大户得到服务的比例都要高一些，对于各环节服务的评价也要好一些。

（七）样本加入农业合作组织的情况及其意愿

27个农业大户中，有1个生资供应合作组织成员，2个农机作业合作组织成员，2个水利灌溉合作组织成员，2个植物保护合作组织成员，1个产品购销合作组织成员，2个农副产品加工合作组织成员，没有金融信贷合作组织成员。其中，有3个农户加入了多个不同类型的合作组织，有最多加入3种不同类型的合作组织。可见样本农户加入各类合作组织的比例还很低。如果考虑到有较大比例的样本农户通过合作组织得到产前、产中、产后服务的情况，这只能解释为目前各类农业合作组织还未能把农业大户纳入其中，只是为其提供服务，而且这种服务大多不是免费的，比如产中的农机作业服务。

就农业大户样本加入合作组织的意愿来说，几乎所有的样本农户都愿意加入生资供应合作组织，愿意加入的理由大多数是为了得到质优价廉的生产资料；有77.8%的农户愿意加入农机作业合作组织，加入的理由分为两种：一种是为了得到更好更方便的农机服务，另一种是为了更好更方便地对外提供农机服务；有意愿加入灌溉合作组织的农户与愿意加入农机作业合作组织的比例一样多，其中有1/3的农户表示能够得到及时灌溉并且节约用水是他们愿意加入灌溉合作组织的原因；有88.9%的农户愿意加入植物保护合作组织，其中有超过一半的农户认为成立这样的组织能够提高植物保护的效果，减少损失，增加产量；有81.5%的农户愿意加入产品购销合作组织，其中有将近一半的农户还是把着眼点放在产品销售方面，他们认为组织起来能够"卖个好价钱"，有的则认识到这样能够增强抗风险的能力；有74.1%的农户愿意参加农副产品加工合作组织，其中超过六成的人认为发展农副产品加工能够提高农产品的附加值，增加收入，增强农产品的竞争力，有的认为这样有利于得到政府的扶持；几乎所有的农户都愿意参加金融信贷合作组织，从他们回答的理由中可以看出他们希望得到及时方便的信贷服务来缓解制约农业生产的资金短缺问题。综上所述，生资供应合作和金融信贷合作是样本农户认可程度最高的两类合作组织，这两个领域可能是农业大户在生产经营中遇到困难较多的地方；许多农户都认识到在植物保护中合作的重要性，对成立植保合作组织的认可程度也比较高。相对而言，农业大户对农机作业、水利灌溉和农产品加工方面的合作的积极性稍低一些。

三 94 个种粮大户样本情况分析

（一）样本经营情况

94 个样本中包含一户土地经营规模达到 10000 亩的农户，与其他样本差别太大，如果将其包含在内进行统计，得出的土地经营规模和家庭年收入的样本均值分别为 364.4 亩和 174.3 千元，如果不包括在内，相应的样本均值分别为 260.8 亩和 15.2 千元。显然，这一农户的数据对样本的影响很大，为了保证数据分析的准确性，我们将其剔除。这样，我们得到了一个样本容量为 93 个种粮大户样本。

从种粮大户的经营情况来看，种粮大户的平均家庭人口与其他三类农户差别不大，其土地经营规模表现出明显的规模性，承包地面积在 100 亩以下（包含 100 亩）占 25.8%，100~200 亩（包含 200 亩，下同）之间的占 36.6%，200~300 亩之间的占 10.7%，300~400 亩之间的占 11.8%，400~1000 亩之间的占 11.9%，1000 亩以上的有 3 户，分别是枣庄的丁×（1720 亩）、菏泽的赵××（1500 亩）、临沂的周××（1200 亩），另外，临沂的刘××承包面积也达到 1000 亩；从总体来看，平均每个种粮大户经营土地 260.8 亩，是一般农户平均全年农作业播种面积近 30 倍，与农业大户样本相差不多。从农机拥有量来说，超过 80% 的种粮大户自有农机台数在 6 台以下（包含 6 台），自有农机超过 10 台的农户占 12%；种粮大户平均拥有的农机台数比农机大户少 2 台，比农业大户少 1 台，但是相比较而言，种粮大户的农机拥有量更加平均。家庭年收入在 5 万元以下（包含 5 万元）的占 20%，5~10 万（包含 10 万元，下同）的占 31.1%，10~15 万的占 20%，15~20 万的占 2.2%，20 万以上的占

表 10　　　　　　　　　种粮大户样本经营情况表

	最小值	最大值	平均值	标准差	观测值个数
家庭人口	2	10	4.42	1.36	89
土地经营规模	55.1	1720	260.79	288.72	93
自有农用动力机械总台数	1	30	5.81	5.86	84
家庭年收入（千元）	21	1100	15.18	15.13	90
2004 铡种面积（亩）	64	2640	427.84	491.85	91
2004 年粮食播种面积（亩）	60	2640	397.16	458.22	88
2004 年粮食播种面积比重（%）	33	100	91.21	0.16	88
2004 年粮食产量（吨）	4.5	1209	281.52	308.09	89
2004 年出售商品粮（吨）	3.2	1100	182.72	193.44	88
2004 年粮食亩产量（公斤/亩）	250	620	479.37	61.95	79
粮食亩产量比上年增加（公斤/亩）	-30	185	39.89	36.02	78

26.7%。其中菏泽的赵××家庭年收入达到110万。对于2004年粮食播种面积占播种总面积的比重，粮食播种面积不到一半或者等于一半的只有6.8%，粮食播种面积超过一半的有31.8%，全都种成粮食的有61.4%。其中，东营、日照、枣庄三个地区的种粮大户样本粮食播种面积占播种总面积的比重都为1，（莱芜只有一个样本农户，该农户的粮食播种面积所

表 11　　　　　　　　分地区种粮大户样本经营情况表

地区	农户数	比例（%）	家庭人口	土地经营规模（亩）	农机台数	家庭年收入（千元）	04 年粮食亩产量（公斤/亩）
滨州	4	4.3	4.0	177.0	3.0	15.2	475.0
德州	6	6.5	4.7	152.0	5.0	4.4	499.3
东营	3	3.2	3.3	241.7	2.7	10.8	536.0
菏泽	12	12.9	5.4	321.1	7.2	25.9	475.1
济南	7	7.5	4.3	210.4	3.7	16.9	491.0
济宁	10	10.8	4.2	313.5	3.8	12.7	473.0
莱芜	1	1.1	3.0	100.0	2.0	6.0	385.0

地区	农户数	比例（%）	家庭人口	土地经营规模（亩）	农机台数	家庭年收入（千元）	04年粮食亩产量（公斤/亩）
聊城	9	9.7	4.2	241.1	4.3	14.5	486.6
临沂	9	9.7	4.3	410.9	8.0	15.9	422.7
青岛	7	7.4	3.7	265.7	12.3	17.7	491.4
日照	1	1.1	4.0	55.1	8.0	2.4	500.0
泰安	8	8.6	5.0	176.0	5.1	12.3	482.5
威海	2	2.2	4.5	375.0	10.5	22.5	502.0
潍坊	4	4.3	4.3	185.8	4.8	17.8	465.3
枣庄	4	4.3	3.5	508.2	4.2	18.3	515.0
淄博	6	6.5	5.0	105.0	3.8	6.0	474.8

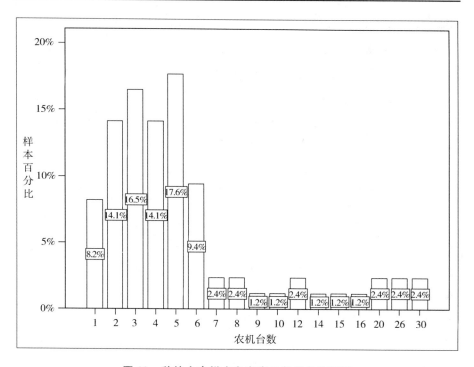

图 10　种粮大户样本自有农机数量分布情况

占的比重也是 1），济南的样本农户的粮食播种面积在他们各自的播种总面积中所占的比重最小，威海和潍坊两个地区的样本农户的粮食播种面积的比重也比较低。

从各地区种粮大户的家庭经营情况的平均值来看，土地经营规模、家庭年收入、04年粮食亩产量居前三位的分别是枣庄、临沂、威海，菏泽、威海、枣庄，东营、枣庄、威海。特别值得注意的是菏泽地区样本农户的家庭年收入居然是16个地区当中最高的，这与人们的直觉并不一致，即便是将菏泽样本农户中家庭年收入达到110万的赵××排除在外，剩余样本农户的平均家庭年收入仍然达到18.3万元，只比威海、枣庄两地的低。

（二）种粮大户样本家庭年收入的影响因素分析

我们以家庭年收入的自然对数为因变量，以承包地面积、农机台数、04年粮食播种面积比重、04年粮食亩产量（04年粮食产量/当年粮食播种面积）为自变量，考察自变量对种粮大户家庭年收入的影响。分析结果如下：

表12　　　　　　　　　　种粮大户样本家庭年收入回归结果

因变量：家庭年收入自然对数		
自变量	系数	T 值
承包地面积（亩）	0.001	(2.939) ***
农机台数（台）	0.016	(1.223)
04年粮食播种面积比重（%）	−0.011	(−2.013) **
04年粮食亩产量（千克）	−0.0002	(−2.791) ***
受教育年限	0.039	(0.902)
常数项	3.024	(4.207) ***
观测值个数	72	
R^2	0.464	
回归整体显著性的 F 统计量	11.422	
RESET 统计量	0.617	

注：04年粮食播种面积比重 = 04年粮食播种面积/04年播种总面积。

括号内为 t 统计量的数值。* 表示在10%的水平上显著；** 表示在5%的水平上显著；*** 表示在1%的水平上显著。

对回归结果的解释：

因为 RESET 统计量为0.617，这是模型不存在误设问题的强有力的证明。回归整体显著性的 F 统计量也表明自变量对因变量确有解释能力，虽然它们只能解释因变量变异程度的 46.4%。承包地面积、04 年粮食播种面积比重和 04 年粮食亩产量都至少在 5% 的水平上显著。

回归结果表明，承包地面每增加 1 亩，农户家庭年收入会增加 0.1%，而粮食播种面积的比重每增加 1%，家庭收入就会减少 1.1%；粮食亩产量每增加 1 千克，家庭年收入会减少 0.02%。粮食播种面积比重、粮食亩产量与家庭收入之间的这种负相关关系显然应该与种粮比较利益低有关：粮食播种面积的比重越高，农户用来种植其他经济类作物的土地就越少，这样会减少农户的收入；而粮食亩产量越高，可能表示农户用于粮食生产的投入（包括劳动时间）越多，那么他用于其他生产经营上的劳动时间就越少，也可能减少其家庭收入。如果这种解释正确的话，那么如何提高种粮农户的收入就成为政策制定者要考虑的一个重要问题。事实上，种粮直补政策的实施正是政府提高种粮农户收入、提高农民种粮积极性的一种尝试。而这种补贴效果如何则需更深入的研究。

（三）种粮大户样本农机投资影响因素分析

我们以种粮大户农用动力机械台数衡量其农机投资情况，取其自然对数作为因变量，以种粮大户承包地面积（取自然对数）、种粮大户的受教育年限、年龄等因素作为自变量，考察它们对种粮大户农机投资的影响程度。

表 13   种粮大户样本农机投资回归结果

因变量：种粮大户农机台数的自然对数		
自变量	系数	T 值
种粮大户承包地面积的自然对数	0.295	（3.36）***
受教育年限	0.122	（2.842）***
年龄	0.018	（1.597）
常数项	−2.219	（−2.558）**
观测值个数	85	
R^2	0.214	
回归整体显著性的 F 统计量	（7.347）***	
RESET 统计量	0.48	

注：括号内为 t 统计量的数值。* 表示在 10% 的水平上显著；** 表示在 5% 的水平上显著；*** 表示在 1% 的水平上显著。

对回归结果的解释：

模型回归整体显著性的 F 统计量为 7.347，表明自变量对解释因变量差异性具有帮助，而 RESET 统计量为 0.48，所以模型的函数不存在误设的问题。拟合优度为 0.214，这说明自变量只能解释因变量变异的 21.4%，因为模型只包括了三个自变量，因此对种粮大户农机台数差异解释力还很有限。种粮大户承包地面积的自然对数、受教育年限以及常数项分别在 1%、1% 和 5% 的水平上显著（通过检验，种粮大户承包地面积自然对数的系数估计值在 1% 的水平上显著地异于 1）。种粮大户承包地面积的自然对数的系数表示农机台数对种粮大户承包地面积的弹性，也就是说当种粮大户承包地面积增加 1%，其农机台数就增加 0.295%。受教育年限的系数表明，种粮大户受教育年限每增加 1 年，其农机台数就增加 12.2%。年龄在模型中处于显著边缘（其 t 检验的 p 值为 0.13，就是说它在 15% 的水平上是显著的）。这说明种粮大户对农机的投资随着承包地面积的增加而增加，但增加的幅度不大；种粮大户受教育程度越高对农机投资的力度越大。而种粮大户的年龄对其农机投资的没有显著的影响。

（四）对粮食亩产量影响因素的回归分析

我们用统计数据中 2004 年粮食产量与 2004 年粮食播种面积计算出当年的粮食亩产量，取其自然对数作为因变量，用户主年龄、文化程度、承包地面积的自然对数、农机台数的自然对数以及 04 年粮食播种面积占播种总面积的比重作为自变量，考察以上因素对粮食亩产量的影响关系。回归结果如表 14：

表 14 　　　　　　　　　　种粮大户样本粮食亩产量回归结果

因变量：04 年粮食亩产量的自然对数		
自变量	系数	T 值
种粮大户承包地面积的自然对数	−0.915	（−21.878）***
04 年粮食播种面积比重	−0.018	（−8.646）***
农机台数的自然对数	−0.016	（−0.345）
受教育年限	0.021	（1.033）
年龄	0.002	（0.475）

因变量：04 年粮食亩产量的自然对数		
自变量	系数	T 值
常数项	13.489	(28.071)***
观测值个数		72
R²		0.943
回归整体显著性的 F 统计量		108.796
RESET 统计量		0.18

注：括号内为 t 统计量的数值。* 表示在 10% 的水平上显著；** 表示在 5% 的水平上显著；*** 表示在 1% 的水平上显著。

模型的回归整体显著性的 F 统计量达到 108.8，显示出自变量对因变量良好的解释作用；RESET 统计量非常小，说明模型误设的可能性很小；拟合优度达到 0.943，表明模型的拟合程度很高。所以，从整体上看模型分析的结果是可信的。

从回归结果上看，种粮大户承包地面积的自然对数、04 年粮食播种面积比重以及常数项都在 1% 的水平上是显著的（显著地异于 0），通过检验，种粮大户承包的面积的自然对数的估计值在 5% 的水平上显著的异于 -1 的。种粮大户承包地面积的自然对数的估计值为 -0.915，表明2004 年亩产量对承包地面积的弹性是负弹性，且承包地增加 1%，亩产量就下降 0.915%；这可能是因为承包地面积越大，越可能进行粗放式经营，从而影响粮食产量。如果将模型中的承包地面积自然对换成 04 年粮食播种面积的自然对数（并且将粮食播种面积的比重从模型中去掉），粮食亩产量对粮食播种面积的弹性为 -1.022%，但是通过检验发现该弹性的估计值即使在 10% 的水平上并不是显著地异于 -1 的。无论怎样，可以肯定的是在粮食生产上，从亩产量的角度上看，规模不经济的现象是明显存在的。04 年粮食播种面积比重的系数估计值为 -0.018，说明粮食播种面积的比重增加 1%，粮食亩产量就会减少 1.5%。农机台数、受教育程度以及年龄对亩产量在统计上没有上显著的影响。

(2008 年 7 月 22 日)